CB012201

ENTRE O SONHO E A DOR

J.-B. Pontalis

ENTRE O SONHO
E A DOR

Diretores editoriais: Carlos Silva
Ferdinando Mancílio

Editores: Avelino Grassi
Roberto Girola

Coleção dirigida por: Tales A. M. Ab'Sáber
Noemi Moritz Kon
Roberto Girola

Tradução: Cláudia Berliner

Coordenação editorial: Elizabeth dos Santos Reis

Copidesque: Elizabeth dos Santos Reis
Diagramação: Juliano de Sousa Cervelin
Capa: Sérgio Kon a partir de detalhe da obra de Mark Rothko: *Number 118*, óleo sobre tela, 292x260 cm, 1961.

Título original: *Entre le Rêve et la Douleur*
© Editora Gallimard, 1977. ISBN 2-07-070006-2
Todos os direitos em língua portuguesa, para o Brasil, reservados à Editora Ideias & Letras, 2021.

2ª reimpressão

Rua Barão de Itapetininga, 274
República - São Paulo/SP
Cep: 01042-000 – (11) 3862-4831
Televendas: 0800 777 6004
vendas@ideiaseletras.com.br
www.ideiaseletras.com.br

Dados Internacionais de Catalogação na Publicação (CIP)
(Câmara Brasileira do Livro, SP, Brasil)

Pontalis, J.-B.
    Entre o sonho e a dor / J.-B. Pontalis; tradução Cláudia Berliner. – Aparecida, SP: Ideias & Letras, 2005. – (Coleção Psicanálise Século I)

    Título original: Entre le rêve et la douleur
    Bibliografia.
    ISBN 85-98239-26-7

    1. Inconsciente (Psicologia) 2. Psicanálise 3. Sonhos 4. Sonhos – Interpretação 5. Subconsciente 6. Trauma psíquico I. Título. II. Série

05-0288   CDD-150.1952

Índices para catálogo sistemático:
1. Sonho: Experiência analítica: Psicanálise freudiana: Psicologia

SUMÁRIO

A dor de não sonhar, 9

A posteriori, 21

ENTRE FREUD E CHARCOT: DE UMA CENA À OUTRA, 25

ENTRE O SONHO-OBJETO E O TEXTO-SONHO, 33
1. A penetração do sonho, 33
2. Fazedores de sonhos, 52
3. O sonho, entre Freud e Breton, 65

PRESENÇA, ENTRE OS SIGNOS, AUSÊNCIA, 75

O ENTRE-VISTO, 91

A ILUSÃO MANTIDA, 103

O INAPREENSÍVEL ENTRE-DOIS, 113
1. Tudo ou nada?, 113
2. O outro sexo, o outro lado?, 119
3. O jogo duplo, o duplo sentido, 125

ENTRE O SABER E A FANTASIA, 129
1. A criança-pergunta, 129
2. Introdução a uma reflexão sobre
a função da teoria em psicanálise, 140

LUGARES E SEPARAÇÃO, 151

NASCIMENTO E RECONHECIMENTO DO *SELF*, 169
1. O questionamento clínico, 172
2. O eu e/ou o *self*, 179
3. O espaço transicional e a aceitação do paradoxo, 186

ENCONTRAR, ACOLHER, RECONHECER O AUSENTE, 201

BORDAS OU CONFINS?, 211

O PSIQUISMO COMO DUPLA METÁFORA DO CORPO, 227

A PARTIR DA CONTRATRANSFERÊNCIA:
O MORTO E O VIVO ENTRELAÇADOS, 233

SOBRE O TRABALHO DA MORTE, 251

SOBRE A DOR (PSÍQUICA), 265

Referências, 279

A DOR DE NÃO SONHAR

Um dia, em um texto, Pontalis escreveu: "O fato é que uma obra psicanalítica não nos fala, se não guardar nela, em seu movimento, os traços daquilo que a tornou necessária. Sob o relato do sonho, o trabalho do sonho. Sob o escrito e no escrito, o trabalho do pensamento".

Trabalho do pensamento. Movimento do pensamento. Eis aí este livro. Livro que é uma reunião de textos elaborados e reelaborados ao longo de alguns anos da década de 70, mais precisamente, de 1970 a 1977.

Para além de fatores circunstanciais, o que torna *Entre o sonho e a dor* um livro *necessário* para Pontalis é seu desejo de fazer uma retomada de si próprio, um reconhecimento de um percurso realizado e a consequente passagem para outro, que "já se prenuncia, sem que se saiba por onde passará".

Que caminhos percorrera Pontalis até então?

Filósofo, tendo feito seus estudos de nível superior na Sorbonne, interessado em cinema e teatro, escrevera comentários sobre filmes, fora locutor de rádio, professor em instituições particulares, tendo começado a escrever textos psicanalíticos por volta de 1954 e publicado seu primeiro livro, que reunia vários destes textos, em 1965 (*Aprés Freud*). Empreendeu sua análise pessoal com Lacan e seus estudos na Societé Française de Psychanalyse; sob iniciativa de Didier Anzieu atendeu crianças e adolescentes em trabalho institucional; publicou, com J. Laplanche o *Vocabulário de Psicanálise* e participou ativamente do Comitê de intelectuais contra a guerra da Argélia. Em 1968, já afastado de Lacan, torna-se membro titular da Association Psychanalytique de France. O ano de 1970 marca o início, sob sua direção editorial, da *Nouvelle Revue de Psychanalyse*, revista a qual vem a se dedicar, com espírito apaixonado, durante 25 anos. Pouco antes, em 1969, desligara-se de Sartre, que havia sido seu professor e com quem trabalhara na revista *Les Temps Modernes*; muitos artigos seus vão sendo publicados e exerce a presidência da APF (de 1970 a 1972).

Muito se passara nestes anos! A retomada se impôs.

E *sob* o escrito deste livro? "Em um polo o sonho, objeto de análise, aquilo que se pode dizer, o que pode se fazer palavra. Em outro polo, a dor, nos limites da análise, mas em seu próprio centro". A dor: o que é calado ou gritado. A dor: o que é um chamado direto ao outro, um grito que não apazigua. Um grito que cai, em seguida, no silêncio. Silêncio, que por ser assim silêncio, vem a se confundir com o próprio ser.

Entre o sonho e a dor... Não será que sob os textos deste livro, se encontra, também, um menino? Um menino que os familiares pensavam ser mudo, "como se desconfiasse que, se dominasse a linguagem, nunca poderia abandoná-la"; um pequeno menino que desejava, quando crescesse, até por exclusão, ser lavador de carros ou ser lixeiro. Menino que, ao crescer, não se torna nem um, nem outro. Torna-se psicanalista, com várias atividades. Edita livros, edita uma revista, lê manuscritos, traduz, ocupa-se, enfim, na multiplicidade, com um mesmo objeto: as palavras. Terá o menino deixado de existir?

É o psicanalista quem assinala que não; que de algum jeito, por mais que a linguagem o ocupe (e ele dela se ocupe), ele permanece, em sua relação com esta, como um imigrante, um deslocado. Não se trata, no entanto, de realizar um movimento ininterrupto, em circuito infindável. O que fundamenta este peculiar *deslocar-se* na linguagem é a permanência, no psicanalista, do menino rebelde aos domínios. Uma disponibilidade de lançar-se com entusiasmo, de entrar nas ideias com permeabilidade, de encharcar-se nelas, e de depois emergir, agora já em outro lugar.

Pontalis defende *em* sua escrita e *com* sua escrita, que os sonhos continuem a ser sonhos, que guardem sua margem de exílio, que não se deixem aprisionar em sufocantes malhas explicativas.

A dor de não sonhar

O *infans* permanece, inclusive, na importância que Pontalis dá à *dor*: o que não encontra recurso, o que não encontra socorro na linguagem. É o psicanalista-menino que, com saborosa irreverência, diz: "O aparelho teórico ganha em não funcionar demasiado bem". O imigrante *na* linguagem que busca o *entre*. "Nosso reino é do entre-dois". Os conceitos – ensina-nos Pontalis –, "conceitos sem os quais não haveria apreensões possíveis, remetem, na obra de Freud, a uma mobilidade no seio da realidade psíquica; o que fixa oposições é nossa própria dificuldade para pensar fora dos limites de uma lógica discursiva".

Após três anos da edição deste livro, Pontalis publica sua primeira ficção autobiográfica. Será *Entre o sonho e a dor*, em seu trabalho sobre um percurso já realizado, o prenúncio de um outro, clamando por se realizar? A ficção parece estar muito próxima, quando lemos estes textos feitos de uma linguagem que *se* trabalha para permanecer visitada pelo desconhecido, para sobreviver com vitalidade, para persistir sendo porosa e inventiva. Pontalis já publicara, em *Temps Modernes*, nos anos 50, uma novela, e, desde 1980, jamais deixou de escrever ficção, tendo, inclusive, em 1989, assumido a coordenação de uma coleção literária. Para ele, a obra literária não se dissocia da obra analítica; considera que ambas mantêm grande proximidade, percorrendo vias muito diferentes: têm em comum o desejo que as move, desejo de ser reconhecido, mesmo naquilo que se ignora de si. Ambas têm em comum a contínua constatação: a linguagem não é captura, nem tampouco é renúncia; faz parte de sua natureza ir em direção ao que não é ela, em um movimento que a leva da dominação à consciência de sua vacuidade existencial. A linguagem oscila entre o triunfo maníaco e a melancolia. "A melancolia revela sua natureza e, a mania, apenas o seu esforço".

É, sem dúvida, de um lugar de mobilidade imigrante que Pontalis pode acolher, com tanta prontidão e receptividade, o inglês D. W. Winnicott. Winnicott, para quem o espaço transicional vem a ser o ponto nuclear de uma obra que introduz uma terceira área – nem mundo interno, nem realidade externa – uma área que assegura uma transição entre eu e não eu, entre a perda e a presença, entre a criança e sua mãe. Um feliz encontro de dois pensadores do *entre*, para os quais a abertura para o inédito é um bem precioso a ser permanentemente conquistado e garantido.

Ser um imigrante na linguagem, não é, de modo algum, deixar de ter um sólido engajamento em suas terras. Ser assim, imigrante, marca a qualidade do engajamento; um engajar-se que contém, entre várias outras, muitas doses de humor. O humor, este eterno "deslocador" dentro da linguagem.

E que humor!

Pontalis protesta, colocando-se em defesa de uma mulher que tem sido muito assediada pelos psicanalistas que têm tido um interesse incessante pelos sonhos de Freud: "nunca deixará de receber novas injeções de sentido, esta pobre desta Irma?".

E também o humor reflexivo, que recai sobre si, quando volta o olhar para seu trabalho de dez anos antes, o *Vocabulário*, escreve: "eu também tinha um conceito à minha disposição, que, talvez, por não estar 'consignado' no *Vocabulário*, continuava livre e operativo para mim...".

O humor para com os colegas de ofício e suas geográficas divisões teóricas particularmente quanto à pulsão de morte: "a mera evocação do conceito tem por efeito principal provocar uma sideração fascinada no auditório, se este for parisiense e reprovadora se for americano...".

O humor que se imiscui quando, reestudando com densidade o tema do fetichismo, cita um dito do iconoclasta escritor Karl Kraus, produzindo, no contexto de sua argumentação, um efeito didático tão imediato quanto o riso que provoca: "Não há ser mais infeliz sob o sol do que o fetichista que vive volúpias por um sapato e que tem de se contentar com uma mulher inteira".

Em seu jeito próprio de caminhar, transitando por espaços, Pontalis também vai demarcando o lugar da clínica: um lugar nas vizinhanças do território conceitual metapsicológico.

"Quando Freud, ao interrogar-se sobre um mais além ou mais aquém do princípio do prazer, volta à questão dos sonhos traumáticos, não deixa de formular a necessidade de condições prévias à instauração do sonho como realização de desejo: a capacidade de sonhar exige que antes se tenha cumprido outro trabalho. Toda a especulação do *Mais além do princípio do prazer*, especulação em realidade tão próxima

A dor de não sonhar | 13

à experiência analítica, tende, em última instância, a definir este trabalho." Na intimidade do contato clínica/metapsicologia, o sonho fica protegido da violência de uma dissecção fria, na qual o pulsional ficaria excluído. Se assim fosse, o sonho perderia sua estranheza e o sonhador seria um ativo mapeador de si próprio. Por outro lado, a articulação entre sonho-objeto e sonho-espaço guarda surpresas e reassegura o novo. São duas dimensões do sonho; na prática, ao passar, sem cessar, de uma a outra, salvamo-nos de dois modos de relação com o objeto-sonho, neutralizando dois tipos de barreiras contra as virtualidades do espaço do sonho: a manipulação do sonho-máquina e a redução do sonho a um objeto interno. É importante cuidar para que analisandos e analistas não se tornem verdadeiros peritos na arte de decodificar e codificar, sábios que transformam sonhos em *mentalizações*, que deixam de lado o *afeto*.

Como é tentador, para o humano, o desejo de domínio do sonho! Que ânsias que há de despedaçá-lo em elementos!

Com Pontalis, o sonhar e o sonho resistem; o sonho resiste a ser pervertido, resiste a perder sua função primordial de fazer surgir ou produzir o desejo, resiste a ser tomado como um fim em si.

Um incomensurável respeito para com o valor e a grandeza do sonho, neste engajamento imigrante! Respeito que, em verdade, não se restringe ao sonho, mas que, partindo dele, evidencia um sólido posicionamento.

Respeito para com achados teóricos de outros, mesmo que bastante distantes de suas formas preferenciais de pensar, respeito ao paciente, em todas as suas manifestações psíquicas ou até mesmo – o que é bem mais difícil – ausência destas. Respeito significando não banalizar, ir até o fim, cuidar dos bons achados, aqueles que nos fazem progredir. Não se trata de pieguices nem de, facilmente, tudo aceitar. Respeito: considerar digno de trabalho, não reduzir. Reduzir é o caminho, bastante convidativo, de resistir frente ao diferente. Respeito para com Fairbarn, entre tantos outros. Se, por um lado, Pontalis discorda frontalmente em reduzir todo o funcionamento psíquico a uma libido-que busca-objeto, por outro, valoriza a atenção que esta teorização trouxe para um tipo de funcionamento no qual os processos psíquicos estão como que inapelavelmente destinados a repetições, a ciclos e a automatismos.

E a clínica é sempre – e de fato – escutada.

Pontalis a escuta com tal acolhida que, apesar de ter ressalvas quanto ao conceito de *self*, de um *si-mesmo*, ressalvas inclusive pelo risco potencial que o conceito transporta, risco de uma visão unitária do psiquismo, opta por salvaguardar o valor do conceito, justificando: "não esqueçamos este fato simples – se psicanalistas, de orientações tão diferentes, como Edith Jacobson, René Spitz, Winnicott e Guntrip, fizeram intervir o *self* em sua conceitualização, foi para tratar de responder a problemas que lhes eram causados pela análise de alguns de seus pacientes".

É a clínica, é ela quem vem sempre lembrar que as teorias não impedem, não impedem que as análises existam e se imponham, soberanas. As análises e não a linguagem. E, sendo assim, o afastamento de Lacan foi se tornado inevitável. Pontalis prossegue no diapasão do respeito, valorizando sempre o que recebeu de Lacan, mas recusa-se a forçar a linguagem, a torná-la absoluta, a ficar prisioneiro de uma *rede de significantes*.

Respeito, palavra em relação a qual seria preciso voltar a ser imigrante, experimentar um certo exílio, para poder resgatá-la de um limbo infértil de sentido.

Respeito, como nos textos deste livro está *exercido*. Respeito, quando Pontalis se refere ao conhecimento que podemos ter das confissões, sonhos, recordações que Freud nos deixou: "creio que temos o direito a utilizá-los tão somente para demarcar as etapas do processo do descobrimento da psicanálise". E nada mais.

Com todo o respeito para com Winnicott e, através dele, para com os psicanalistas consequentes. Sabe-se que Winnicott confessava, a uma de suas tradutoras, sua dificuldade de diferenciar com precisão a diferença entre *eu* (*ego*) e *self*, acrescentando que acreditava que quem usa o termo *self* não se situa no mesmo registro que aquele que utiliza o termo *eu*. O primeiro registro remeteria diretamente à vida, ao fato de viver. E Pontalis comenta: "quando um psicanalista não quer desistir do que, frente a outros, pode parecer, seja como uma intuição empírica confusa, ou como um refinamento teórico supérfluo, pode estar nos entregando o essencial de seu pensamento".

A dor de não sonhar

Respeito: uma conduta de dedicada compreensão para com os pacientes, ao considerar que todo o modo de funcionamento mental tem sua razão de ser, seu "núcleo de verdade": a ausência de delírio, tanto quanto o delírio. A mesma conduta está presente quando considera que ainda que um paciente possa bloquear, confundir ou até mesmo impedir nosso funcionamento mental enquanto analistas, isto não autorizaria a desconsiderar a sua experiência: é mesmo mais difícil captar o que não *está aí* do que captar o que se oferece a nosso alcance.

Pontalis, o imigrante comprometido, termina muitas vezes os textos com um nível poético raro e com reflexões sobre o humano, sobre a matéria da qual somos feitos, que comovem com a pungência de quando algo muito íntimo em nós é tocado. "Mas a água profunda do sonho não nos penetra: ela nos *leva*. Devemos *fazê-la superfície* no ciclo indefinidamente renovado, na interpenetração do dia e da noite: boca de sombra no côncavo do dia, feixes luminosos que se cruzam na noite..."

O exilado/engajado relaciona-se, de perto, com a antropologia, com a história, com as artes.

Na convergência com a antropologia, propõe que a função do *objeto* fetiche no perverso ocorre, no seio de uma dada sociedade, por um domínio ou um modo de *crenças*; a correspondência, então, não precisa ser buscada entre objetos igualmente etiquetados como fetiches pela psicanálise e pela antropologia, nem sequer necessariamente entre objetos. Todo o interesse passa a ser o de questionar o lugar do inconsciente no qual se conjugam o enigma e a crença.

Ao analisar criticamente o movimento surrealista, Pontalis nos traz algo que tem um brilho particular. O surrealismo, sem dúvida não renovou categorias psíquicas, como a psicanálise o fez; mas, com mais vigor e felicidade que esta, que se limita a verificar que a realidade interior é pelo menos tão opressora como a exterior, estes *sonhadores ativos* não deixaram de ampliar o campo do possível. Para eles, o sonho, longe de fazer-nos medir a extensão de nossas renúncias, continua sendo motivo de exaltação: é uma porta aberta para todos em direção a uma realidade de tecido solto, inconsistente em si, para transformar-se, por magia, em um espaço super-real. "A super-realidade, um entre-duas realidades, está, como a poesia, a liberdade e o amor – sempre por vir."

Como um comprometido que guarda liberdade, Pontalis passeia, deambula, e vai trazendo achados de grandes consequências, formulados com tanta simplicidade que até parecem terem sido encontrados por aí, casualmente. Quando discorre sobre um dos temas que lhe são particularmente caros, a questão do *espaço psíquico*, como que despretensiosamente, surge: "a tópica das instâncias não se confunde com a dos lugares do inconsciente" ou com "vamos fazer de modo tal que a tópica edificada pela metapsicologia não nos impeça de ver a tópica própria de cada um, que sempre está por ser descoberta".

De seus passeios também traz questões conceitualmente impactantes, frente às quais é preciso se deter e permanecer por largo tempo. "A experiência de dor ocorre no interior de um 'eu-corpo'. Diferentemente do que acontece com a experiência de satisfação, aqui não há metáfora, criação de sentido, mas somente analogia, transferência direta de um registro a outro; como se, com a dor, o corpo se transformasse em psique e a psique em corpo. Para este eu-corpo, ou para este corpo psíquico, a relação continente-conteúdo é a que prevalece, quer se trate de dor física ou psíquica."

Também com discrição, ao longo dos textos deste livro, vão chegando, como se fossem velhos amigos encontrados em meio às errâncias: Merleau-Ponty, Rousseau, Baudelaire, Rosolato, Green... Filósofos, escritores, historiadores, sociólogos, confluem, mantendo, simultaneamente, suas águas próprias. É inclusive por aí, por esta forma de pensar que sustenta as delimitações, que Pontalis se desliga de Sartre e da publicação que este dirigia, mantendo, ao mesmo tempo, seu reconhecimento pelos efeitos que o longo convívio trouxera. A divergência, que termina por ser irreconciliável, é porque para o filósofo do *existencial*, a linguagem, tal conquistadora insaciável, pretendia anexar terras que não são suas, em uma voracidade de tudo captar, em uma ambição à qual nada poderia escapar, nem mesmo o inconsciente, ou as emoções confusas.

Em meio a tantos encontros (e desencontros) por este mundo afora, há um encontro mais especial: o encontro com Winnicott. No livro, entre vários textos que abordam com muita agudeza aspectos essenciais de seus escritos, encontramos também uma deferência: um

A dor de não sonhar

dos textos é o belo prefácio que Pontalis fez para a tradução francesa de *O Brincar e a Realidade*. Pontalis encontra em Winnicott um parceiro privilegiado no pensar sem submissão, no pensar sem fáceis totalizações e dicotomias e, talvez o mais importante, um parceiro para o brincar, para o *jogar*, pois "o leitor não poderá livrar-se do encanto de ver a um psicanalista – em geral são tão desencantados, tão rápidos para desmontar *ilusões* – dizer, com uma candura sutil, que o *que é natural é o jogo*".

Jogar na obra de Freud, não dogmatizá-la, espicaçá-la: eis o que é, para Pontalis, trabalhar a obra de Freud. Freud nunca consagrou um estudo de conjunto a uma afecção determinada, seja a histeria, a fobia, ou outra modalidade de funcionamento psíquico; não o fez para não constituir uma psicopatologia psicanalítica que, substituindo a nosografia psiquiátrica, conservasse, no entanto, seu molde. Freud, sim, abordou, entre outros, o narcisismo, o masoquismo, explicitando *categorias* do desejo, estruturas fundamentais do psiquismo, e não setores da psicopatologia. Pontalis, leitor de Freud, sublinha, com particular atenção, *o que não se deixa reduzir*. "O dualismo em Freud toma muitas formas [...] quando um dos pares parece não funcionar mais como oposição, o dualismo se desloca, se re-afirma como mais originário, se preciso no plano do mito." No último dualismo pulsional, Freud invoca a pulsão de morte como a que opera em todas as partes, sem que se possa captá-la em estado puro. A pulsão de morte não nos fala de um polo do conflito, mas do conflito ele próprio, do conflito naquilo que ele tem de mais *irredutível*.

É com esta insubmissão, com esta permanente recusa de proposições totalizantes, que ecoam sobre si mesmas, que se isolam, evitando contato com o que pode surpreender interrogativamente, que Pontalis pesquisa e – de fato – pesquisa. Uma pesquisa destemida.

"Em meu julgamento, a temática da morte é tão constitutiva da psicanálise freudiana como a sexualidade. Inclusive penso que esta foi colocada em primeiro plano, em larga medida, para encobrir aquela. Uma e outra sairão tão transformadas pela obra de Freud, pelo *trabalho do aparelho teórico*, como a pulsão pelo trabalho do aparelho psíquico."

E é com esta liberdade que vai para a clínica (em sua relação com a teoria ou a teoria em sua relação com a clínica), ressaltando a importância de se ampliar o nosso repertório, incluindo os chamados casos limite, as personalidades narcísicas e outros, pois a consequência desta extensão não é, no essencial, de ordem classificatória: o que sobretudo interessa é que a proposição destes quadros clínicos venha a renovar nossa concepção da tópica freudiana.

Nada, porém, atesta tão veementemente a centralidade da clínica quanto aquilo que encontramos no texto sobre a contratransferência. A *clínica ao vivo* é tão essencial que, quando em férias, o analista não consegue produzir, conforme havia se programado, uma comunicação que iria fazer... Em férias *da* contratransferência, Pontalis vive esta peculiar experiência de impossibilidade. "Se eu me afastava da contratransferência, quero dizer se ela me abandonava para deixar-me caminhar para o lugar no qual acreditava ser eu mesmo, então o meu propósito perdia sua seriedade [...] não havia trabalho de expressão. É possível levar os pacientes 'na bagagem' [...] mas a contratransferência se apaga, como se com ela não se tratasse de memória ou de representação, nem sequer de fantasmas, mas de efeitos quase corporais que necessitam, para que se os sinta, a *atualidade* da sessão."

E que conforto quando Pontalis vem nos fazer companhia na clínica, colocando-se lado a lado com nossas angústias! Caso difícil, nos diz coloquialmente, é um eufemismo: vamos falar em casos que fazem sofrer, aqueles dos quais se sente uma necessidade imperativa de falar, ainda que por um breve momento, com um colega, sempre que seja, além disto, um amigo.

Pontalis, tal como um amigo que conhece a vida e que conhece seu ofício, nos fala do fundamental: um psicanalista que ignora a sua própria dor psíquica não tem qualquer possibilidade de ser analista; um psicanalista que ignora o prazer – prazer psíquico e prazer físico – não tem possibilidade de permanecer analista.

A dor de não poder sonhar, o prazer de viver sorvendo vida.

No número derradeiro da *Nouvelle Revue* (1994), que vem à luz significativamente sob o título *L´inachevement – O inacabado,* no editorial de despedida, encontramos:

A dor de não sonhar

"Eu me dissera, desde o início, que no dia em que a força do hábito suplantasse... o amor dos começos, seria bom, ao menos, um tempo de parada. Hoje, embora não haja cansaço, embora o gosto de trabalhar na revista não tenha declinado, algo não está mais. Algo que se poderia chamar o desejo de *fundá-la,* a cada vez, como no primeiro dia."

Pois bem, este é o livro que aqui está, na intensidade única do *fundar,* no prazer de sonhar sonhos que são sempre *dos começos,* no engajamento bem humorado, na graça do pensar, de se alegrar e de se doer com o trabalho.

Trabalho *nos começos,* em um dia qualquer, em um tempo qualquer.

Sempre inaugural.

Janete Frochtengarten, janeiro/fevereiro de 2005*

---

* Obras consultadas

De Pontalis, J.-B.:

- "A estação da psicanálise", tradução de Marcelo Marques em: *Jornal de Psicanálise,* SP, dezembro de 1994.
- *O amor dos começos.* Rio de Janeiro: Globo, 1988.
- *Perder de vista.* Rio de Janeiro: Zahar, 1991.
- "Aller et retour", em: *L´Arc,* número 69, 1997.

Sobre Pontalis:

J.-B. Pontalis, em: *Psychanalystes d'aujourd'hui,* par Claude Janin, PUF, 1997.

A POSTERIORI

A decisão de reunir num livro alguns dos textos escritos no decorrer dos anos anteriores é menos contingente do que parece. Para cada um deles, seria fácil invocar a pressão das circunstâncias: um número de revista, um congresso, um colóquio, um prefácio – aquilo que chamamos de trabalhos por encomenda, mesmo que, é claro, aquele que passa a encomenda e aquele que a executa sejam, no final das contas, a mesma pessoa.

Mas um livro, ao menos para o autor, é outra coisa, sobretudo – paradoxalmente – quando ele se compõe em grande medida de trabalhos já publicados. É dizer aos outros e a si mesmo que certo percurso chegou ao fim, é contar com o fato de que outro percurso, que já pressentimos embora não consigamos traçá-lo de antemão, tem chances de começar. Depois de entregar este manuscrito ao editor, tenho certeza de que vou pôr-me a arrumar...

Em compensação, o trajeto efetuado é mais fácil de definir. O título dado a este volume o enuncia, *a posteriori*. Entre o sonho e a dor: em primeiro lugar, isso corresponde simplesmente à sucessão dos textos, os primeiros tratando do sonho, o último, da dor. Essa ordem não respeita a cronologia estrita das publicações; tal respeito teria me parecido arbitrário, pois o tempo da escrita, assim como o da análise, não é linear: mais propriamente uma espiral, mas que iria aproximando-se de seu ponto fixo. Obedecer às regras de uma exposição lógica equivaleria a fazer outro livro, que não sou capaz de fazer, e que seria o contrário do que pode haver nestas páginas de marcas de uma atividade de pensamento psicanalítico, feita de intuições que desaparecem e são redescobertas, de revistos e de imprevistos: o pensamento em trabalho sobre o que ao mesmo tempo o nega e o exige. Portanto, se algum plano há, é apenas aquele que goza de minha preferência e que proponho ao leitor.

Entre o sonho e a dor é também o que entendo como o campo da experiência analítica, em sua permanente oscilação entre o que pode ser dito – deslocado, censurado, negado, mas ser dito – ou o que pode ser representado – travestido, truncado, enganador, mas entrar em cena – e o que tem de ser calado ou gritado para ser escutado: há não ditos que não são mero apagamento do que teria sido dito em outro lugar ou em outro tempo. Num polo, o sonho, protótipo das formações do inconsciente, onde os anseios contraditórios da infância podem se realizar e ao mesmo tempo se oferecer à decifração; o sonho: objeto de angústia e de enlevo, de nostalgia e... de análise. No outro polo, a dor, que embaralha as fronteiras do corpo e da psique, do consciente e do inconsciente, do eu e do outro, do fora e do dentro; a dor: nos limites da análise com certeza, mas no próprio centro, ausente, de nossa fala, brecha tapada que a provação do luto e da loucura sempre pode reabrir.

Cada psicanalista, no curso de sua experiência e de sua reflexão, poderá escolher outras referências para marcar essa bipolaridade e modificá-la. Mas é raro que ela esteja ausente. Em Freud, em todo caso, sempre a vemos em ação, mas cada vez num contexto teórico diferente. Para dar apenas algumas amostras: primeiro, é a oposição, sem dúvida radical demais, mas firmemente sustentada o tempo todo, entre as neuroses atuais que revelam uma "falta de elaboração psíquica" e as psiconeuroses, que supõem a instauração de um espaço cênico onde se desenrola o conflito; mais tarde, será a oposição entre a rememoração e a compulsão à repetição e aquela, correlativa a esta, entre uma neurose de transferência, duplicação da neurose infantil, e um agir em que o infantil é mais presentificado que representado; é a oposição entre a libido de objeto e a libido narcísica que coincide em grande medida com aquela que a clínica impõe entre uma problemática edipiana e uma problemática do eu, entre a castração e a perda, a falta e o vazio. Por fim, o entrelaçamento entre as pulsões de vida e as pulsões de morte vem inscrever a bipolaridade no que há de mais originário.

A posteriori

Mas o pensamento freudiano, pensamento dualista por excelência, pensamento do conflito e do par de opostos, não se deixa restringir a um "ou/ou". Nosso reino é o do entre-dois, como disse Freud no tempo em que inventava a análise.[1] Os conceitos, sem o que não haveria a menor possibilidade de ação, mexem-se na obra porque remetem efetivamente a uma mobilidade no seio da realidade psíquica. É nossa própria dificuldade de pensar fora do âmbito de uma lógica discursiva que cristaliza as oposições. Também a orientação nosográfica, embora seja indispensável para isolar estruturas fora de um contínuo, tende necessariamente a acentuar os traços dos quadros clínicos; assim, fala-se hoje de "personalidades narcísicas" sem reconhecer que nenhuma personalidade poderia constituir-se e se manter sem aportes e estoques narcísicos. Abre-se incessantemente uma brecha entre o que a psicanálise descobre de nosso funcionamento, inclusive o do pensamento, percebe de nosso modo efetivo de operar, e o tipo de pensamento que utilizamos para explicá-lo. Continuamos nos referindo a categorias mentais que nossa prática, contudo, faz vacilar. Os eixos de nosso discurso *sobre* a análise, e mesmo daquele que se diz suscitado *pela* análise, não são os eixos de nossa experiência de analisado e de analista. Essa experiência é necessariamente deformada, como a do sonho o é pelo relato. Ninguém pode dizer a análise de verdade, menos ainda escrevê-la. Seria preciso uma "reforma do entendimento" e uma revolução na escrita, porém apenas inventamos artimanhas, apenas chegamos a formações de compromisso. Os escritos psicanalíticos oscilam, muitas vezes no mesmo autor, entre o estilo alusivo ou demonstrativo, o gráfico ou o poema, a palavra se faz pítica ou didática, faz apelo ao Mestre ou ao vivido, a mimese do processo primário alterna com a lógica do argumento. Quanto esforço às vezes, da parte do psicanalista, para se assegurar e convencer o leitor de que a teoria que ele desenvolve não é produto de uma fantasia que o habita! Sem dúvida gostaria que acreditassem em sua palavra, embora, ao mesmo tempo, saiba que nem ele, nem qualquer outro, é livre em sua palavra.

1. *Zwischenreich*, numa carta a W. Fliess de 16 de abril de 1896 citada por Max Schur em *La Mort dans la vie de Freud* (Gallimard, 1975).

Não é certo que se possa agir de outra forma e este livro tampouco escapa às disparidades de estilo. Comporta páginas que poderão ser consideradas "literárias" demais, outras "eruditas" demais, capítulos em que o mecanismo da condensação está ativo demais, outras impregnadas demais da elaboração secundária. Não creio que se possa ficar totalmente ao abrigo de tal tipo de crítica, mas talvez ela seja menos fundamentada do que parece. A produção escrita de um psicanalista também se situa no "entre-dois": entre aqueles que nutrem seu pensamento – em primeiro lugar seus pacientes – e o que pode emanar de seu próprio fundo, entre a "associação livre" – obrigatória – e estruturas mentais de que, queiramos ou não, todos somos herdeiros, entre a teoria e a fantasia, entre o saber e a ignorância.

Na medida em que este livro tem em vista uma pluralidade de espaços psíquicos – do sonho e da ilusão, da fantasia e do *self* –, em que ele indica seus "entrelaçamentos", como teria dito Merleau-Ponty, – entre o masculino e o feminino, a morte e a vida, a transferência e a contratransferência –, na medida, enfim, em que sua interrogação subjacente recai sobre o que funda essa separação em lugares, ele se proíbe a unidade do espaço da escrita. Pode-se no máximo tentar tornar o leitor testemunha do trajeto percorrido, como o Rousseau das *Confissões* que era de fato um escritor e foi sem dúvida quem fundou a escrita de si, ao passo que, para um psicanalista, escrever é sempre apenas uma consequência, e até um fiasco, daquele que o trabalha.

31 de dezembro de 1976

ENTRE FREUD E CHARCOT:
DE UMA CENA À OUTRA

Não são só as histéricas que sofrem de reminiscências...

Numa manhã de outubro de 1885, Freud chega a Paris. Instala-se num pequeno hotel, equidistante do Panthéon e da Sorbonne. Viverá ali cinco meses. Pobre: ele não tem outros recursos além de sua bolsa de estudos. Casto: a despeito do clichê da época que associa Paris a aventuras fáceis. Solitário: passeia, numa cidade cuja língua falada ele ignora, cujos costumes e cuja multidão o desconcertam. Passa às vezes longos momentos refugiado no alto das torres de Notre-Dame. Vai ao teatro (ah, a voz de Sarah Bernhardt!) com um amigo médico russo que encontrou por acaso. Visita as salas de antiguidades do Louvre (ah, as estatuetas...). Escreve longas cartas a sua noiva, ora melancólicas, ora exaltadas.

Que é que ele veio buscar? Coisas novas. Ele quer – cito-o – "aprender coisas novas", que diz não esperar mais da universidade germânica. Esse médico de 29 anos, neurologista já reconhecido, recentemente nomeado Privat-Dozent, vai a Paris como se vai a um encontro, para descobrir o que não se sabe, mas que se pressente, da própria vocação.

Ele sabe a quem se dirigir: Charcot. Veio por causa dele.

Que contraste entre os dois homens! Charcot, em 1885, está no auge de sua glória, glória que nos custa muito imaginar hoje, pois corresponde a um período de apogeu do poder médico. Esse poder, Charcot o encarna e o exerce em todos os terrenos. No do saber: o seu é imenso, preciso, inovador; notemos que na recensão de seus trabalhos feita por Guillain, as pesquisas sobre a histeria ocupam um capítulo entre quinze outros.[1] A primeira cátedra mundial de Clínica das

Doenças Nervosas acaba de ser criada para ele. Poder combinado de professor e de mago ante seus alunos, a quem ele fascina e que o servem com zelo e talento na construção de seu edifício. Poder combinado de taumaturgo e de zoologista ante as doentes de seu serviço, eu ia dizer de sua coleção, pois ele classifica as espécies, diferencia os períodos, fotografa ou grava os movimentos e as poses a fim de tornar cada vez mais visíveis os quadros clínicos, quadros que ele faz derivar de modelos ideais (que vão da "grande histeria" às "formas leves"). As possibilidades que a hipnose oferece – reconstituir por sugestão determinada paralisia ou determinada anestesia histérica – reforçam seu domínio sobre a estranheza do delírio, sobre o demoníaco da neurose. "Podemos sempre desfazer o que fizemos", dizia ele a propósito da sugestão hipnótica: fantasia de onipotência confirmada por seus resultados. Poder, enfim, sobre seu público que vem, numeroso, variado, assistir, petrificado, às performances semanais do Mestre, senhor do ensino oral: as Lições.

Charcot é rico – devido a seu casamento. Mora num hotel – particular, e até mesmo singular pelo caráter pretensioso de sua decoração –, no bulevar Saint-Germain. Ele dá aquilo que se chama de brilhantes recepções. É o médico dos poderosos daquele mundo. Cobra honorários muito altos, segundo dizem.

O incrível é que o cesarismo de Charcot (o termo foi dito e o fato foi ilustrado num romance, *Les Morticoles*, de Léon Daudet),[2] seu gosto pela encenação, sua autoridade magistral e o que ela provoca de credulidade científica, que já suscitavam reservas no meio médico, o incrível é que todas essas características não chamam a atenção de Freud, embora não escapem aos devotos do Mestre. Freud não se importa com isso. Ao contrário, enfatiza a modéstia, a sinceridade, o respeito pela opinião alheia de que Charcot daria provas. Anos mais tarde, em *A história do movimento psicanalítico*, no *Estudo autobiográfico*, a dívida de reconhecimento permanece, intocada. O tom é o mesmo da nota necrológica de 1895.

---

1. GUILLAIN, G. *J.-M. Charcot (1825-1893): Sa vie, son oeuvre*. Paris: Masson et Cie, 1955.
2. LÉON A. Daudet. *Les Morticoles*. Paris: Charpentier, 1891.

Houve quem dissesse que Freud tinha idealizado Charcot e que essa idealização lhe servira para se libertar de seus primeiros mestres, Brücke e Meynert; sugeriram que ele enfeitara retrospectivamente sua estada em Paris para projetar em Viena, por vezes em detrimento da realidade dos fatos, o "objeto mau". A ambivalência em relação a Charcot é de fato manifesta: Freud dará a seu filho mais velho o nome de Jean-Martin, mas traduzirá as *Lições de J. M. Charcot* anexando a elas, sem avisá-lo, comentários muitas vezes bastante críticos.

Que sua relação com "Meister Charcot" tenha estado inserida na configuração edipiana e portanto fosse rica em significações conflituosas é algo indiscutível e que foi discretamente revelado pelo próprio Freud. Refiro-me à paramnésia a respeito de um personagem de um romance de Daudet (o pai, neste caso, que era amigo de Charcot), romance intitulado, como que por acaso, *O Nababo*. Em *A interpretação dos sonhos*, Freud comete um duplo equívoco. Equívoco sobre o nome: chama-o de Sr. Jocelyn em vez de Sr. Joyeuse, transcrição feminina, em francês, do nome de Freud; equívoco sobre os sonhos diurnos que atribui a esse personagem, mais famélico que outra coisa que, ao deambular pela cidade, se imagina (Daudet apelidava-o do belo nome de "o Imaginário") salvando a vida de um figurão que imediatamente se torna seu protetor.[3] De onde provém o devaneio, pergunta-se Freud tempos depois, que ele atribuiu falsamente a Daudet? "Só podia ser uma produção pessoal minha, um sonho acordado que eu mesmo tive [...] em Paris, tão necessitado então de ajuda e de proteção até que o professor Charcot me aceitou em seu círculo." E ele acrescenta – passagem suprimida nas últimas edições da *Psicopatologia da vida cotidiana*: "O irritante em tudo isso é que dificilmente há algum grupo de representações que me provoque mais aversão que a situação de protegido, que a posição de filho preferido, favorito. Sempre senti uma necessidade excepcionalmente intensa de eu mesmo ser o homem forte".

Tampouco é apenas nas histéricas que se desenvolve a predisposição para a transferência...

Mas não é minha intenção recolher as migalhas – sonhos, lembranças, confissões – que Freud nos deixou de si mesmo. A meu ver,

---

3. DAUDET, A. *Le Nabab*. Paris: Charpentier, 1878.

só temos o direito de nos apropriarmos delas para identificar as etapas do processo da descoberta.

Ora, todos concordam em reconhecer na estada de Freud na Salpêtrière um momento de virada. Com efeito, é fácil nomear sua grande consequência: a guinada da neurologia para a psicopatologia, mas mais presunçoso definir seus determinantes. Vou dar apenas uma indicação.

O encontro Freud-Charcot foi decisivo, mas (devemos dizer: mas ou porque?) limitado no tempo – algumas semanas – e circunscrito num espaço estrangeiro. Freud não foi o protegido de Charcot, nem mesmo seu discípulo. Ele o utilizou, como espectador atento e discreto, para aprender...

Aprender o quê?

Quando se lê o relatório científico redigido na volta de Paris, chama a atenção o tom pessoal totalmente inabitual nesse tipo de exercício.[4] Essa impressão se confirma no texto escrito por ocasião da morte de Charcot.[5] O próprio Freud parece querer dizer às autoridades e, dessa forma, a nós: ali me aconteceu algo muito importante, que muda tudo. Foi realmente muito bom, e muito diferente do que vocês imaginam.

Devemos, por certo, recensear as contribuições teóricas imediatas: retirada da neurose histérica do saco de gatos das "doenças nervosas"; demonstração da existência relativamente frequente de casos de histeria masculina, o que livra a histeria da etiologia "uterina" tradicional; concepção da histeria traumática; conjunção do trauma e de um estado natural, próximo do estado hipnóide de Breuer, na eclosão do sintoma etc.[6] Mas o essencial não é da ordem do saber, tampouco está numa relação que nunca foi passional e se manteve de ambas as partes distante. Diria que o essencial está no seguinte: um novo espaço abre-se para Freud. Mas ele se abre em negativo, pois ele não se encontra em Charcot, que desenha seus contornos por exclusão. É precisamente

---

4. FREUD, S. *Rapport sur mes études à Paris et à Berlin*, [s. ed.], 1886, vol. I, p. 3-15. Ed. bras.: *Relatório sobre meus estudos em Paris e em Berlim*, vol. I, p. 39.
5. FREUD, S. *Charcot*, [s. ed.], vol. III, p. 9-23. Ed. bras.: *Charcot*, vol. III, p. 21.
6. MILLE, J.A. Et col., "Some aspects of Charcot's influence on Freud". *Journal of the American Psychoanalytic Association*, 1969, n. 2, p. 608-623.

Entre Freud e Charcot: de uma cena à outra

nessa exclusão, porém, que reside a colusão, a conivência secreta dos recalcamentos entre a medicina "científica" e a sintomatologia histérica. Uso intencionalmente o termo espaço. Ele está o tempo todo presente no projeto de Charcot e o está em diferentes níveis.

Espaço do hospital, primeiro. Quando Charcot é nomeado, em 1862, médico do hospital da Salpêtrière, que na época enclausura cinco mil pessoas, ele percorre com seu amigo Vulpian todas as suas salas, faz centenas de observações e escreve estas surpreendentes linhas: "Os tipos clínicos oferecem-se à observação, representados por inúmeros exemplares que permitem considerar a afecção de uma maneira por assim dizer permanente, pois os vazios que com o tempo se criam em tal ou qual categoria são logo preenchidos.[7] Estamos, em outras palavras – prossegue ele – em presença de uma espécie de museu patológico vivo, de consideráveis recursos". Espaço cheio, por conseguinte, e quase inesgotável, que cabe ao médico recortar. O recorte em edifícios, nesse local do "grande enclausuramento" (Michel Foucault) que a Salpêtrière era originalmente, deveria idealmente coincidir com o recorte em entidades cuidadosamente diversificadas por uma inspeção dos sinais clínicos cada vez mais refinada. A setorização é, aqui, nosográfica. Charcot herdará a "Ala dos epiléticos simples" onde coexistem, com os prejuízos imagináveis para a teoria e para os doentes, ataques epiléticos e crises histéricas. Eis, portanto, Charcot trancado com suas histéricas. Ele as conhece, vez por outra descobriu suas simulações, mas não reconhece necessariamente seus simulacros. Com efeito, suas doentes são submetidas à acuidade e ao charme irresistível de seu olhar, tão falado, até mesmo por Freud – ele era um caricaturista notável e um grande amante das artes –, mas Charcot ignora que também ele está submetido à encenação complacente do desejo delas. E o desejo da histérica não é pouca coisa, sobretudo se for desejo de coisa nenhuma! Consideremos o famoso *Aula clínica do doutor Charcot* pintado por Pierre-André Brouillet em 1887. De um lado da sala, os assistentes (Freud não está entre eles); do outro, entre Charcot e Babinski – que mais tarde derrubará o edifício do Mestre –, a paciente apelidada de a rainha das histéricas. No ângulo superior esquerdo do quadro, uma

7. Grifos meus.

tela representando o "período de contorções" (aqui, o arco de círculo) da grande crise histérica, período que a paciente apresentada está justamente "vivendo" ou demonstrando: perfeita circularidade da cena em que todos os personagens, até mesmo as luzes da ribalta – a luz projetada através das janelas altas –, estão em seu devido lugar. Quem ordena, quem agencia a composição? O mestre glabro ou a "rainha das histéricas", desfalecente e desnudada, pronta para repetir a cena, para reproduzir o quadro, contanto que esses senhores estejam lá! Se as coisas fossem longe demais, restava sempre a possibilidade de recorrer ao "compressor de ovários". Afinal, o professor sabe reconhecer, sem muito alarde, a impotência de seu saber: "É sempre, sempre, a coisa genital". E o compressor, esse aparelho concreto de recalcamento, tem por função recolocar a coisa em seu devido lugar. Proibir-lhe, por um tempo ao menos, errar, deslocar-se e fazer seus estragos.

O primado do espacial intervém também – é preciso relembrá-lo? – no método anátomo-clínico e na teoria das localizações cerebrais que triunfam nessa segunda metade do século, método e teoria dos quais Charcot foi um dos mestres em seus trabalhos neurológicos e que ele tentou, muito naturalmente, transpor para o estudo das neuroses. Eles guiam sua cartografia das zonas histerógenas, prefigurando as zonas erógenas: pontos de excitação do corpo da histérica. É preciso olhar em conjunto essas lâminas, tópica sexual, que poderiam ser servidas ao perverso como manual de utilização (face ventral, face dorsal, está tudo programado!) e as admiráveis fotografias publicadas a partir de 1876 na *Iconographie photographique de la Salpêtrière*: repertório – assim como se diz papéis do repertório – das fases e atitudes da histérica: plástica do erotismo. Alguns títulos, muito fim de século: êxtase, crucificação, súplica amorosa, apelo, ameaça, zombaria.[8] Lâminas e fotografias, postas lado a lado, nos dão as duas vertentes perceptíveis do espaço do corpo da histérica: a superfície – a pele – e o gesto que convoca o outro para o campo do olhar.

O espaço psíquico é o grande ausente. Freud terá de percorrer um longo caminho, com seus obstáculos, suas ciladas e suas armadilhas,

---

8. BOURNEVILLE; RÉGNARD. *Iconographie Photographique de la Salpêtrière*. Paris: Delahaye, 1873-1880, 3 vols.

para constituir esse espaço e para diferenciá-lo. Terá de reconhecer na conversão (metáfora espacial) não, como se acreditou, a forma efetivamente prevalente da histeria, mas o modelo de seu mecanismo, haja ou não haja sintomas somáticos. Isso pressupunha, justamente, que houvesse uma conversão na abordagem e no tratamento da histeria: as causas não serão mais buscadas diretamente nos lugares do corpo, mas na composição da fantasia com suas leis espaço-temporais próprias, não mais no quadro gestual oferecido e fixo, mas nas posições identificatórias variáveis, múltiplas e ocultas. Enfim, Freud deverá edificar paralelamente a tópica do aparelho psíquico e inventar a situação analítica. Situação acusada de ser um ritual obsessivo, ou refúgio fóbico, mas certamente não de ser uma provocação histericizante. Entre a cena totalmente visual da consulta de Charcot e a Outra Cena invisível do consultório de Freud, entre o espaço cheio demais e o espaço vazio demais, a ruptura se consumou. Ela é irrevogável.

ENTRE O SONHO-OBJETO E O TEXTO-SONHO

1. A PENETRAÇÃO DO SONHO

> *Medicastros infames, pensava eu, vocês esmagam*
> *em mim o homem que eu desaltero.*
>
> Henri Michaux,
> *Entre centre et absence*

> *... um sonho estranho e penetrante.*
>
> Paul Verlaine,
> *Poèmes Saturniens*

> *Eles apalpam seu grande corpo piscoso*
> *adormecido.*
>
> André Frénaud,
> *La Noce Noire*

Die Traumdeutung: o título por si só já liga, tende a unir indissoluvelmente o sonho e a interpretação. Mesmo renovando-a totalmente, Freud se situa na tradição das diversas mânticas, populares ou sagradas, destina o sonho ao *sentido* e, em certa medida, desconsidera o sonho enquanto *experiência*:[1] experiência subjetiva do sonhador sonhando, experiência intersubjetiva na análise, na qual o sonho é trazido para o analista, ao mesmo tempo oferecido e guardado, dizendo e calando. Com Freud, quando o sonho emigra como que definitivamente para a interpretação, e da *colocação em imagens* vê-se convertido numa

---

1. *L'Expérience du Rêve*: título de um livro escrito – não é de espantar, mas talvez haja quem lamente – por um analisado, não por um analista.

colocação em palavras, talvez algo se perca: toda conquista se paga com um exílio, e a posse, com uma perda.

Não é minha intenção voltar a um tempo anterior à *Traumdeutung,* e sim retomar o que o método freudiano teve necessariamente de deixar de lado para ser plenamente eficaz; gostaria de compreender o que de início me parece ser uma oposição entre o sentido e a experiência situando-me na análise para nela encontrar minhas referências. Sinto-me autorizado a tal procedimento por certo número de trabalhos pós-freudianos e pela constatação, na prática, de certa reticência de minha parte a decifrar o conteúdo de um sonho se não percebi o que ele representava como experiência, ou como recusa de experiência. Enquanto não se avaliou a *função* que o sonho cumpre no processo do tratamento, enquanto o *lugar* que ele ocupa na tópica subjetiva permanece indeterminado, qualquer interpretação da *mensagem* do sonho é, na melhor das hipóteses, sem efeito, na pior, alimenta uma conivência sem fim sobre um *objeto* específico, objeto de um investimento libidinal não esclarecido entre o analista e seu paciente: não é mais uma fala que circula, é uma moeda.

Algumas circunstâncias estão na origem dessas colocações. Realizou-se recentemente um colóquio entre analistas que adotou como título *O sonho no tratamento.* Ele fazia deliberadamente eco a um outro colóquio, anterior a ele em cerca de quinze anos, intitulado, de maneira mais erudita, *A utilização do material onírico em terapia psicanalítica com o adulto.*[2] Esse deslizamento de título, mais ou menos premeditado, não se destinava a evitar a repetição. Ao pressupor uma equivalência entre "sonho" e "material onírico" e, além disso, centrar o debate em sua "utilização", não se corria o risco de orientar toda a discussão para as diferenças técnicas de

---

2. O primeiro desses colóquios foi organizado pela Sociedade Psicanalítica de Paris em 1958. Suas atas foram publicadas na *Revue Française de Psychanalyse* (1959, n. 1). O segundo ocorreu em 1971, por iniciativa conjunta da Associação Psicanalítica da França e da Sociedade Psicanalítica de Paris.

Entre o sonho-objeto e o texto-sonho

tratamento desse material? As divergências individuais previsíveis ficavam encerradas dentro dos limites de um espectro que, aliás, os participantes do colóquio tinham percorrido de maneira notável. De modo geral, vimos oporem-se naquele colóquio, às vezes no mesmo analista, duas tendências: uma – que seria um erro designar, sem maiores exames, como clássica – que considerava o sonho a via régia e convidava, inclusive na atenção a ele atribuída, a escutá-lo no tratamento como linguagem à parte; a outra, que não o considerava diferente em sua natureza do conjunto do conteúdo de uma sessão. Ambas as tendências sem dúvida se juntavam, sem que eles se dessem conta, na avaliação que faziam do sonho como material, fosse ele privilegiado como revelador do desejo inconsciente ou suspeito – sobretudo quando mobiliza intensamente os parceiros – de ser uma resistência à transferência.

A mudança de título, além de demonstrar a constância renovada do interesse, também indicava um deslocamento da interrogação, agora mais vaga – que acontece com o sonho numa análise? – e mais radical: não pressupõe mais nenhum estatuto para o sonho na situação analítica, nenhum estatuto *prático*. Pois o estatuto *teórico* do sonho tal como foi definido por Freud – o sonho é uma realização alucinatória de desejo – deixa todas as questões em aberto quando entra efetivamente em jogo, na cena da transferência (portanto, num jogo empostado, como no teatro), a organização dos desejos e das defesas.

O que os temas dos colóquios permitiam perceber, em seu próprio enunciado, era que o sonho não era mais visto pelos analistas em 1971 da mesma maneira como o era em 1958, que a percepção que tínhamos dele podia ter-se alterado com o passar do tempo. Lembro-me de ter saído do encontro brincando mentalmente com a distinção que eu propusera entre o sonho como objeto, como lugar e como mensagem e que terminava com um: "o sonho não é mais o que era" marcado de certa nostalgia. Ora, no dia seguinte, do divã chegaram até mim estas palavras, elas mesmas colhidas, parece, de uma inscrição mural: "a nostalgia não é mais o que era", proposição que faz... sonhar.

Essas são as circunstâncias.

Se o sonho é objeto e intimamente aparentado com o objeto da nostalgia, ela mesma lugar de seu próprio espelho e assim por diante indefinidamente, ele não suscita uma única relação e sim uma variedade de "modos de uso", ele não tem a mesma função para todos. E, em primeiro lugar, essa função é necessariamente diferente para Freud e para o analista de hoje. A observação é banal. Mas, e suas consequências?

Ao lermos a *Traumdeutung*, tendemos a confundir *o objeto* da investigação – o sonho – com o *método* e a *teoria* que ele permitiu a seu autor elaborar. Contudo, a interdependência entre esses três termos não tem nada de absoluto. A análise dos sonhos e, em primeiro lugar, de seus próprios sonhos, foi para Freud o meio de reconhecer, como ao microscópio, o funcionamento do processo primário. Mas ele logo fez questão, talvez para desfazer o mal-entendido que qualquer livro sobre os sonhos corre o risco de reforçar, de se diferenciar de certo romantismo, de um misticismo do onírico, da ideia de que o sonho estaria, por privilégio de nascença, em filiação direta com o inconsciente. Estou pensando particularmente numa frase, surpreendente à primeira vista, na qual Freud manifesta claramente suas reservas, sem dúvida contra Jung, em relação a um "misterioso inconsciente": "Por muito tempo confundiram os sonhos com seu conteúdo manifesto", escreve ele. "Não devemos agora confundi-los com os pensamentos latentes."[3] Voltará em várias ocasiões e com insistência à ideia de que o sonho nada mais é senão uma "forma de pensamento", um "pensamento como qualquer outro". Essa ideia deve ser relacionada com a convicção de que, ainda que uma grande parte dos "pensamentos do sonho" possa ser influenciada pelo analista, pelo menos "o mecanismo da formação do sonho, o trabalho do sonho no sentido estrito do termo" está livre de tal influência.

O desejo de tornar-se senhor de seus sonhos leva Freud a analisar a *composição* deles, a maneira como eles são fabricados, ao invés de

---

3. "Remarques sur la théorie et la pratique de l'interprétation du rêve". *G.W.*, XIII, p. 304. Ed. bras.: "Observação sobre a teoria e a prática da interpretação dos sonhos", vol. XIX.

Entre o sonho-objeto e o texto-sonho

pesquisar as condições de sua *criação* e do poder criador que eles revelam. O que lhe interessa é o trabalho do sonho. O trabalho do sonho, ou seja, a série de transformações que se dão a partir dos desencadeantes – moções pulsionais e restos diurnos – até o produto final: o relato de sonho, o sonho registrado, colocado em palavras. Sobre o que sucede com esse produto depois de sair da máquina de sonhar, sobre o que ocorre quando a máquina ainda não está em andamento – o desejo de dormir é realmente redutível a um suposto narcisismo primário? – pouca coisa. É certo que Freud percebeu claramente a necessidade de "completar" seu *A interpretação dos sonhos* com o estudo da relação entre o sono e o sonho. Mas esse "suplemento metapsicológico à teoria dos sonhos" não parece ter para ele qualquer efeito sobre a interpretação dos sonhos ou recolocar em questão sua função de "guardião do sono". Por outro lado, a articulação entre o desejo de dormir, o desejo de *sonhar* e o desejo do sonho (figurado no sonho) não é o ponto nodal da reflexão freudiana. É o estudo das transformações, de seus mecanismos e de suas leis que concentra, ao menos na *Traumdeutung,* o essencial da atenção de Freud: o *antes* e o *depois* parecem secundários. Porém, embora esse trabalho possa ser exemplarmente analisado com base no *modelo* do sonho, ele não é exclusivo da formação-sonho; foi analisado de forma igualmente luminosa pelo próprio Freud em outras formações do inconsciente – esquecimento, sintoma, fenômeno do *déjà-vu* etc. É mais árduo analisá-lo na fantasia inconsciente e na transferência, porque o *processo* de constituição embaralha o tempo todo o rigor da *composição.* Que o processo primário seja mais difícil de identificar na relação transferencial que no texto do sonho é algo indiscutível: a transferência não é um texto. Mas não há *psicanálise* (não estou dizendo análise) fora do que se move, se encadeia e se desencadeia na transferência, em *ato,* mesmo que ali só se manifeste o *dito.* Deixo de lado a questão, ainda que fundamental, da legitimidade de propor uma equivalência entre a "sessão" e o sonho. Concordar com isso pode levar ao extremo de tomar o conjunto do texto da sessão como passível de uma interpretação de ponta a ponta. Já discutível em seu princípio, esse modo de proceder pode, na prática, instituir um terrorismo – perseguição e docilidade – cujas consequências a escola kleiniana nem sempre parece medir. Uma vez estabelecida a homologia estrutural entre as diversas formações do inconsciente, toda a investigação psicanalítica visa, na verdade, a esclarecer suas diferenças. Foi essa a via aberta pela *Traumdeutung*, que, para nós, não é o livro da análise dos sonhos, menos ainda o livro do sonho, mas o livro que, por intermédio das leis do *logos* do sonho, descobre a de qualquer discurso e funda a psicanálise.

Portanto, o sonho não tem de ser, enquanto tal, objeto preferencial da análise. (Sabemos igualmente que mais de um tratamento progride sem interpretações, ou mesmo relato, de sonhos; e que, quando elas são infinitas, é muitas vezes o contrário que acontece.) Mas, para Freud, para o homem Freud, ele o foi, sem dúvida e apaixonadamente. Hoje[4] todos sabem que Freud realizou, pela decodificação metódica e contínua de seus sonhos, sua *Selbstanalyse*: durante um determinado período, ele marcou literalmente encontros com seus sonhos e, o que é ainda mais impressionante, os sonhos compareciam aos encontros... Seria simplista atribuir a eles a mera função de *mediadores* que teriam possibilitado a Freud o "pleno reconhecimento de seu conflito edipiano" etc. Trata-se de algo bem diferente: o sonho foi para Freud um corpo materno deslocado, ele cometeu incesto com o *corpo de seus sonhos*, penetrou seu segredo, escreveu o livro que o tornava conquistador e dono da *terra incógnita*. Da cabeça de Medusa, inominável, à Esfinge que diz o enigma, a primeira metamorfose, que comanda todas as outras, se realiza: falta apenas decifrar o enigma. Freud tira dele Édipo *a posteriori*. A intensidade pulsional era tamanha que, três quartos de século mais tarde, seus longínquos sucessores voltam a perscrutar o corpo, transformado em *corpus*, de seus sonhos. Tomar o corpo ao pé da letra – a fórmula de Leclaire deve, *no caso de Freud*, ser tomada ao pé da letra.

Para reconhecer que o sonho é um objeto libidinalmente investido pelo sonhador, suporte de pavor e de gozo, não é preciso invocar o Édipo de Freud ou Freud se tornando Édipo... O cotidiano da experiência é suficiente. Os psicanalistas, porém, ao menos em seus trabalhos escritos, parecem ter prestado pouca atenção às relações

---

4. Desde a obra de D. Anzieu sobre a autoanálise de Freud, que foi o primeiro a estabelecê-lo de forma precisa.

Entre o sonho-objeto e o texto-sonho

com o objeto-sonho. Só se fala com precisão dos sonhos de prazer ou de sedução – o que, em certo sentido, é verdade para todo sonho confiado a uma orelha freudiana... – e, mais vagamente, das satisfações narcísicas e/ou estéticas encontradas no sonho. Qualquer um também pode constatar que o sonho, por mais desconcertante que seja seu conteúdo, é posto *entre* o analista e o analisado: *no man's land* que parece proteger sem que se saiba sempre de quê. Muitas vezes sentimos a introdução de um sonho numa sessão como, digamos, uma excitação tranquila: trégua, suspense, cumplicidade encantada. A cumplicidade decorre em parte de que teríamos algo em comum para analisar, numa contradança sensorial da visão para a escuta, mas o suspense decorre de que algo de ausente presentifica-se no horizonte de nosso duplo olhar e de nossa dupla escuta – que diferem por posição – e se presentifica permanecendo ausente. Com efeito, por mais convergentes que sejam as redes estabelecidas pela via associativa, por mais irrecusável que seja a presença do afeto (e a conjunção, em se tratando de um sonho, das representações e do afeto, ainda que de forma invertida, é bem rara), resta sempre uma distância entre o sonho posto em imagens e o sonho posto em palavras – às vezes diríamos posto no cadafalso. Evoquei há pouco o parentesco, que alimenta a tradição romântica, entre o sonho e o objeto, sem fim, da nostalgia: ela está inscrita pelo menos duas vezes em todo sonho, em sua visada regressiva e nessa distância. A provisão de sonhos tende a satisfazer, para os dois participantes, essa busca de um objeto evanescente, perdido-reencontrado, ausente-presente, jamais totalmente alcançado pelos signos que o afastam enquanto o mostram. É algo que não deixa de ser reconfortante. O mais selvagem dos sonhos já não está domesticado? O insólito encontra refúgio numa reserva: jardins cercados, cidades onde se justapõem arquiteturas de estilos e épocas diversas, braço de mar... O insensato ganhou forma, o múltiplo discordante repousa, finalmente, em *um* sonho. Sua incerta figura me mantém – paradoxo que tem seu preço, sobretudo no momento em que não estou mais preso dentro, mas me liberto dizendo-o – equidistante de meus objetos internos e das exigências de uma realidade que, em alguma medida, está sempre em combinação com o supereu. A *incerteza que provém dos sonhos*, escreveu Caillois. É o pesadelo que rompe o estado de sonho, bem mais que o despertar, que consegue manter essa doce e lancinante incerteza.

É assim que entendo hoje as palavras de Sacha Nacht: "No fim, um sonho é apenas um sonho", nas quais muitos viram uma declaração ante a qual era preciso aparentar escândalo na época. Seu autor, notemos, não teria podido recusar igualmente, como ilusão, a transferência que atualiza a *realidade* psíquica; mas o equívoco da frase se mantém e se deve ao fato de que só poderia concernir ao sonho como objeto: um sonho, mesmo captado logo depois de ser sonhado e seja qual for o impacto dos restos diurnos, por certo nunca é *atual*, embora possa *atualizar* o recalcado numa ressurgência às vezes impressionante. Digamos que é a relação que mantemos com ele que decide seus efeitos. Apesar disso, todo sonho participa do intento próprio do sonho: a satisfação completa, sem falhas, do desejo (medicastros infames...), sua *realização*; apesar disso, todo sonho fornece uma alucinação "verídica", diferente nisso da verdadeira alucinação que continua sempre sendo problemática para o sujeito. Talvez a percepção do sonho poderia ser o modelo de toda percepção: *mais percepção* que qualquer percepção desperta.[5]

Detenhamo-nos brevemente numa fórmula corrente: "Sonhei a noite passada, mas só lembro de uns pedaços". Já não prestamos mais atenção a isso, esperamos a continuação... Mas, desde que ela se repita com insistência e que o relato consecutivo do sonho não se destaque por seu caráter particularmente lacunar, nós a escutamos de outra forma: indicando a relação que o sujeito procura manter com seu objeto-sonho no momento em que ele o dá a ver a um terceiro. A referência edipiana – apoiada numa representação da situação analítica – ficaria então evidente: "Você deve saber, e tenho certeza de que sabe, que sou para sempre inadequado a esse sonho, a esse corpo que deixo você entrever; é seu o poder de interpretá-lo, de penetrar nele; mas é meu o raro prazer, posto que

---

5. Creio ser isso o que guia o último estudo de Merleau-Ponty, que fala explicitamente de *percepção onírica infra*, "Presença, entre os signos, ausência".

Entre o sonho-objeto e o texto-sonho

jamais satisfeito e sempre mantido, de entrever essa totalidade que você jamais apreenderá". Minha hipótese seria de que todo sonho, enquanto objeto na análise, faz referência ao corpo materno. No exemplo citado, o analisado proíbe-se *conhecê-lo;* em outros casos, ele utiliza, pervertendo-o, o método analítico da decomposição em elementos para se tornar senhor por *pedaços* do corpo do sonho etc. Não é no conteúdo do sonho, mas em sua "utilização" que se revela a patologia própria do sujeito. O objeto-sonho é incluído secundariamente numa organização oral, anal, fálica, mas o processo do sonho está originalmente ligado à mãe: a variação das tramas nele representadas, e mesmo a gama de significados de que se reveste no tratamento (fezes, presente, obra de arte; "filho imaginário"; tesouro escondido; órgão "interessante", fetiche) desdobram-se sobre o fundo dessa relação exclusiva. Sonhar é, antes de mais nada, tentar manter a impossível união com a mãe, preservar uma totalidade indivisa, *mover-se num espaço anterior ao tempo.* É por isso que certos pacientes pedem implicitamente que não nos aproximemos demais de seus sonhos, que não toquemos e não trituremos o corpo do sonho, que não desarticulemos a "representação de coisa" em "representação de palavra". Um deles me dizia: "Este sonho mais me agrada do que me interessa. É como um quadro feito de pedaços, uma montagem".

Essa analogia com o quadro nos leva para a questão do lugar. O lugar – o espaço – do sonho não deixa de estar relacionado com o que a pintura procura circunscrever, com o quadro pintado. Ainda não se falou o suficiente sobre o primado do visível no sonho: o sonho é o que torna visível, dá seu lugar de visível ao *déjà-vu,* que se tornou invisível.

Esse primado do visível é confirmado experimentalmente pelos trabalhos neurofisiológicos sobre a fase paradoxal. Com efeito, o sonho corresponderia a uma fase de vigília em relação ao sono profundo; e isso se comprovaria por movimentos oculares rápidos, como se o sujeito que sonha tivesse o que ver. É também aqui que a noção de tela do sonho – mesmo se na experiência clínica raramente deparamos, como sublinha o próprio Lewin, com "sonhos brancos" – adquire todo o seu valor.[6] As observações de Lewin ao menos põem em evidência, sendo o sonho branco um caso limite, que toda imagem de sonho é projetada sobre uma tela; preferiríamos dizer: supõe um espaço onde a representação pode se dar. Pois, o importante não é que o sonho se desenrole como um filme (comparação, ou mesmo lapso muitas vezes cometido pelo sonhador); ele pode igualmente adotar a forma de um drama, de um folhetim ou de um políptico. Mas, sem tela, não há filme; sem palco, ainda que reduzido a uma linha imaginária, não há peça; sem tela ou moldura, não há quadro. O sonho é um rébus, é verdade; mas para inscrever o rébus, precisamos de algo como uma folha de papel; para reconstituir o quebra-cabeça, uma delgada cartolina.

Freud destacou claramente que um dos mecanismos aos quais o trabalho do sonho se submetia era a consideração à figurabilidade (*Rücksicht auf Darstellbarkeit*): os "pensamentos do sonho" só podem estar presentes no sonho se se transformarem em imagens visuais; ou seja, para ter direito de inscrição na tela do sonho, os "representantes" do desejo têm de ser visualmente representáveis; ou ainda, *o inconsciente não exige ser figurado*: esta é, ao contrário, uma exigência à qual ele é submetido pelo sonho. Mas Freud, até onde sei, não se detém nos efeitos que tal exigência limitadora implica, particularmente a valorização do par visível-invisível e do par desejo-olhar; apenas examina as modificações que o abstrato tem de sofrer para passar ao concreto.

Notemos a propósito que, se foi preciso tanto tempo para que pintores tenham como intenção deliberada – contestável, aliás, considerando-se tanto as exigências da pintura quanto o desenrolar do processo do sonho – pintar seus sonhos,[7] é justamente porque existe uma homologia muito profunda entre o trabalho do sonho e o trabalho do pintor.

6. "Le Sommeil, la bouche et l'écran du rêve", (1949), trad. fr. *Nouvelle Revue de psychanalyse*, n. 5; Também, do mesmo autor, "Reconsideration of the Dream Screen". *Psychoanal. Quarterly*, vol. XXII, n. 2, 1953.
7. Digo: seus sonhos; não aqueles, de valor premonitório, por exemplo, de algum herói cultural ou santo, frequentemente representados na pintura "clássica". Quando a intenção de pintar o sonho se torna explícita, particularmente em alguns pintores surrealistas, ela tem, a meu ver, um objetivo essencialmente polêmico: não se trata de nos oferecer um mundo onírico, mas de minar a "realidade" externa, necessariamente portadora de ideologia sob a aparência

Entre o sonho-objeto e o texto-sonho

Falar de lugar do sonho convida, em primeiro lugar, a pensar a seguinte contradição: por um lado, os efeitos de condensação e de deslocamento, os jogos de substituições e de inversões, todo o modo de funcionamento do processo primário não são exclusivos do trabalho do sonho e não é necessário, como indica Freud, "supor a existência de uma atividade simbolizante especial da alma";[8] por outro lado, o sonho se dá num espaço interno específico. E sabemos que existem outros lugares onde a pulsão se manifesta, onde *isso* se enuncia sem ser figurado: um aquém da representação – sem dúvida o campo da pulsão de morte –, quando a pulsão fica fixada a "representantes" que se atualizam diretamente no *agir* compulsivo ou que o destino *repete*,[9] um além mais problemático da representação, onde o pulsional, sempre presente, produz o espaço aberto da obra e da ação. Também aí o sonho ocupa uma situação mediana. Quando Freud, indagando-se sobre um além ou um aquém do princípio de prazer, volta a tratar da questão dos sonhos traumáticos,[10] formula a necessidade de condições prévias à instauração do sonho como realização de desejo: a capacidade de sonhar exige que "uma outra tarefa tenha sido realizada antes". Toda a especulação de *Além do princípio de prazer* – especulação na verdade tão próxima da experiência analítica – visa basicamente a defini-la. Conservemos por ora apenas a hipótese de que o sonho não possa realizar sua função de "ligação" antes que uma espécie de "pré-ligação" tenha sido estabelecida. O processo do sonho não poderia funcionar segundo sua lógica própria enquanto o espaço – o "sistema psíquico" – do sonho não estiver constituído como tal.

---

de neutralidade. Ao apresentar figuras e objetos de sonho como uma evidência surreal, hipersensorial, a pintura surrealista denuncia o *pouco de realidade* da evidência pretensamente objetiva e funcional. O que está em questão é o estatuto do objeto, não o do espaço.

8. "Die Traumdeutung", *G. W.*, II-III, p. 354; trad. fr. PUF, nova ed., p. 300. [Ed. bras.: *A interpretação dos sonhos*, vol. IV e V.]

9. "A compulsão à repetição não se contenta com o retorno do recalcado sob a forma de sonhos", escreve Freud, ao voltar a tratar, depois de *Além do princípio de prazer*, da função do sonho.

10. Recordemos as passagens essenciais: "A vida onírica das neuroses traumáticas se caracteriza pelo fato de trazer o tempo todo o doente de volta para a situação de seu acidente, situação da qual acorda com renovado terror. *Isso não provoca*

Assim como podemos ver em certo recurso à realidade uma pretensão a manter um "setor reservado"[11] fora do campo da transferência, podemos considerar a valorização, pelo analista e pelo analisado, do sonho no tratamento como a marca de uma preocupação em determinar limites para o inconsciente – como se ele pudesse ser situado em algum lugar –, preocupação, à qual o sonho efetivamente responde, de circunscrever numa *forma* o *processo* primário.

Sonho-objeto, sonho-espaço: a articulação entre essas duas dimensões do sonho é estreita. Na prática, passamos o tempo todo de uma para a outra. Esquematicamente, eu diferenciaria dois modos de relação com o objeto-sonho, que representam dois tipos de defesas específicas contra as virtualidades que a abertura do espaço do sonho comporta: a manipulação do sonho-máquina, a redução do sonho a um objeto interno. Vou permanecer intencionalmente descritivo.

suficiente espanto. Na insistência da experiência traumática em retornar, até mesmo no sono do doente, veem uma prova da força da impressão que ela produziu [...]. Contudo, não tenho conhecimento de que os doentes que sofrem de neurose traumática se ocupem muito em sua vida de vigília da lembrança de seu acidente [...]. Admitir como coisa óbvia que o sonho os transporte de novo durante a noite para a situação patógena é *desconhecer a natureza do sonho* [...]. Se não quisermos que os sonhos da neurose de acidente venham derrubar nossa tese da tendência do sonho a realizar o desejo, talvez nos reste o expediente de dizer que nesse estado a *função do sonho*, como tantas outras coisas, *foi afetada e desviada de seus fins*". G. W., XIII, p. 10-11 (grifo nosso) [Ed. bras.: *Além do princípio de prazer*, vol. XVIII].
E mais adiante (p. 32): "Se os sonhos da neurose de acidente reconduzem tão regularmente os doentes à situação do acidente, é evidente que não estão à serviço da realização de desejo, mesmo se a produção alucinatória deste tornou-se a função dos sonhos sob o domínio do princípio de prazer. Podemos supor que por seu caráter repetitivo contribuem para *uma outra tarefa que tem de ser realizada antes* que o domínio do princípio de prazer possa começar [...]. *É lógico admitir, também para a tendência do sonho a realizar o desejo, a existência de um tempo anterior a ela*" (grifo nosso).

11. A expressão, empregada em outro contexto, é de Conrad Stein.

Não é de hoje, mesmo que hoje os multiplique, que encontramos analisados-sandos[12] expertos em codificações e decodificações, inventivos em jogos de palavras, de sonhos e de interpretações, eruditos em todo tipo de combinatórias e capazes de dar lições aos analistas mais sutis na arte de destrinchar o significante e no gênio da "des-construção". Resistência, dirão, em que se deveria ver um avatar moderno da "resistência intelectual" conhecida de longa data, e que caberia situar, sob a aparente mentalização que nega o afeto, numa transferência agressiva que visa a cortar pela raiz qualquer interpretação do analista, a recusá-la de antemão ou a inseri-la no leque das interpretações possíveis. Poderíamos ver nessa *mentalização*, que deve ser diferenciada da intelectualização, o equivalente invertido da *conversão*: aqui, o "salto misterioso" se daria do psíquico para o mental. Haveria, pois, resistência. Pode ser. Mas resistência a quê? Ao *sentido*? Isso só se sustenta se recorrermos ao que justamente parece faltar nesses pacientes: a experiência – o *sentir* – do sonho. Às vezes, o respeito do texto do sonho leva a apagar a diferença entre os sonhos registrados por escrito (ou rememorados antes da sessão) e os sonhos recuperados em sessão, entre os sonhos sonhados antes da análise e durante a sessão. Nesses casos, é claro que acompanhar os analisados pela via de uma interpretação do conteúdo de seus sonhos apenas mantém uma relação de rivalidade divertida na acrobacia intelectual. Escutando-os, perguntamo-nos às vezes se eles realmente viveram seus sonhos, ou se já os sonharam como sonhos e na verdade os sonharam para contá-los...

"A utilização dos sonhos em análise é algo muito distante de sua finalidade original", chegou a escrever Freud em sua *Observação sobre a teoria e a prática da interpretação dos sonhos*. Observação incidental e profunda que lança luz sobre a "responsabilidade" da análise nessa *perversão* do sonho a que acabo de aludir. Pois trata-se efetivamente de uma perversão: tornar-se dono do objeto-sonho por manipulação, por uma apreensão que o reduz a elementos, e fazer da testemunha-analista o cúmplice de seu prazer, não evoca o perverso sexual tratando o corpo alheio como uma máquina de desejar sua

---

12. Devo esse achado a um de meus analisandos-sados.

própria fantasia? Pode o desejo se realizar, pode uma interpretação satisfazer? Um paciente desse tipo trará um *sonho atrás do outro* manipulando sem descanso imagens e palavras; o sonho afasta-o cada vez mais de um reconhecimento de si, embora seja isso o que ele procura encontrar pela autointerpretação. Fazendo eco a uma recente formulação de Masud Khan,[13] eu diria que ele *rouba de si mesmo* seus próprios sonhos. Pois o sonho muda com a análise e muda com nossa cultura. Basta ler, por exemplo, os poucos relatos de sonhos de Victor Hugo em *Coisas vistas*. Embora fortemente tingidos, diríamos nós, de elaborações secundárias, são para ele e para nós *acontecimentos da noite,* em estranha ressonância com os acontecimentos do dia. Em certo sentido, a psicanálise acaba com a eloquência da vida onírica.

Fazer do sonho um objeto de manipulação e de conivência (esse uso não é, entenda-se bem, monopólio do perverso reconhecido como tal), é uma vertente da relação com o objeto-sonho. Forneci uma ilustração em grandes linhas, quase caricatural, por acreditar que há aí um terreno pouco definido de nossa prática. A outra vertente encontro naqueles sonhos cujo narrador parece querer prolongar o prazer que ali obteve, revelando ao mesmo tempo pouco interesse pelo conteúdo próprio do sonho. Na medida em que a produção dos sonhos e sobretudo sua rememoração são um dos sintomas (correntemente observados) da análise, é de se esperar que o analisado tire disso benefícios primários e secundários. Portanto, é importante entender que aspecto da atividade onírica se vê assim valorizado, investido, até mesmo erotizado. Pode ser o sonho em si enquanto representação de um *alhures,* garantia de um perpétuo *duplo;* ou a encenação, o "teatro privado", com sua permutação de papéis que permite não assumir nenhum; pode ser também – e nesse caso há mais ganchos para a interpretação – um dos mecanismos do sonho. No funcionamento de cada um deles, é possível encontrar uma vantagem, como o escritor

---

13. *Pornography is the stealer of dreams* [A pornografia é um ladrão de sonhos], em "Pornography or the Politics of Subversion and Rage", *Times Literary Supplement,* janeiro de 1972.

Entre o sonho-objeto e o texto-sonho

em seus métodos de escrita: a condensação, que junta numa única imagem impressões vindas de registros múltiplos ou contraditórios, satisfaz nosso desejo de negar a diferença radical; a compulsão a simbolizar, cara a Groddeck, o de estabelecer indefinidamente novos nexos e, assim, não perder nada. O deslocamento tem a meu ver um valor particular: com efeito, oferece ao analisado a possibilidade de jamais se manter num ponto fixo, mas de se indicar como ponto de fuga inapreensível, variando com a perspectiva adotada, sempre num outro lugar e portanto prestes a "tirar o corpo fora". O sujeito se identifica com o próprio deslocamento, como com um falo que estaria ao mesmo tempo "em toda e em nenhuma parte": mais que ubiquidade, nuliquidade.[14] Essa relação específica com o objeto-sonho pode muitas vezes ser percebida pelo analista quando ele sente que lhe designam uma posição de espectador (espectador de sonhos que não são os seus); a eventual riqueza das "ideias que vêm" visa na verdade a excluí-lo, a lembrá-lo de que o sonho não pode ser *compartilhado.* O espaço do sonho é aqui *território,* no sentido da etologia animal. O sonho é aqui *objeto interno,* que o sonhador guarda para si, como se desviasse em benefício próprio o solipsismo subjacente ao sonho sonhado: é a coisa dele, ela lhe pertence e ele espalha esses pedregulhos associativos por toda a volta, não para marcar uma pista, mas para delimitar seu território, assegurar-se de seu pertencimento; é por isso que a interpretação, mesmo que solicitada, vê-se logo enquistada, sem produzir o menor efeito de ruptura. Por fim, o processo do sonho é desviado de sua principal função – fazer ressurgir ou produzir o desejo – para ser tomado como fim em si. O sonhador apega-se a seus sonhos para não ficar à deriva e, no objeto constante e estável que é para ele o analista, encontra complementarmente o "corpo morto" que lhe garante sua ancoragem.

Também aqui tem-se todo o direito de dizer que tal atitude poderia ser facilmente descrita em termos de resistência e de transferência. Mas, nesse caso, deixaríamos escapar algo da ordem do prazer e do temor: a economia libidinal, perceptível conjuntamente no trabalho

---

14. *Infra,* "O inapreensível entre-dois".

desse sonho e na relação com esse sonho. A interpretação surte efeito quando se atualizam nessa relação um desejo e um temor que vêm reiterar aqueles que foram figurados no sonho.

Evocar uma *perversão* do sonho ou sua *redução* a um objeto interno não é pressupor que existe uma verdadeira *natureza* do sonho, que ele tem sua finalidade própria e que ele contém virtualidades que a análise teria como um de seus objetivos desenvolver? Aceitemos por enquanto o que pode haver de normativo nessa forma de se expressar.[15]

Ao ler Winnicott, chama a atenção o modo como ele *faz vir* o sonho como se fosse pescá-lo.[16] Seu procedimento é ainda mais significativo conhecendo-se a aversão do autor a propor – para ele, eufemismo de impor – interpretações portadoras de referências simbólicas às quais o paciente sempre corre o risco de se submeter, encontrando nelas uma oportunidade para reforçar seu *falso self*. Essa reserva é evidente ao longo de todas as "consultas terapêuticas"; chega ao ponto de alimentar certa desconfiança em relação ao "fantástico", desconfiança que contrasta com a atenção e o respeito dedicados ao "verdadeiro" material do sonho.[17] Mas o que é buscado no sonho é menos o *sentido* do conflito, possível de ser detectado em outro lugar – às vezes até no comportamento da criança durante a entrevista –, do que a *capacidade* que o sonho demonstra;[18] o que é valorizado não é o objeto analisável e manipulável, mas a abertura, num momento de virada da consulta, de um espaço em que a criança aceita se arriscar *com* seu terapeuta.

---

15. Uma frase, já citada, de Freud reforça nossa posição: "a função do sonho é desviada de seus fins".
16. A imagem é dele: "*I now began to fish around for dreams*" ("Saí à pesca de sonhos") (*Therapeutic Consultations in Child Psychiatry*. Londres: Hogarth Press: 1971, p. 202; trad. bras. *Consultas terapêuticas em psiquiatria infantil*. Rio de Janeiro: Imago, 1984).
17. *Op. cit.*, p. 282.
18. "Um dos objetivos do jogo de *squiggle* é chegar até a imaginação e até os sonhos da criança. Um sonho pode ser utilizado em terapia na medida em que o fato de ele ter sido sonhado, rememorado e relatado indica que o material do sonho, com a ansiedade e a excitação que o acompanham, faz parte da capacidade da criança". *Op. cit.*, p. 115.

Entre o sonho-objeto e o texto-sonho

A técnica[19] é solidária da concepção dos fenômenos transicionais: o jogo do *squiggle* – que, como Winnicott insiste em lembrar, não é um fim em si – destina-se a favorecer, justamente pelo *jogo* que ele introduz entre o fora e o dentro e entre os dois protagonistas, a instauração de um espaço virtual, onde *o sonho pode aparecer como objeto transicional,* objeto que oscila *(fluctuat nec mergitur...)* entre eu e não eu.

Se levarmos a analogia até o fim voltaremos a nossa hipótese inicial. Que próximos estão, essa criança que *tem de* chupar uma pontinha de cobertor para conseguir adormecer e esse adulto que *tem de* sonhar para poder continuar dormindo! Garantem-nos que ambos adoecem ou enlouquecem se forem privados dessa coisinha quase imperceptível: pedacinhos de lã, pedacinhos de sonho... Não suportam ser separados do que os liga à mãe tornando-a ausente: privados do sonho transicional, cairiam nessa solidão que nos deixa nas mãos do outro e nos tira a capacidade de estar só na presença de alguém.[20] "Só lembro de uns pedacinhos"; mas, sob a queixa, reconheçamos a crença: quanto menos sobrar, mais o poder evocador do objeto me pertence. Tenho tudo de que preciso, pois tenho o que me falta.

Aproximemo-nos agora da tela do sonho. Lewin a vincula ao desejo de dormir, cujo protótipo seria o sono do bebê saciado; a tela branca, sem imagens visuais, é identificada ao seio. O visual é trazido por outros desejos, perturbadores do sono; eles formam o sonho.

Essa distinção entre sono e sonho está certamente presente em Freud e é utilizada por ele, mas não chega a ser definida como *oposição*, tal como ocorre, por exemplo, nas pesquisas neurofisiológicas.[21] A meu ver, é também a isso que conduz o trabalho de Lewin, uma vez reconhecido o equívoco que ele comporta e que decorre da própria

19. Se é que podemos empregar essa palavra, pois o estilo de comunicação próprio de Winnicott é – como tudo o que conta em psicanálise – pouco transmissível fora de uma experiência compartilhada.
20. Winnicott, "The capacity to be alone" (1958).
21. Em particular, esta afirmação de William C. Dement: "Parece-me legítimo considerar o sono lento e o sono paradoxal dois estados totalmente diferentes, cada qual dotado de seu ou de seus mecanismos específicos. Chegaria até a sugerir que se coloque em dúvida a reunião desses dois estados sob a rubrica comum de sono" (citado por R. Dadoun em seu livro sobre Róheim: *Géza Róheim et l'essor de l'anthropolohie psychanalytique.* Paris: Payot, 1972, p. 287).

ambiguidade da experiência de satisfação – ao mesmo tempo saciedade oral, apaziguamento de uma fome-sede, mas sede também de reencontrar, não tanto o *estado* de apaziguamento da necessidade, mas o conjunto do processo. É esse processo, que contém o tempo todo angústia e excitação, que o sonhador busca, ao passo que o sono se satisfaz com a resolução da tensão.

O sonho visaria, portanto, a permanência, o suspense do desejo, não a satisfação realizada; o objeto do desejo seria aqui *o desejo em si,* ao passo que o objeto do desejo de dormir é o absoluto, o ponto zero da saciedade.

Nesse sentido, a tela do sonho não deveria ser entendida apenas como superfície de projeção; também é superfície de proteção, anteparo. O homem que dorme encontra na tela a tênue película que o defende contra o excesso de excitação, o trauma destruidor. Como não evocar aqui o *Reizschutz,* essa membrana protetora imaginada por Freud na metáfora da vesícula viva?[22] Mas, se as paraexcitações protegem contra o fora, a tela do sonho protege contra o dentro. O "biológico" e o "cultural" se sobrepõem aqui. A barreira contra a pulsão de morte é também barreira contra o incesto consumado com a mãe, incesto que conjuga gozo e terror, penetração e devoração, o corpo nascente e o corpo petrificado.

Compreende-se agora melhor por que a "ligação", a *Bindung,* do sonho depende do figurável. O que posso ver, o que posso imaginar já é o que posso manter à distância: a aniquilação, a dissolução do sujeito, é mantida afastada. O umbigo do "vidente-visível" é o sonho: posso ver meu sonho e ver por meio dele. Como se sabe, não se olha a morte de frente. O pesadelo marca a virada.[23] Sinto, então, que meu reino é penetrado (os íncubos), não me sinto mais em casa em nenhum lugar – roubam-me até a possibilidade de divagar em minha "hinterlândia" – mas entregue, de pés e mãos atados, a forças que, *por serem todo-poderosas,* são necessariamente maléficas e mortíferas.

---

22. *Além do princípio de prazer,* cap. IV.

23. A confidência lúcida de uma das crianças acompanhadas por Winnicott, falando de um de seus sonhos "horríveis" de bruxas: "Às vezes, em vez de acordar, eu gostaria que o sonho continuasse para descobrir o que é horrível". *Op. cit.,* p. 120.

Entre o sonho-objeto e o texto-sonho | 51

A oposição entre sono e sonho – ou, se quiserem, entre princípio de Nirvana e princípio de prazer – não é, por certo, absoluta: o desejo de dormir e o desejo de sonhar são permeáveis entre si. Algo do desejo de dormir se infiltra no próprio desenrolar do processo do sonho, fadado à regressão sob suas diversas formas; e o objeto do primeiro – retorno às origens – tende a absorver as figuras do segundo. Inversamente, nossos sonhos colorem e modificam todo o nosso sono. Poderíamos até mesmo supor uma espécie de equilíbrio: quando o desejo de dormir prevalece sobre a necessidade de dormir, o desejo de sonhar transforma-se em necessidade de sonhar. E mais: quando o conflito é incessantemente *atuado* na cena do mundo, a entrada na cena do sonho nos é recusada. O espaço "real" ocupa todo o lugar. Nossos objetos de investimento captam, confundindo-os, interesses do eu e pulsões sexuais, mobilizando toda a nossa energia. Nesses casos, o sono é sobretudo reparador, essa expressão corrente devendo ser entendida aqui no sentido kleiniano de restauração do narcisismo, de reparação do objeto interno despedaçado pelo ódio destruidor. Condição do trabalho do sonho: que o eu esteja "reparado".[24]

Uma última questão: se o sonho é materno por essência, sua interpretação não seria paterna por posição? Como vimos, é comum que ela seja evitada, recusada de antemão como que por um: "Cale-se, você vai acabar me fazendo perder meu sonho, ele vai desaparecer". E é verdade que toda interpretação é uma "ferida simbólica", mas também é verdade que, como ela, ela pode ser desejada: ela afasta, por definição, o inominável; mas, no mesmo movimento, também apaga o visível: "Meu sonho vai desaparecer". Paterna pelo fato de que, ainda que se queira alusiva, ela é redutora de sentido em comparação com a polivalência das imagens: introduz uma lei do e no insensato; enfim, no sentido sexual, a palavra do analista vem penetrar o corpo do sonho, ele mesmo penetrante. Por isso, é no campo da interpretação do sonho que melhor se pode localizar o poder do

---

24. Trabalhos neurofisiológicos: fase de sono profundo anterior à fase paradoxal.

analista: à potência imaginária do sonho responde, para tomar seu lugar, o poder da linguagem. Assassinato, talvez, substituição com certeza. Mas essa substituição já está em andamento bem antes de haver interpretação verbal: o próprio sonho já é interpretação, tradução, e o que ele figura já está inscrito, captado.

A ilusão que o sonho sonhado nos dá é a de poder chegar a esse lugar mítico onde nada seria disjunto: onde o real seria imaginário e o imaginário real, onde a palavra seria coisa, o corpo alma, e simultaneamente corpo-matriz e corpo-falo, onde o presente é futuro, o olhar palavra, o amor alimento, a pele polpa, a profundidade superfície, mas tudo isso num *espaço narcísico*. O desejo de penetrar o sonho não seria resposta ao temor culpado de ser penetrado pelo sonho, uma defesa – bem-sucedida – contra o pesadelo? Mas a água profunda do sonho não nos penetra; ela nos *leva*. Devemos a ela o fato de *vir à superfície*, no ciclo indefinidamente renovado, na interpenetração, do dia e da noite: boca de sombra no vazio do dia, feixes luminosos cruzando-se na noite, entrecruzando nossos dias e nossas noites até o momento que a humanidade sempre pretendeu chamar de o último sono quando, na verdade, sonha com o primeiro.

2. FAZEDORES DE SONHOS

Se o espírito se separa das coisas, o corpo ao mesmo tempo se separa dos outros corpos. Seu enrijecimento o isola e cobre o rosto com a máscara muscular da ironia.

René Daumal

Fontes

Um texto, como um sonho, tem seus "restos diurnos". Mencionei alguns que suscitaram as páginas que acabamos de ler, fontes díspares a exemplo dessas nonadas de que o desejo do sonho se apodera para se efetuar, lá, na sequência visual, aqui, na sintaxe das palavras: a sensação, avivada por um colóquio então recente, de que o sonho, no que ele tinha de revelador de desconhecido, podia ser

Entre o sonho-objeto e o texto-sonho | 53

"pervertido" pela análise, de que não era mais acolhido nem pelo analisado nem pelo analista como nos tempos em que ingressou no reino da linguagem; a leitura assídua de *Coisas vistas* onde o dia é o tempo todo atravessado pelo sonho da noite, infiltrado de "restos noturnos".[25] Por acaso foi Hugo; teria sem dúvida sido ainda mais evidente com Nerval, com Baudelaire ou algum romântico alemão, mas menos probatório com os surrealistas, convencidos de que o sonho é um texto e ávidos de tirar partido dele no sentido inverso, com a escrita do "texto-sonho"; um sonho já não é mais coisa vista de vidente mas coisa para ler, para pintar. Foi preciso que Bachelard, face ao terrorismo das interpretações, face a uma pregnância do simbólico tão exigente quanto o império do real, reivindicasse "o direito de sonhar".[26] Mas o resto diurno mais insistente não emanava de um espaço de leitura que faz sonhar; vinha, repetido, de um espaço analítico onde meu lugar era dos mais reduzidos. Dois de meus analisados da época me desconcertavam: ambos traziam muitos sonhos, sonhos tão ricos em dramatização e muitas vezes em associações quanto pobres... Em quê? Difícil saber. O que posso dizer é que os mecanismos que podíamos legitimamente invocar naquela circunstância – elaboração secundária, intelectualização, anulação ou evitação dos afetos por uma tentativa imediata de controle – não pareciam dar plenamente conta do fenômeno que eu observava.

Os sonhos de Pierre eram daqueles que gostaríamos de poder registrar numa folha de papel. Portanto, não estavam depositados em nenhum lugar, não tinham encontrado seu habitat, sinal também de que não estavam destinados a ninguém: nem ao sonhador que, mais do que ficar impressionado com seu surgimento, contentava-se em repeti-los minuciosamente, nem ao ouvinte que, no caso, por não se sentir interpelado por eles, percebia apenas um fundo sonoro: tão logo eram produzidos, eram colocados em fitas cassetes. Que fazer então, afora esperar que a máquina de sonhar se desregulasse? Mas, e se ela fosse um moto-perpétuo ou um motor imóvel? Havia por certo desejo em ato ali dentro, mas um desejo cujo objeto era o próprio sonho: no

---

25. A expressão é de Jean Guillaumin.
26. Título dado a um de seus livros póstumos (1971).

fato de ter produzido o sonho, de tê-lo gravado, de repeti-lo em sessão, a satisfação era evidente. O sonho era, portanto, um objeto manipulável.

Quanto ao outro paciente, Claude, seus relatos de sonhos eram menos defensivos, menos construídos, e seus sonhos mais suscetíveis de desencadear um afeto, enquanto duravam ou ao despertar. Além disso, as associações vinham em grande número, eram até incontáveis: Claude, imóvel e paralisado no divã, na verdade deslocava-se sem cessar, mas não para alcançar um outro lugar, pois todos os pontos de chegada – um resto diurno, um elemento de sonho, uma palavra, uma lembrança de infância – se transformavam imediatamente num ponto de partida, num circuito sem fim. Com Pierre, eu teria precisado de um agrimensor para me achar na arquitetura complicada de seus sonhos; com Claude, de um engenheiro da Companhia Nacional de Estradas de Ferro: redes ramificadas, entrecruzamento das linhas, múltiplas mudanças de via, trens rápidos e ônibus. Mas a prática do método associativo, quase ideal nesse caso, tinha como efeito tornar-me incapaz de respeitar sua contrapartida: uma "atenção equiflutuante". Ou bem eu ficava excessivamente vigilante, ou então flutuava até me perder em meu próprio curso. Propor uma interpretação de sonho era tão ineficaz quanto querer modificar, mudando a direção de uma flecha indicativa, a corrida de um Buster Keaton: para detê-lo é preciso mais, ele já partiu de novo. Há meio mais seguro que o próprio sonho para impedir o acesso ao umbigo do sonho onde se perpetua o vínculo da criança com sua mãe?

Não são só nossos pacientes que nos desconcertam. Também nossos colegas. Dois comportamentos muito disseminados entre os psicanalistas sempre me surpreenderam.

Primeiro, o interesse apaixonado pelos sonhos atribuídos a Freud. A coitada da Irma nunca parará de receber novas "injeções" de sentido?[27] Em sua recente tentativa, D. Anzieu é quem melhor parece justificar esse interesse, embora sua principal intenção não tenha sido "analisar" Freud, mas determinar os processos psíquicos que uma descoberta exige.[28]

---

27. O sonho da "injeção de Irma", considerado o sonho princeps, é na verdade aquele que foi objeto de mais comentários, cada vez mais refinados.

28. ANZIEU, D. *L'Auto-analyse de Freud et la découverte de la psychanalyse*. Paris: PUF, 1975, 2 vols. Ed. bras.: *A autoanálise de Freud e a descoberta da*

Ainda assim, ela é, a meu ver, paradoxal. Freud, na verdade, não deixa que nos aproximemos de seus sonhos e, portanto, de seus desejos infantis; ele abre caminhos que nunca convergem para um ponto central; por fim, o que ele deixa entrever – e com quantas reservas... – do *Wunsch* que percorre o sonho jamais parece ir além das cadeias de representações pré-conscientes. Vejo o "inconsciente de Freud" muito mais em textos como *O sinistro, O tema dos três escrínios, Um distúrbio de memória na Acrópole,* ou mesmo num trabalho essencialmente "especulativo" como *Além do princípio de prazer,* do que na *Traumdeutung.* Efeito de censura (até mesmo de censura deliberada, confessada por Freud, sob a aparência de discrição necessária) ou limites do método associativo? As duas coisas, sem dúvida. Em meu entender, contudo, também é possível perceber o avesso da escolha freudiana, aquela, tão vigorosamente perseguida, de *analisar,* onde entra o prazer. Pois o prazer da dissecação, que afia o olhar, está o tempo todo desperto nessa incomparável aula de anatomia do desejo que é a *Traumdeutung.* Ali, o inconsciente não é o demoníaco; o pulsional está excluído em benefício do que o significa e do que o representa; pelo menos, é assimilado a ele. Limites, em suma, de uma tópica dos lugares da memória. É no trabalho do sonho que o inconsciente é reconhecido na *Traumdeutung.* No trabalho do sonho, isto é, não em representações-chave, mas nas transformações que as representações sofrem, nas marcas que deixam e que o analista segue e volta a seguir, para melhor cercar a caça.

Volto à fascinação exercida sobre mais de um pelos sonhos de Freud, pelo *corpus* do texto deles. *Corpus,* corpo incansavelmente inspecionado, escrutado, dissecado, fragmentado, reconstituído – mas falta sempre um pedacinho! Daí a hipótese que propus imprudentemente: se o *corpus* dos sonhos de Freud nos solicita a tal ponto, é porque ele é um corpo materno deslocado.[29] Sublimação incontestável, na qual pulsão de ver e pulsão de saber se satisfazem no jogo das representações, tanto mais que esse jogo também confere àquele entregue a ele, mas que não se entrega tanto, a regra do jogo.

---

psicanálise. Porto Alegre: Artes Médicas, 1989. Essa obra retoma e desenvolve, centrando-se em Freud, a tese inicial (1957) do autor.

29. *Supra,* p. 24.

As sucessivas camadas de sentido são também envoltórios corporais. A penetração mental é penetração sexual. A sublimação trai suas origens perversas, e o jogo torna-se um jogo de "esconde-esconde" e de "quem perde ganha": um véu só se levanta porque um outro esconderijo o substitui. Como um trem, um significante pode sempre esconder outro...

O segundo comportamento dos analistas que me surpreende é a maneira como eles relatam em público um sonho de analisado e, mais ainda, como o auditório responde a ele. Nessas circunstâncias, o sonho é literalmente oferecido à interpretação, porém, à maneira das pranchas de um teste projetivo que cada um pega para propor sua própria leitura, sempre, é claro, mais completa ou mais profunda que a precedente. Como explicar tal competição na leitura improvisada, tão absolutamente contraditória com o método psicanalítico, exceto por um aspecto específico do sonho que faz com que sempre tenham existido manuais de interpretação dos sonhos? Ou seja, uma espécie de apelo nele a um terceiro capaz de converter imediatamente o visível em legível, a "visão da adormecida"[30] em palavra de adivinho. O intérprete, esse Outro *estrangeiro,* faz eco ao que, no sonho, vem atestar, pela *estranheza,* a participação do Outro (sinto-me sempre, em maior ou menor medida, visitado por meus sonhos, seu lugar mais que seu agente).

O sonho se ofereceria, pois, como espelho para o inconsciente; como nossa imagem no espelho, provocaria ansiedade num primeiro momento, logo sufocada num segundo pelo júbilo de súbito controle. É essa semelhança-dessemelhança que levaria o analista – mais prudente em seus tratamentos, pois está envolvido de uma maneira que não é nem a de leitor nem a de vidente – a desconhecer o que por outro lado sabe: que um sonho é estruturado como um sintoma e que, quanto mais ele dá a ver, mais é mal entendido.

O sonho-objeto: uma experiência mais antiga já chamara minha atenção, "experiência de grupo" que relatei em outro lugar e na qual,

---

30. Expressão de Jean Starobinski sobre o *Pesadelo* de Füssli.

Entre o sonho-objeto e o texto-sonho | 57

quase a cada sessão, um sonho era trazido por um dos participantes.[31] Mas, nos limites impostos à experiência, pelos participantes e por mim mesmo, todo acesso à história e à fantasmática própria de cada um estava fora de questão.[32] Contudo, o fato é que esses sonhos não eram recebidos como o resto do discurso atuado ou falado. Era uma constatação bastante banal, mas que fazia saltar à vista alguns aspectos do sonho, ignorados com excessiva frequência e relacionados com sua função, seus efeitos e sua condição de objeto privilegiado.

Achava que a função deles naquele grupo era bem diferente daquela que lhes atribuímos em análise. O sonho nunca vinha extraviar o sentido, surpreender, inquietar; ao contrário, dava ao grupo uma imagem de si mesmo, devolvia-lhe sua gestalt nos diferentes estados de sua evolução; apresentava-se como uma espécie de alegoria, com poucos absurdos ou estranhezas. Não era possível captar a distância entre conteúdo manifesto e conteúdo latente; somado aos comentários feitos pelos participantes, dava a ilusão de uma interpretação acabada. Por um bom tempo, o observador e eu caímos naquela ilusão, como se, apesar de tudo, o sonho, por natureza, estivesse numa relação mais direta com o inconsciente que o resto do discurso. Pouco a pouco, foi ficando claro que o processo primário – energia *não ligada* – se dava e podia ser identificado em outro lugar: no que o grupo atuava e na própria sequência que organizava as sessões. Era ali que havia *desligamento*. O sonho, ao contrário, era *ligação* – entre as sucessivas sessões, entre os elementos disjuntos da fala coletiva –, ao mesmo tempo em que garantia um *vínculo* entre os membros do grupo. É preciso que um grupo sonhe para poder sonhar que ele forma um grupo.

A satisfação ante o "sonhei com o grupo" era confessa. Com efeito, num grupo, o eu, em sua identidade, continuidade, realidade, sobretudo em suas inclusões, fica particularmente ameaçado. O sonho fornece então uma forma unificadora na qual voltam a se soldar imaginariamente

---

31. "Rêves, dans un groupe". *In: Le Travail psychanalytique dans les groupes*, obra coletiva (D. Anzieu *et col.*), Dunod, 1973.
32. Concordo que esse seja um pressuposto discutível. Mas não estou falando aqui de "técnica de grupo".

os pedaços dispersos. Para que uma fala ignorada pudesse brotar e ter alguma eficácia, a garantia de um sonho-gestalt era necessária: ele *continha*, estritamente falando, os membros do grupo. Repetia no imaginário o investimento que um grupo faz sobre si mesmo como objeto libidinal.[33] Mais que portador de um "o que isso quer dizer?", o sonho vinha dar uma resposta a um só tempo irrecusável, anônima e tranquilizadora.

Consequências

Depois do inventário das fontes, tentemos especificar as *questões* que se abrem.

A primeira concerne – noção fecunda ou sedutora imagem? – à pluralidade dos *espaços psíquicos*. Falar, como fizemos, de espaço do sonho supõe que haja outros que se constituem e se desenvolvem segundo modalidades diferentes.

A segunda encontra seu tema na oposição entre sonho-objeto e sonho-experiência. O termo *experiência*[34] – tão constantemente evocado em outros contextos, a começar pela fórmula canônica: primeiro "passar pela experiência de uma análise" – terá de ser apreendido teoricamente se não quisermos confundi-lo com a invocação do inefável. Pode-se, psicanaliticamente falando, com a ajuda dos conceitos a nossa disposição, enunciar algo da ordem do "experienciar"?

A terceira questão que ficou em suspenso concerne ao estatuto do *objeto transicional*, naquilo que ao mesmo tempo o torna parecido com o *fetiche*[35] e o diferencia dele. Para isso, o sonho deve servir de exemplo privilegiado na identificação de modalidades de funcionamento psíquico.

I. "Os psicanalistas, disse André Green, nunca propuseram uma teoria do espaço, apenas uma teoria dos objetos. Contentaram-se em

---

33. Meu artigo "Le petit groupe comme objet" (1963), reeditado em *Après Freud*.
34. O termo inglês *experiencing* sem dúvida permite perceber melhor o aspecto temporal de um processo e as condições que ele pressupõe do lado do sujeito.
35. Depois que o objeto transicional ficou, digamos, disponível no mercado psicanalítico francês, a lista das equivalências que encontram para ele só faz aumentar dia após dia: o sonho, o grupo, a escrita, o tempo.

Entre o sonho-objeto e o texto-sonho | 59

fornecer uma teoria dos conteúdos sem se preocupar com o continente. O espaço como 'meio interno' ainda não encontrou seu autor em psicanálise."[36] Pode ser, mas, por um lado, não é certo que se deva assimilar espaço psíquico e "meio interno"; por outro, falar, como faz o mesmo Green, de "pluralidade de espaços psíquicos" certamente não se deve resumir a uma descrição mais nuançada e mais concreta do isso, do eu e do supereu.

Um simples sobrevoo de certo percurso da teoria analítica já daria lugar a uma interrogação mais fecunda. Perceberíamos claramente uma série de configurações do espaço psíquico. Numa simplificação destinada a criar imagem, eu diria: espaço latente da primeira tópica freudiana, sistemas de representações e lugares de memória;[37] espaço pulsional com a segunda, espaço mais geológico, com suas estratificações e suas clivagens, e atravessado por energias, onde são mais as *operações* que os *temas* que importam; espaço como receptáculo de objetos internos nos kleinianos, com a bipartição radical fora-dentro; espaço transicional-potencial em Winnicott, antes de chegar na necessidade de um espaço vazio, em Marion Milner, para que o sujeito tenha a possibilidade de se encontrar. Sobre sua doente Suzanne, Marion Milner diz: "Somente aceitando a 'morte' psíquica ela será totalmente ela mesma 'lá'".[38]

O analista faz necessariamente referência, mesmo que nem sempre a explicite no plano da teoria, a uma pluralidade de espaços psíquicos. "Onde isso acontece?" é a pergunta que nossos pacientes nos fazem formular a cada etapa do tratamento. Em que lugar ocorre atualmente o conflito? No envoltório corporal ou na cápsula mental, no espelho de Narciso ou na cena do mundo, no espaço enfurnado do secreto[39] ou naquele, espetacular, do *acting out*? A tópica das instâncias não se confunde com a dos lugares do inconsciente. Esta, bem mais que aquela, permite ao analista identificar o lugar que lhe é atribuído na transferência: testemunha

---

36. GREEN, A. *L'Enfant de ça*. Paris: Éditions de Minuit, 1973, p. 256.
37. É por isso que, nesse caso, se pode falar literalmente de *tópica*.
38. MILNER, Marion. *Les Mains du dieu vivant*. Paris: Gallimard, 1974, p. 468.
39. KHAN, Masud. "L'espace du secret". *Le Soi caché*. Paris: Gallimard, 1976.

distante, cúmplice próximo, continente seguro, perseguidor, dejetório, ideal... Cuidemos para que a tópica edificada pela "feiticeira metapsicologia" não mascare aquela própria de cada um, sempre por descobrir.

II. Evoquei "fazedores de sonhos", pus sob suspeita técnicas de manipulação do sonho por parte tanto do analisado como do analista que, ao tratá-lo de cara como um texto, não reconhecia as operações defensivas em ação. Valorizei uma experiência do sonho em contraposição à interpretação do sonho. Tudo isso exige maiores esclarecimentos.

Green nos lembra que, diferentemente do que acontece na psicose, na neurose aquilo que ele chama de "aparelho para pensar" é poupado ainda que os pensamentos estejam sempre mais ou menos infiltrados pela atividade fantasmática e não escapem ao conflito.[40] Mas algumas estruturas neuróticas, em particular as obsessivas, mostram que o aparelho para pensar enquanto tal pode estar sobreinvestido: ele tem de funcionar sem parar.

A conversão: mudança de um registro para outro, da cena psíquica para os lugares do corpo, "salto misterioso", diz Freud. Mas o processo inverso, o salto para o mental, não é menos misterioso e é certamente mais original. Como, a partir de um corpo de necessidades-desejos, se constitui um aparelho para pensar?

A atividade fantasmática em si pode ser capturada, enquistada num funcionamento "puramente mental". Foi o que Winnicott percebeu claramente quando descreveu um fantasiar compulsivo (*fantasying*) em que vê uma negação da realidade psíquica:[41] uma espécie de defesa maníaca *a minima* com o que ela comporta de recusa da realidade interna. Fantasiar, diz-nos Winnicott, é nesse caso um "fenômeno isolado que absorve energia mas não contribui nem para o sonhar nem para o viver".[42] Em outro lugar, fala do intelecto, do *mind*, que

---

40. *Op. cit.*, sobretudo p. 230.
41. *O brincar e a realidade,* cap. II.
42. *Op. cit.*, p. 40 da ed. francesa.

Entre o sonho-objeto e o texto-sonho | 61

operaria dissociando-se da psique.[43] São modos de funcionamento que conhecemos bem e que podem ser, se não criados como artefatos, ao menos favorecidos pela análise se ela se resumir à associação de *ideias*.

Fazer referência a uma "pseudo-realidade psíquica" leva a indagar o que devemos entender por "realidade psíquica" ou, mais precisamente, o que pode conferir ao psíquico seu peso de *realidade?* De onde vem a insistência de Freud em falar nesse caso de realidade, como se o psíquico viesse na sequência de uma realidade inicialmente material?

Aqui, uma frase encontrada numa de minhas leituras de *Les Mains du dieu vivant* foi esclarecedora: "A consciência interior que se tem do próprio corpo retoma o papel da mãe externa. Não apenas no sentido de que se aprende a executar para si mesmo os cuidados *(care)* que a mãe executava, mas no sentido de que construímos *uma espécie de esfera psíquica* ou de nova matriz a partir da imagem que se tem do próprio corpo, como único lugar seguro para morar e de onde podemos projetar antenas voltadas para o mundo".[44]

A psique seria, em essência, a mãe em nós, aquilo que, da mãe, cuida da criança, com a condição de deixar claro que a criança cria sua mãe ao menos tanto quanto ela a cria. Não falemos aqui de interiorização da mãe, real ou imaginária, como objeto bom ou mau. Digamos, antes, que é a mãe *ausente* que constitui nosso *interior.*

O que Freud diz do delírio – que ele é uma "neo-realidade" – não deveria ser aplicado de forma mais geral ao psíquico, quando ele pretende funcionar como se fosse seu próprio motor, "sem peias", quando ele substitui a realidade materna originária – ou seja, a *relação mútua mãe-filho* – em vez de metaforizá-la? Falou-se da atividade de pensamento ensandecida do delirante, mas trata-se apenas de um caso extremo: a finalidade da atividade mental é sempre a de evacuar os produtos pulsionais. É seu trabalho. Talvez devêssemos considerar, como processo que vem responder ao apoio, uma espécie de reancoragem no corpo vivo. Num primeiro tempo, a sexualidade

---

43. Isso se assemelha ao que foi descrito na França com o nome de *pensamento operatório* por M. Fain, P. Marty e M. de M'Uzan. Há algo gelado, morto, em todo pensamento operatório, até mesmo no pensamento psicanalítico.

44. MILNER, M. *Op. cit.*, p. 273 (grifos meus).

se separa das pulsões da vida – ou de autoconservação – sobre as quais se apoia; ao se dissociar do instinto, perde ao mesmo tempo seu objeto natural.[45] Para que ela não se autonomize num circuito de representações – circuito fechado ocupando o lugar do objeto natural perdido –, para que ela não venha a *ocupar o lugar* de corpo e funcionar como uma série de aparelhos – mental, sexual, linguageiro etc. – especializados em suas tarefas, é preciso, por assim dizer, voltar a ganhar corpo a fim de que, novamente, isso ganhe vida.

Essa seria a condição para que o "experienciar tal coisa" surta todo o seu efeito. O *experiencing* supõe uma mobilidade dentro do psiquismo, ou seja, como insistem vários autores anglo-saxões interessados no problema da criatividade, uma "dissociação" que não chega até a clivagem. A essa capacidade de tolerar o informe deve somar-se uma capacidade de elaboração que exige uma distância mínima, certo *jogo* em relação às excitações externas *e* internas.

Quando a dimensão da experiência não está presente, o funcionamento mental é apenas uma prótese: cicatriz da "falha básica" (Balint), edificação do "falso *self*" (Winnicott).

III. Se o sonho pode exercer função de objeto transicional, como é que essa função pode ser pervertida em fetichismo interno? Mas, antes disso, podemos falar de um funcionamento psíquico perverso?

Num artigo dedicado ao fetichismo, G. Rosolato relaciona de forma engenhosa duas passagens de Freud, uma sobre a natureza do processo primário, outra sobre a "solução" fetichista.[46] A primeira foi tirada de *A interpretação dos sonhos*: "Pensamentos contraditórios não só não tendem a se destruir como se justapõem, se condensam como se não houvesse entre eles nenhuma contradição, formam compromissos que jamais admitiríamos em nosso pensamento normal". A segunda,

---

45. Sobre a noção de apoio, ver o *Vocabulário da psicanálise*. São Paulo: Martins Fontes, 1999 (sobretudo os artigos "Pulsões de autoconservação", "Pulsões sexuais", "Apoio") e como J. Laplanche a desenvolveu em *Vida e morte em psicanálise*. Porto Alegre: Artes Médicas, 1985.

46. ROSOLATO G. "Le fétichisme dont se dérobe l'objet". *Nouvelle revue de psychanalyse*, (2): 1970.

Entre o sonho-objeto e o texto-sonho

extraída de *Fetischismus* (1927): "No conflito entre o peso da percepção não desejada [ausência de pênis na menina] e a força do contradesejo [todo ser humano tem um pênis], chega-se a um compromisso só possível sob as leis dos processos primários". Se seguirmos a direção indicada por esse paralelo, somos levados a pensar que quando o processo primário funciona sem entraves, como processo de *pensamento*, a condensação, o deslocamento, a não contradição são autorizados e o "peso da percepção" traumatizante torna-se menos oneroso: o compromisso se instala. É esse o compromisso perverso encontrado na utilização do processo primário.

Com o fetiche, quer ele derive ou não do objeto transicional, estamos no registro fálico, na problemática da diferença entre os sexos e da castração. O objeto transicional diz à criança: você não está sozinha; o fetiche diz: você não é castrável. O que eles têm em comum é servir de apoio para colocar a estrutura geradora de angústia – situação de perda – sob o controle ilusório do indivíduo.

Da leitura dos trabalhos de Phyllis Greenacre sobre o fetichismo, destacarei dois pontos que me interessam aqui: 1. Ela sublinha a importância do *contorno* na escolha do fetiche (lingerie feminina, sapato etc.). Para o objeto fetiche, é essencial estar visivelmente circunscrito. P. Greenacre formula duas condições para essa valorização do visível no fetichismo, dentro da perspectiva etiológica e realista que é a dela: (a) durante seus primeiros anos, a criança teria sido exposta de maneira frequente à visão dos órgãos genitais do sexo oposto; (b) ela teria testemunhado uma ferida sangrenta em si mesma ou na mãe. Na verdade, o que mais nos interessa são os efeitos que ela atribui a esse primado do visto. "O que é visto do não eu *(not me)* supera em termos de precisão e de vivacidade a impressão produzida pelas sensações endógenas do próprio corpo da criança".[47] O objeto designável no fora colmata o que há de caótico e de informe no dentro. O fetiche deve também ser visível, designar seus contornos, por homologia com aquilo que ele protege e que tem de permanecer não visto: tela, véu de proteção face

---

47. GREENARCRE, P. "Further notes on Fetishism". *Psychoanal. Study of the Child,* 1960, vol. XV e "The Fetish and the transitional object", *ibid.,* 1969, vol. XXIV.

ao invisível, ao intolerável, ao impensável pelo menino da ausência de pênis. Ora, sabemos que o fetiche como objeto concreto pode ser substituído por sua imagem visual, até por uma trama fantasmática de que ele participe. Em que medida o objeto-sonho, por uma série de metonímias, não virá por sua vez funcionar como fetiche mental, particularmente com tudo o que ele pode oferecer de suporte para o jogo bissexual?

2. A segunda contribuição de Greenacre, que decorre da precedente, consiste no papel que ela atribui à imagem do corpo perturbada e defeituosa. Aqui aparece uma diferença importante com o objeto transicional. Ao tratar do *fetiche infantil,* num de seus últimos artigos, Greenacre escreve que ele serve para consolidar a ilusão de um *suplemento materno a seu próprio corpo.*[48]

Percebe-se então o alcance de uma diferença clínica muitas vezes notada: o fetiche é insubstituível, condição necessária do ato sexual. O objeto transicional, ao contrário, é normalmente abandonado, pode ser progressivamente substituído por um brinquedo, um amigo, pela capacidade de brincar. Ele é matriz de um espaço ao qual Winnicott dará uma importância cada vez maior – o espaço potencial.[49] Ele se afasta cada vez mais de suas condições de emergência, da relação original mãe-eu. Ele não é protótipo de um objeto, pois não é basicamente esconderijo e substituto. É uma mutação do meio.

Por essa via, talvez consigamos precisar o que permanece subjacente no capítulo anterior. O sonho, na utilização que dele é feita pelo sonhador e pelo analista, pode percorrer dois caminhos:

Objeto transicional ➜ espaço potencial — constituição do *self* — experiência — metáfora.

Fetiche ➜ espaço petrificado da trama fantasmática — negação do *self* — pseudo-realidade psíquica — metonímia.

O sonho, neste capítulo, interessou-nos menos em si mesmo, como formação específica, do que por sua significação exemplar. Pois é efetivamente o conjunto da atividade mental que pode, como

---

48. "The transitional object and the Fetish, with special reference to the role of illusion". *Emotional Growth.* Nova Iorque: Int. Univ. Press, 1971, cap. XIX.
49. *Infra,* "Nascimento e reconhecimento do *self*".

Entre o sonho-objeto e o texto-sonho

ele, transformar-se em experiência fecunda do que me escapa ou ser fetichizado.

3. O SONHO, ENTRE FREUD E BRETON

Todos se lembram da "entrevista com o professor Freud" relatada de forma engraçada em *Les Pas perdus*: "Estou diante de um velhinho sem maiores atrativos [...] uma sala de espera decorada com quatro gravuras levemente alegóricas". Também pudemos ler na *Correspondência* de Freud (carta a Stefan Zweig, de 20 de julho de 1938) que ele ficava "tentado a considerar os surrealistas, que aparentemente me escolheram para santo padroeiro, uns rematados loucos (digamos 95%, como o álcool absoluto)". E Freud acrescenta que, em arte, a relação quantitativa entre o material inconsciente e a elaboração pré-consciente deve manter-se "dentro de certos limites". Sensato demais, Freud, para quem os surrealistas seriam loucos demais? Ou não loucos o suficiente, e fingindo sê-lo, especialistas no simulacro?

A atividade de prospecção desenvolvida pelos surrealistas durante anos para *captar* o inconsciente foi considerável. Deveríamos dizer: ensandecida. Pois sentimos ali ao mesmo tempo uma agitação febril – uma precipitação – e uma vontade coletiva de romper os bloqueios. As famosas palavras atribuídas a Freud: "Apressemo-nos em explorar o inconsciente antes que ele volte a se fechar", encontram no surrealismo uma ilustração impressionante. Com o corolário orgulhoso, sem dúvida, nem sempre isento dos tons arrogantes de um desafio: e faremos com que ele não volte a se fechar!

O fato de ter sido um empreendimento coletivo e por muito tempo "fraternal" é algo que deve ser sublinhado: marca tanto a originalidade positiva quanto os limites da tentativa surrealista, o que Paul Éluard deixa entrever claramente: "Prevalecia quem encontrasse mais charme, mais unidade, mais audácia nessa poesia determinada coletivamente. [...] Brincávamos com as imagens e não havia perdedores [...] A maravilha não tinha mais fome. Seu rosto desfigurado pela paixão nos parecia infinitamente mais belo que tudo o que ela pode nos dizer quando estamos sós – pois então não sabemos responder".[50] A intensa atividade de *des-ligamento* tinha de encontrar como que um muro de sustentação no *vínculo* do grupo, capaz de favorecer e de conter a colocação em obra e em ato de um pensamento sem entraves.

Houve quem dissesse que o surrealismo quis ser mais um *método* que uma *escola*.[51] Com efeito, não encontramos entre os surrealistas, para nos limitarmos ao exemplo do sonho, *teoria* original que pretendesse ser diferente da teoria psicanalítica. Sobre os procedimentos que o sonho utiliza – condensação, deslocamento, prevalência das imagens visuais etc. – assim como sobre sua finalidade – a realização de um desejo –, sobre os efeitos limitantes da censura, tanto moral, quanto lógica e estética, a concordância com a concepção freudiana é evidente. A divergência não está aí. Está na *relação* com o objeto-sonho.

A intenção sincrética de Breton, a busca de um lugar onde as antinomias seriam abolidas, foi reconhecida inúmeras vezes; é afirmada desde o começo numa fórmula muitas vezes repetida e que tem valor de programa: "Tudo leva a crer que existe certo ponto da mente de onde a vida e a morte, o real e o imaginário, o passado e o futuro, o comunicável e o incomunicável, o alto e o baixo, cessam de ser percebidos como contradições". Foi sem dúvida com o intuito de não cortar as pontes e manter ao mesmo tempo suas distâncias que René Daumal, em sua *Lettre ouverte à André Breton sur les rapports du surréalisme et du Grand Jeu* (1929), declara encontrar nesse estudo uma possibilidade de convergência. Contudo, o *Grande Jogo*, cujo mero enunciado já marca a diferença que pretende manter com o que a seu ver são, não sem injustiça, "pequenos jogos" de salão, é conduzido, ou *destruído,* por uma intenção inversa – criar o vazio. "Atingir o ponto único em si mesmo vibrante... O ponto vazio suporte da vida e das formas" (Roger-Gilbert Lecomte). Os surrealistas estão, ao contrário, animados de uma extraordinária vontade de conquista e de apropriação da qual o colecionismo de Breton é apenas um indício pessoal.

A percepção onírica, o estado de sonho e seus equivalentes da vida de vigília têm para Breton função de paradigma. Essa paixão sincrética,

---

50. *Donner à Voir.* Paris: Gallimard, 1939.
51. ALEXANDRIAN, Sarane. *Le Surréalisme et le rêve.* Paris: Gallimard, 1974.

Entre o sonho-objeto e o texto-sonho | 67

que quase chega a promover um *princípio de compatibilidade*, anexa o tempo todo novas antinomias que têm de ser reabsorvidas, transformadas em outras tantas *passagens*: entre o sonho e a ação, a razão e a loucura, a percepção sensorial e a representação mental, o consciente e o inconsciente; mais tarde, entre a libertação social e a emancipação da mente... Toda a história do surrealismo está impregnada dessa paixão.

Mas foi menos destacada a insistência dos surrealistas em procurar os meios para alcançar esse "ponto da mente" – "ponto sublime" – como se fosse uma fonte que irrigaria toda a atividade humana. Surrealismo. Método ou variedade de *técnicas?* Tratava-se, nota em algum lugar Alexandrian, "de inventar aparelhos mentais de alta precisão que a mente possa pôr em movimento à vontade". E, de fato, impressiona o voluntarismo, o ativismo encarniçado demonstrado pelos surrealistas, na efervescência dos começos. Havia um grave risco: ao se abrirem assim para seu inconsciente, por meio de violentas incursões "selvagens", sem outro controle senão aquele que o grupo podia exercer, eles se expunham a todas as desorganizações do ser, a todos os efeitos de ruptura: ruptura entre eles – *acting out* da "desavença" e da rejeição – e neles mesmos: suicídio, droga ou loucura. Que tenham efetivamente corrido esse risco, há mil e uma provas no destino dos surrealistas. Que ele tenha sido consciente e que às vezes tenha sido preciso tentar proteger-se dele, Breton o reconheceu de forma muito leal, dizendo, por exemplo, a respeito das experiências de sono provocado, que "considerações de higiene mental" fizeram com que pusesse fim a elas.[52] Para afastar esse risco, não havia outra salvação além do poder redentor de uma linguagem, liberta-libertadora, capaz, depois de renovada de ponta a ponta, de metamorfosear toda a realidade. Portanto, a questão será *tirar partido* do inconsciente: não tanto analisar metodicamente seus "conteúdos" e as "redes", mas se apropriar, imitar até, nos *textos-sonho,* seu modo de expressão. O que a meu ver interessa os surrealistas no sonho é acima de tudo sua capacidade, a cada noite renovada, de garantir ligações

---

52. *Entretiens*. Paris: Gallimard, 1952, p. 81.

entre os pontos mais distantes do tempo, os registros sensoriais mais diversos, as figuras mais heterogêneas, cenas provenientes de todos os teatros, que autorizam uma realização simultânea de desejos contrários. Nele, as palavras estão libertadas da coisa, as coisas livres das garras da palavra. Não é admissível que tudo isso se perca ou fique para sempre exilado e encerrado num espaço psíquico que não se comunica com a realidade de nossos dias! E temos de reconhecer que essa escolha essencialmente ética – a de uma poética generalizada – soube gerar um onirismo do cotidiano que não perde todo o seu poder de maravilhamento com o passar do tempo, com a ressalva de que este se produz espontaneamente.

A perspectiva de Freud é bem diferente. Embora também ele tenha se interessado apaixonadamente pelo sonho, embora ele mesmo tenha sido, ao menos durante sua própria análise, um grande sonhador, nunca parou de se defender de qualquer fascinação pelo onirismo, talvez porque ela estivesse muito mais presente no pensamento alemão. Se a seus olhos o sonho também é um modelo, é modelo de produções do inconsciente, a exemplo do ato falho ou do sintoma neurótico, e portanto, como eles, formação de compromisso: é um produto *deformado,* a culminação de um "trabalho" que transforma e ao mesmo tempo significa o desejo inconsciente. Depois de ter sido posto em palavras e modelado pela sintaxe do relato, será preciso um trabalho correspondente de interpretação para que seu sentido, como um telegrama, chegue ao destinatário. Estamos longe do sonho como simples expressão imajada do desejo, figura comovente de sua realização, ou mesmo, como querem os surrealistas, objeto de maravilha – o fluxo das imagens e sua carga emotiva, junto com o estado do sonhador extasiado pelo "espetáculo interior" de um "cinema perfeito", vindo então satisfazer completamente, por si mesmos, a expectativa do sujeito vivo-sonhador. Paradoxalmente, toda a eloquência onírica da tradição romântica a que já me referi, as virtudes iluminadoras ou divinatórias do sonho reivindicadas pelo surrealismo, a ponto de se aproximar de um ocultismo laico, desaparecem com Freud.

Da mesma forma, o método freudiano de análise do sonho, extraordinariamente zeloso, ao menos em seu fundador, de expor

Entre o sonho-objeto e o texto-sonho | 69

detalhadamente todos os seus elementos, de seguir, elo por elo, todas as cadeias de associações, de identificar as conexões parciais, de determinar as transformações, desvios, inversões, deslocamentos da pulsão, parece, em comparação com o florescimento surrealista, singularmente laborioso, prudente: com Freud, algo parecido com os circuitos de um sistema nervoso se constrói debaixo de nossos olhos. A diferença de abordagem é redutível à oposição clássica, aliás, muitas vezes exposta por Freud, entre o "estudioso" e o "artista", entre o analista e o vidente? Em parte, com certeza, mas desde que se faça desde já, e para ambos os lados em questão, uma importante ressalva. Com a *Traumdeutung*, Freud pretende reatar com a tradição "popular", profana e sagrada, para quem o sonho contém uma verdade; ele se opõe deliberadamente aos "cientistas" que apenas vêem nele uma atividade mental degradada, totalmente destituída de sentido. Quanto a Breton, ele encontra nos recursos, nos poderes originais e nas forças vivas do sonho, bem mais que um reservatório de imagens para o poeta: um modo de realidade, não uma ilusão irreal, que é preciso fazer penetrar, como que por osmose, na realidade diurna. Quando a osmose ocorre, quando se dá o encontro entre as duas realidades (precisamente no encontro com o insólito), obtém-se o efeito de surreal, essa interpenetração. Quando o "tecido capilar" entre o interior e o exterior para de ser permeável, o homem fica mutilado: à escassez de sonho corresponde a escassez de realidade.

Mas é justamente nessa metáfora central dos "vasos comunicantes"[53] que a distância entre Freud e Breton se acentua e impede de considerar os caminhos deles paralelos, e isso sem considerar as diferenças de cultura, de geração, de compleições psicológicas ou de preferências estéticas. Os fios entrelaçados da psicanálise e do surrealismo têm de ser separados, independentemente da eficácia que o segundo teve para que a primeira fosse aceita num meio francês por muito tempo refratário.

---

53. Breton confessava ter "um fraco particular" por aquele de seus livros que leva esse título (*Entretiens*).

Jean Starobinski mostrou recentemente a dívida de Breton para com concepções como as de Myers ou de Théodore Flournoy nas quais ele encontrou, com a noção de *eu subliminar* e de interpenetração dos dois mundos, uma base doutrinal bem mais conforme a suas exigências que aquela fornecida pela teoria freudiana de um inconsciente radicalmente separado, constituído pelo recalcamento originário.[54] Breton, por sinal, reconhece abertamente essa dívida.[55] Devemos, pois, concluir, como parece indicar Starobinski, que, entre os diversos "santos padroeiros" escolhidos por Breton, Freud seja relativamente menor quanto a sua influência sobre o surrealismo, embora seja a mais vigorosamente reivindicada, em comparação com toda essa corrente psicológica e parapsicológica do fim do século passado? Conclusão por certo justificada para quem se ativer à "história das ideias", mas que, tomada ao pé da letra, pode ocultar o fato, bem sublinhado por um psicanalista, de que a psicanálise e sobretudo a figura de Freud não cessaram de ser "objeto de um intenso investimento por parte de Breton".[56] Com efeito, é fácil encontrar nos escritos de Breton e de seus amigos repetidos indícios de uma ambivalência em relação a Freud, onde se alternam a admiração mais idealizada e as críticas mais acerbas, em geral *deslocadas*.

Por exemplo, quando Breton submete um de seus sonhos – entrando assim claramente em "concorrência" com Freud – a uma análise elemento por elemento, pretendendo assim ter "esgotado o conteúdo do sonho" e ter ido bem mais longe que seu predecessor pois não se teria furtado, como aquele, às revelações pessoais,[57] qualquer analista que não caia nessa história ficará tentado, como Jean Guillaumin, a

---

54. "Freud, Breton, Myers". *L'Arc*, n. 34; reeditado em *La Relation critique*. Paris: Gallimard, 1970.

55. Sobretudo *Entretiens*, p. 78 e ss. Tem-se às vezes a impressão de que Myers foi uma descoberta tardia de Breton.

56. GUILLAUMIN, Jean. "Réel et surréel: le traitement 'poétique' de la réalité dans la cure et ailleurs". *Revue française de psychanalyse*, nº 5-6, 1971.

57. Embora não diga nada que possa comprometê-lo, particularmente no que concerne a sua sexualidade, e se defenda ali onde correria esse risco. *Les Vases communicants*, 1ª parte.

Entre o sonho-objeto e o texto-sonho

denunciar as resistências, a mostrar, de posse dos dados, que longe de ter esgotado o conteúdo do sonho, Breton apenas reduziu seu sentido, contentando-se em pescar em sua rede uma série de restos diurnos e recusando-se a dar de seu sonho uma interpretação de conjunto que, depois de tantos ricochetes, traria seu sentido oculto à luz do dia.

Pode ser, mas não se deve ceder a essa tentação, com o risco de reiterar o mal-entendido que, por meio de suas analogias superficiais, se perpetuou entre os dois "movimentos". Breton compreendeu mal Freud, ou melhor, só pegou da psicanálise aquilo que queria – como fez com todos os pensadores, poetas ou pintores com quem reconheceu afinidades. Mas, certo de seu saber e do que há de inexpugnável em sua posição, estará por isso o analista autorizado a dar uma "aula de inconsciente" ao surrealismo, mesmo quando, como é o caso com *Les Vases Communicants*, sabe estar sendo provocado? A proposta surrealista teve ao menos a nobreza de ter-se definido claramente e, assim, ter conseguido se preservar e se renovar por quase meio século sem os compromissos ideológicos que a psicanálise está longe de ter podido ou querido evitar. Para retomar uma palavra muitas vezes empregada por Breton, o surrealismo nunca *desmereceu*.

Caso devêssemos situar – e não avaliar – o surrealismo em relação à psicanálise, creio que o que deveria servir de referência fundamental seria a posição do problema da realidade. Não é por acaso que uma das raras objeções explícitas que Breton fez, de passagem, a Freud, aborde esse problema. Condena no "monista" (?) Freud a "declaração, no mínimo ambígua, de que a realidade psíquica é uma forma de existência particular que não deve ser confundida com a realidade material".[58] No entanto, nada é menos ambíguo e mais "revolucionário" que a tomada de posição freudiana quanto à realidade psíquica. Mesmo os leitores mais afoitos de Freud – e Breton não era um deles – percebem que, depois de reconhecido como realidade, o "psiquismo" muda radicalmente de condição, de valor e de função: a fantasia, organizada e organizadora, não é mais mero jogo de "fabulação", o neurótico não é mais um doente da

---

58. *Les Vases Communicants*, p. 22.

imaginação e seus temores não são mais qualificados de imaginários – pelo contrário, ele tem em certo sentido "razão", – o delírio não é mais divagação da alma mas "núcleo de verdade". As qualidades classicamente atribuídas à "realidade material" – sua resistência, sua relativa coerência, as leis que a regem, assim como seus princípios reguladores –, longe de serem utilizadas como marco de referência para desacreditar o psíquico, são encontradas neste. O paralelismo introduzido por Freud entre realidade psíquica e realidade material seria mais sinal de uma provocação que de uma concessão: trouxe como consequência a constituição de um campo, de um objeto e de um método específicos da psicanálise.

O que torna essa atitude singular de Breton digna de interesse é que ela vai muito além do equívoco ou do contrassenso. Revela, na escolha que faz, o limite da proposta surrealista, que permanece amplamente subordinada ao primado do real: para Breton, não poderiam existir *duas* realidades com princípios e categorias opostos, poderia apenas haver *um* surreal a ser constantemente produzido. O surrealista encontra no sonho e em todas as técnicas de linguagem ou de composição que nele se inspiram ferramentas para desarticular o real: nesse sentido, a "colagem" é seu instrumento preferido. Também sua notável aptidão para a *descoberta* e a *fabricação* dos objetos demonstra a prevalência de um real que é preciso a todo custo provocar, recusar, abolir para logo refazê-lo, de outro jeito, mas com seus materiais fragmentados. Podemos pensar que o culto, muito perceptível em Breton, do amor louco, esse ressurgimento do amor cortês, com o que ele implica de idealização de um objeto total, vem responder a, e como que compensar, esse trabalho metódico e ao mesmo tempo inspirado de sapa: nele, a descoberta do objeto parcial cede lugar à redescoberta do objeto perdido.

É bem conhecida a formulação triunfante que, na boca de fanfarrões, corre o risco de se degradar em fórmula para pegar trouxas: "Toda descoberta que muda a natureza, a destinação de um objeto ou de um fenômeno constitui um fato surrealista". O que os surrealistas chegaram a perceber do funcionamento do inconsciente também me parece ter sido *desviado* para o objeto. Por terem reconhecido no inconsciente sobretudo a imagem de uma espontaneidade universal, fonte de toda fala e de toda vida, os mais confiantes acabaram não reconhecendo o parentesco entre esse *negativo* do real e o "demoníaco"; ao chamarem-no para si como um duplo complementar, impediram a si mesmos de apreender seus determinantes.

Não terão, antes, tentado domesticar um inconsciente em princípio indomável ou, melhor, *colocá-lo do lado deles,* por meio de uma pesquisa metódica, às vezes aplicada? Provocam o encontro com ele (acaso objetivo), veneram seu poder (experiências de sono, relatos de sonhos, maravilhoso e sagrado cotidianos), *imitam* seus mecanismos (escrita automática), procuram fabricar produtos (anagramas, colagens, cadáveres requintados [*cadavres exquis*]) *análogos* a suas produções. Talvez essa seja uma maneira de curto-circuitar seus efeitos, de transformar em arte da surpresa a inquietante estranheza.

Mas, graças a esse "bom uso" do inconsciente, os surrealistas, decididos a conquistar a emoção reveladora e estados que a provoquem, modificaram profundamente nossa percepção da realidade e multiplicaram seus registros, abrindo por todo lado passagens, por meio do sem sentido, para o sentido e para os sentidos... Eles certamente não renovaram, como a psicanálise, nossas categorias psíquicas, mas, de forma mais vigorosa e mais feliz que ela, que não se cansa de constatar que a realidade interna é pelo menos tão resistente, opressiva e fixa quanto a externa, esses sonhadores ativos não cessaram de ampliar o campo do possível. Para eles, o sonho, longe de nos fazer avaliar a extensão de nossas renúncias, continua sendo motivo de exaltação: é porta aberta a todos para um real de uma tessitura bastante flexível, suficientemente inconsistente em si para se transformar, por magia planejada e com a cumplicidade do acaso objetivo, num espaço surreal. A surrealidade que, em suma, é apenas um entre-duas realidades, nem por isso deixa de estar, como a poesia, a liberdade e o amor – a grande tríade surrealista –, a nosso alcance: no presente, sempre por vir.

PRESENÇA, ENTRE OS SIGNOS, AUSÊNCIA

Custa-me examinar hoje, seja de qual posto de observação for, a obra de Maurice Merleau-Ponty, custa-me mais hoje que logo depois de sua morte. Naquele momento, consegui – e, por uma das exigências do luto, era a única coisa que conseguia fazer – dissertar sobre a posição do *problema do inconsciente*[1] em seus trabalhos publicados até aquela data. Mas, para aquilo que *do inconsciente* se enunciava num estudo ao mesmo tempo sempre igual e sempre retomado de mais longe, para aquilo que ali operava com uma insistência crescente, também com essa monotonia que é a marca do lugar de onde ele parte, eu estava fechado. Curiosamente, agora que a distância do tempo aumentou, a do discurso organizado se nega. Por isso, o que encontrarão aqui são notas à margem de páginas ausentes. Quase impressões, como aquelas que se depositam em nós quando a carga de uma palavra ou de uma paisagem nos atinge, mas sua figura mal se entrevê.

Durante meus estudos de filosofia, "trabalhei" *La structure du comportement*, a *Fenomenologia da percepção;* à medida que eram publicados, li os artigos reunidos em *Sens et non-sens* e depois em *Signos* como se fossem signos que balizavam e guiavam minha própria experiência, para lhe dar retroativamente sentido. Referia-me a eles, mesmo muitos anos depois, como objetos de pensamento. Em compensação, nunca "entrei" de fato nos últimos escritos. E eis que são eles que agora me impedem a elaboração

---

1. Texto publicado, em 1961, no número da revista *Temps modernes* dedicado a Merleau-Ponty. Reeditado em *Après Freud*. Paris: Gallimard, 1968.

conceitual, como se exercessem uma ação negativa. Eles vêm de um *outro lado* que, no entanto, não é aquele, sem limites, da morte. Recebo-os como os sonhos de um outro – cuja proximidade mesma acentua o afastamento: indemarcáveis embora limpidamente articulados, não tenho nem chave, nem método para me comunicar com eles – visíveis e invisíveis...

A escritura de Merleau-Ponty sempre induziu no comentário uma tentação de mimetismo. Qualquer um pode notar o quanto seu pensamento se dilui quando se pretende expô-lo: ele não se deixa *traduzir* e essa força faz nossa fraqueza. Assim, aqueles que, em toda a sua diversidade, propõem-se a falar dele, acabam falando como ele caso tenham se nutrido, nem que seja por um tempo, de sua leitura. Eu mesmo passei por essa experiência, na prova oral de um concurso, em que só consegui dar vida e persuasão ao texto comentado adotando as inflexões de uma voz, e então, como que a minha revelia, por intermédio dessa identificação, pude encontrar meu tom pessoal.

Seria esta uma primeira pista? O pensamento que não se deixa disjuntar da linguagem que o suscita e estimula, a linguagem de uma fala em movimento, fala de um corpo animado, o leitor iniciado pelo autor – sim, estamos desde já nas categorias psíquicas de Merleau-Ponty: ambiguidade, troca, ser indiviso; mais tarde: imbricação, quiasma, entrelaçamento.

Seu pensamento apoia-se aqui em pares de opostos, com uma predileção pelas oposições sartrianas: em si-para si, real-imaginário, ativo-passivo, como que para ali encontrar uma falsa, mas necessária linha de partida, recusar a alternativa afirmada como inelutável e colocar em xeque a compulsão à síntese. O gênio corrosivo da análise de Sartre leva-o, ao contrário, a fazer surgir do indiviso as oposições e a acentuá-las para suscitar outras, novas e mais coriáceas. Uma aparente vacilação é constante em Merleau-Ponty: da *Fenomenologia da percepção,* em que nenhum capítulo se decide pelas soluções empirista ou intelectualista, até os *Resumos de cursos,* cujo gênero, no entanto, parecia exigir uma formulação mais bem definida. Por que, se a intenção é alcançar um "já aí", um "há", por que essas idas e vindas incessantemente reiteradas, indagará aquele que postula um acesso imediato ao ser? E por que, se

Presença, entre os signos, ausência

irritarão inversamente os filósofos do sujeito cognoscente, estar sempre apagando teses e antíteses em benefício de uma linguagem mais próxima da enunciação poética que do enunciado de proposições delimitadas, passíveis de inspeção? É justamente porque o essencial aqui é *o movimento que faz ver.* Isso supõe uma nova postura filosófica, para que ela se livre das prisões do conceito e imite, retome para si, em seu percurso próprio, o trabalho silencioso da percepção, ou melhor, para que ela torne possível e eficaz, fazendo-se contemporânea a ela, essa passagem do corpo para a simbolização: tensão e metamorfose.

"O mundo sensível e o mundo da expressão"; "A prosa do mundo".[2] É o mesmo projeto o tempo todo? Aquele condensado pela fórmula de Husserl que Merleau-Ponty tantas vezes citou: "É a experiência ainda muda que se tenta trazer à expressão pura de seu próprio sentido".

Seria fácil estabelecer uma filiação direta entre ambas as teses e os últimos escritos. O próprio autor a indicou.[3] O fato é que uma solução de continuidade na obra de um filósofo que propõe o primado da experiência do mundo percebido seria mais paradoxal que em qualquer outro.

Contudo, há uma diferença patente.[4] A prontidão de Sartre levou-o a detectá-la, antes mesmo da publicação de *Visível e o invisível*: "Em certo sentido, nada mudou nas ideias que ele defendia em sua tese; em outro, tudo é irreconhecível". Mas, pronto demais também para explicar o que questiona suas próprias certezas, ele acrescenta: "Merleau-Ponty embrenhou-se na noite do não saber, em busca do que ele chama, agora, o fundamental".[5]

---

2. Respectivamente, títulos de um curso de Merleau-Ponty e de um livro planejado.
3. Numa exposição de candidatura ao Collège de France, publicada por M. Guéroult na *Revue de Métaphysique et de Morale*, n. 4, 1962: "Nossos dois primeiros trabalhos procuravam restituir o mundo da percepção. Aqueles que estamos preparando pretendem mostrar como a comunicação com o outro e o pensamento retomam e ultrapassam a percepção que nos iniciou na verdade".
4. Ela tampouco escapa ao autor: "tudo isso que retoma, aprofunda e *retifica* [grifo meu] meus dois primeiros livros". Notas de trabalho: *Le Visible et L'Invisible*, p. 222.
5. "Merleau-Ponty vivant". *In: Les Temps modernes*, no citado, p. 360. Retomado em *Situations IV*. Paris: Gallimard.

Tudo desmente um juízo tão peremptório, em primeiro lugar a confrontação sempre mantida com os múltiplos lugares conquistados pelo saber. Falou-se muito do extraordinário dom de leitor de Merleau-Ponty: ele dá a ler. Se nos reportamos às anotações de cursos da Sorbonne feitas por seus alunos e reunidas no *Bulletin de Psychologie*, aos *Resumos* do Collège de France, chama a atenção, não tanto o que se costuma chamar de quantidade de informação, mas uma capacidade de ficar alerta que é exatamente o contrário da vigilância crítica, desconfiada: ao interrogar as obras, maiores ou menores, que ele encontra num determinado momento, às vezes muito contingente, de seu trajeto próprio, Merleau-Ponty se deixa, nos deixa interrogar por elas, antecipando-se assim muitas vezes ao discurso dos especialistas. Para tomar dois exemplos entre muitos: Merleau-Ponty aborda concepções de Melanie Klein quinze anos antes de os psicanalistas franceses se interessarem por elas; trabalhos de linguística (sobretudo de G. Guillaume), bem antes de eles se tornarem a indispensável referência de todos os cenáculos. Não há campo científico ou estético, não há filósofos que Merleau-Ponty tenha descartado de sua prospecção. Para ele, havia neles uma necessidade feliz, muito distante de qualquer exigência universitária, uma impregnação fecunda. Por que uma pesquisa tão constante e tão metódica no campo do saber se fosse apenas para embrenhar-se na noite do não saber?

Surpreendeu-me escutar Merleau-Ponty, nos últimas anos de sua vida, reivindicar – termo bastante impróprio, pois, para ele, era algo óbvio[6] – o lugar difícil de situar, mas irrecusável do filósofo. E o título dado *a posteriori* a sua aula inaugural no Collège de France certamente não tinha nada de didático: era antes uma ironia tranquila, socrática, do *elogio* naqueles tempos em que o "para que filósofos?" apitava em nossas orelhas.

Para Merleau-Ponty e para o leitor em sua esteira, a palavra filosófica era a palavra propriamente dita, não por algum privilégio de

---

6. Prova direta disso pode ser encontrada na entrevista que ele deu a Madeleine Chapsal: "no dia em que entrei numa aula de filosofia, entendi que o que eu queria era a filosofia. Nem ali, nem depois, jamais tive qualquer hesitação a esse respeito [...]. O trabalho filosófico é evidente em si mesmo como qualquer outro trabalho". *In: Les Écrivains en personne*. Paris: Julliard, 1960.

Presença, entre os signos, ausência

79

nascença ou pela dignidade de seu objeto, mas contanto que avançasse para além dos confins que toda filosofia, do sujeito transcendental ou do Espírito do mundo, se considerou obrigada a impor a si mesma. Não seria muito forçado reconhecer em sua tentativa uma paixão pela *sombra* que projetam, desconhecendo-a, as *luzes* filosóficas. A impregnação pelas obras de arte e de pensamento – a habitação no "corpo do espírito" em movimento dos outros – é apenas um tempo sempre a refazer para que se revele o que elas encobrem ao se instituírem. Pode-se acompanhar o percurso de Merleau-Ponty, diverso em seus lugares, mas um em sua visada, encontrando sempre em ação o projeto filosófico. Nos últimos trabalhos, o primado do sensível continua formulado, não como ponto de partida, mas como aquilo com que o filósofo deve contar, sejam quais forem seu objeto e o campo que ele considera: há aí algo de indeduzível. Mas essa expressão tampouco é correta, pois trata-se de um núcleo de ser, não de um resíduo.

"Levar em consideração a finitude da consciência sensível [...]. Aprender a conhecer, em contato com a percepção, uma relação com o ser que torne necessária e possível uma nova análise do entendimento."[7] Esse projeto, agora claramente circunscrito, atualizou-se antes de ser enunciado como tal, desde a *Fenomenologia da percepção* que nunca foi um livro de "psicologia". Está mais presente que nunca nas primeiras obras, motivando por exemplo um escrito – *O olho e o espírito* – que aparentemente trata apenas de pintura. Mas, para ser levado a bom termo, exige uma profunda mutação da palavra e do *estilo* filosóficos.

A reflexão sobre a linguagem que baliza toda a obra de Merleau-Ponty (do cap. VI da *Fenomenologia da percepção* à obra póstuma *A Prosa do mundo)* a meu ver responde para ele, em sua constante retomada, a essa necessidade. O estudo cuidadoso que ele realizou, por exemplo, sobre o uso literário da linguagem em Proust – com que ele se deleitava – está fadado a tornar sua própria palavra cada vez mais dependente do que a suscita, condição necessária para que ela mesma encontre a capacidade de engendrar sentido e

---

7. *Résumés de cours*, p. 11. Também as primeiras páginas de *O visível e o invisível*: "empreender uma verdadeira reforma do entendimento".

visão. "A teoria da linguagem costuma apoiar-se em formas ditas exatas, ou seja, em enunciados que concernem a pensamentos já maduros naquele que fala, ao menos iminentes naquele que escuta, e disso resulta que ela perca de vista o valor heurístico da linguagem."[8] O estranho, com o qual tanto o escritor como o psicanalista se confrontam, é que sempre temos a sensação de que a obra nada mais faz senão reencontrar algo: sempre soube disso, você me mostra o que está diante de meus olhos. Em certo sentido, isso é uma ilusão, pois era preciso a operação da linguagem para fazer aparecer esse já aí. Merleau-Ponty escreve profundamente: "A linguagem realiza quebrando o silêncio o que o silêncio queria e não conseguia",[9] ou, em termos freudianos: a *identidade de pensamento* que a lógica discursiva exige procura realizar o que a lógica do desejo visava em vão na *identidade de percepção*.

Faz-se necessária a implementação de um estilo capaz de suscitar no autor e em seu leitor um processo que toda a organização da linguagem filosófica "clássica" tem por função inibir, como prova sua notável constância, nos mais variados "sistemas": ela resiste à inovação bem mais fortemente que a linguagem literária.[10]

"O escritor é ele mesmo um novo idioma que se constrói". Devemos escutar essas palavras como a tentativa que Merleau-Ponty procurou levar adiante no terreno da filosofia. A resistência está em nós.

Merleau-Ponty gostava de citar a passagem de Saussure que denunciava que é possível subentender – tendo por referência a língua francesa – um *that* na proposição inglesa *The man I love*. "Nada está subentendido, comentava ele, ou melhor, há apenas subentendidos em qualquer língua [...]. Não é depositando todo o meu pensamento em palavras de onde os outros viriam retirá-lo que

---

8. *Résumés de cours*, p. 22.
9. *Le Visible et l'invisible*, p. 230.
10. "O sentido de um livro está dado em primeiro lugar não tanto pelas ideias, mas por uma variação sistemática e insólita dos modos da linguagem e da narrativa ou das formas literárias existentes" (*op. cit.*, *Révue de Méta*, p. 407). Ainda lemos os filósofos para encontrar neles a expressão de suas "ideias".

Presença, entre os signos, ausência

me comunico com eles."[11] A ideia de uma língua totalmente positiva é incessantemente recusada, como se ali houvesse uma tendência natural que levasse a isso para nela nos aprisionar. É recusada junto com a ideia do mundo-objeto de saber universal, na medida em que ele implica o recurso último a um sujeito transcendental, seja ele Deus, o eu do cogito ou o agente da História. A busca de uma "camada primordial" da linguagem, de uma "capa de sentido bruto" é estritamente correlativa à do "ser selvagem". Nem uma nem outra devem ser compreendidas como forma de uma nostalgia das origens. É no presente, no tecido lacunar do presente inacabado que se deve apreender o originário. Sabe-se – para dar um exemplo extremo que o comprova – que o interesse de Merleau-Ponty pelos problemas "políticos" *nunca* diminuiu: guerras coloniais, gaullismo, capitalismo industrial, avatares do comunismo, e isso num tempo que levou tantos outros ao desencanto ou ao ressentimento. É no visível, às vezes no mais envolvente deles, que se pode reconhecer o invisível: "Afinal de contas, o mundo está em torno de mim, e não adiante de mim".[12]

Mas, por que visível e invisível? Por que essa fonte e esses recursos inesgotáveis encontrados no olhar, ou melhor, no *ver,* se dizer olhar já é postular um espetáculo oferecido, um espaço constituído? Que é que funda essa afinidade eletiva entre o *olho* e o *espírito,* como se o espírito fosse a metáfora do olho, como se o filósofo só pudesse, uma vez consumado o fracasso do cartesianismo e perdido o "segredo de seu equilíbrio", adotar o que seria a exigência do pintor?

Quando leio as páginas – dentre as mais densas, as mais inspiradas escritas por Merleau-Ponty – que pretendem testemunhar essa afinidade e esse privilégio, sinto sem sombra de dúvida a prevalência patética de um imaginário, conservando, contudo, como que uma reticência quanto ao alcance literalmente radical que lhe dá o autor.

11. *La Prose du Monde*, p. 42.
12. *L'Oeil et l'esprit*, p. 59.

Por esse extraordinário elogio do pintor – e não da pintura – que é *O olho e o espírito* sou convocado a me identificar com o *trabalho* do pintor – digamos: de alguns pintores modernos[13] –, mas nada evoca a emoção *estética* nem a produção da *ilusão,* partes constitutivas do desejo de pintar. É que, para Merleau-Ponty, o pintor *efetua* a percepção. Praticamente em cada página, o vigor e a insistência da formulação desconcertam: "Há na ocupação do pintor uma urgência [...]. Ele aí está, forte ou fraco na vida, porém, soberano incontestável em sua ruminação do mundo, sem outra 'técnica' a não ser a que seus olhos e suas mãos se dão, à força de ver, à força de pintar [...]. Que ciência secreta é essa que ele tem ou procura [...]. *Esse fundamental de toda a pintura, e quiçá de toda a cultura?*".[14]

Privilégio exorbitante, considerado de fora: poder-se-ia então pensar, equivocadamente, que todo o conhecimento filosófico, seu esforço para compreender o mundo, o que ele forjou como conceitos, edificou como sistemas ou mesmo gerou como meditações, são apenas tentativas, sob o álibi de mais luz, de criar um anteparo para os enigmas com os quais o pintor se confronta sem pronunciar palavra.

Estamos agora muito longe da função que tinha, nos textos anteriores, a referência à pintura. Na *Fenomenologia da percepção,* no artigo sobre Cézanne, ela parecia antes de mais nada convocada para fundamentar as teses hoje bem conhecidas do autor sobre o corpo que habita o espaço, sobre a comunicação dos sentidos, o milagre da expressão pré-linguística.

Mas eis que um tema, que certamente vinha sendo desenvolvido o tempo todo e mostrava-se capaz de derrubar as concepções clássicas, ocupa toda a cena. Por um lado, o que se formula não é mais o primado do sentir, mas a relação do vidente com o visível; o autor se diz até disposto a recusar o termo percepção, "velha filosofia", se ele veicular algo da ordem da operação intencional, consciente.[15] Por

---

13. Entre os quais, embora haja várias referências a ele, eu não incluiria Klee, para mim pintor do gerenciamento da fantasia, não da profundeza do mundo percebido. Note-se que *O olho e o espírito* é o único texto para o qual o autor indicou seu lugar de origem: Le Tholonet.

14. *L'Oeil et l'esprit*, p. 15. Grifos nossos.

15. Intervenção no Colóquio de Bonneval, 1960.

Presença, entre os signos, ausência

outro lado e sobretudo, essa relação privilegiada é definida como *originária,* ou seja, como preexistente à constituição do corpo como *lugar* de referência, como *ponto de vista.* As investigações da pintura moderna são valorizadas na medida em que por meio delas realiza-se uma "mutação nas relações do homem com o ser",[16] na medida em que efetuam uma "apresentação sem conceito do Ser Universal".[17] Esse projeto, que merece ser qualificado de metafísico, embora se proíba o recurso fácil a entidades, encarna-se na pintura. Insistamos: o filósofo não abdicou, mas não lhe resta outra alternativa senão fazer seu, em seu *logos* próprio, o gesto do pintor: "Essa filosofia por fazer é aquela que anima o pintor, não quando ele exprime opiniões sobre o mundo, mas no instante em que sua visão se torna gesto, quando, dirá Cézanne, ele *pensa com a pintura".* "A nossa filosofia só resta empreender a prospecção do mundo atual."[18]

Sob o pensamento, a palavra, sob a palavra, o olhar.[19] O filósofo, homem do pensamento, só é filósofo se encontrar os meios de fazer nascer e renascer em si, "nascimento continuado", o pintor, enquanto aquele que é por excelência o homem do olhar, o vidente. O desejo de saber, que torna inteligível, teria substituído o desejo de ver, que torna visível. Aquém do signo, a linha. Nada mais afastado de Merleau-Ponty que esses ensaios recentes para *ler* o quadro; nele, é o movimento inverso – significar para ver.

Freud fez da "consideração à figurabilidade" uma *condição do trabalho do sonho*: os elementos ligados à pulsão – quaisquer que sejam seu registro sensorial prevalente, sua "parcialidade" erógena – devem,

16. *L'Oeil et l'esprit*, p. 63.
17. *Ibid.*
18. *Ibid.*, p. 58 e 66.
19. Os enigmas primordiais também são, sob sua outra face, truísmos. (É Merleau-Ponty quem diz: "O pensar pensa, a fala fala, o olhar olha". Prefácio de *Signes*, p. 30.) Cf. também as primeiras linhas de *O Visível e o invisível*: "Vemos as coisas mesmas, o mundo é o que vemos – fórmulas desse tipo exprimem uma fé comum ao homem natural e ao filósofo *desde que abre os olhos* [grifo nosso] [...]. Mas essa fé tem isto de estranho: se procurarmos articulá-la numa tese ou num enunciado, se perguntamos o que é *nós*, o que é *ver* e o que é *coisa* ou *mundo,* penetramos num labirinto de dificuldades e contradições".

para estar presentes no sonho, transformar-se em imagens visuais. A parição do ser bruto, invocada nos últimos escritos de Merleau-Ponty, parece só poder efetuar-se pela imbricação entre o visível e o invisível. Não há aí um pressuposto ou uma fantasia fundamental?

Não nos apressemos em neutralizar o sentimento de estranheza, de familiar-não familiar[20] que a leitura do *Visível e o invisível* provoca; por exemplo, satisfazendo-nos com homologias entre, por um lado, inconsciente (paradoxalmente, agora essa palavra nos tranquiliza!), invisível e latente, e visível, percebido e manifesto por outro. Tratar-se-ia não só de homologias superficiais como de verdadeiros contrassensos tanto no tocante à psicanálise como ao pensamento de Merleau-Ponty. Se o inconsciente não é o invisível para o psicanalista é porque o desejo já é *interpretação*, a fantasia já é construção; no mesmo sentido, o analista exclui sua pessoa do campo do visível não para anular sua existência mas para transformá-lo em escuta. E a latência, para Merleau-Ponty, não designa um alhures que estaria, por sua natureza ou por sua própria estrutura, fora do campo do sensível. Insistamos: *o outro lado* (Husserl) não é *a outra cena* (Freud).[21] A percepção já é impercepção: há um único território, e em Merleau-Ponty nunca se trata de dois sistemas *separados* como na tópica freudiana. Mais ainda, a análise do corpo vidente-visível deveria levar a superar a alternativa entre inconsciente e consciente, ela mesma decorrente, apesar de tudo – Freud já o assinalara – de uma filosofia da consciência.

Ver é não ter necessidade de formar uma representação. O ver é não só antepredicativo, mas está aquém de qualquer *representação*. Se Merleau-Ponty se interessou mais pelo *trabalho* do pintor que pela *obra* oferecida a nossa contemplação é porque, nesse segundo tempo, passamos, por posição, para o lado da representação, em vez de deixar

---

20. Tradução possível, nessa oportunidade, do *Unheimliche* freudiano no lugar da tradução consagrada em francês de "inquietante estranheza". É o *heimliche,* o familiar, o caseiro, que, sob certas condições, vira estranho: o mais próximo se torna para mim o mais estrangeiro e ali onde não me reconheço, é o mais meu, como demonstra a experiência da transferência.

21. Ou ainda: os "horizontes", a profundidade do pré-consciente, virtualmente recuperável por um eu, não são a alteridade do inconsciente.

Presença, entre os signos, ausência

agir em nós essa *"irradiação do visível* que o pintor busca sob os nomes de profundidade, de espaço e de cor".[22]

Mas não será comentando a revelação efetuada pela expressão pictural que encontraremos – nós, na situação de leitores de Merleau-Ponty – em que fundar nossa concordância. Ao contrário, é apenas a prevalência que Merleau-Ponty atribui ao visível que nos faz apreender a passagem do alcance fenomenológico da pintura, há muito reconhecida, para sua dimensão ontológica. É aqui que podemos propor – sem descrédito pejorativo, muito pelo contrário – o termo fantasia.

Tomemos, por exemplo, as seguintes linhas: "A visão não é certo modo da presença a si: é o meio que me é dado de estar ausente de mim mesmo, de assistir de dentro à fissão do Ser, apenas ao termo da qual volto a fechar-me sobre mim".[23] Elas condensam o que está subjacente a essa espécie de *supervalorização,* ou mesmo de idealização do *visível* – manifesta até no lirismo contido de algumas páginas – a que somos convidados. Elas redizem sobretudo, recusando de antemão toda interpretação "mística" daquilo para o que tenderia o último pensamento de Merleau-Ponty, a impossibilidade de uma presença a si absoluta:[24] o primordial não poderia ser alcançado, conhecido, diretamente. O "sujeito" excentrado, vazio, inexistente é trazido pela visão para "fora", mas esse fora não é um mundo pleno, um objeto total: o ser é fendido, segregação, lacuna. O círculo se consuma com a constituição de uma forma: "Eu me fecho sobre mim". Nova "reflexão": esse eu-corpo volta-se para o mundo para significá-lo. Jogo de espelhos indefinido. A *reflexividade* do corpo (sentindo-sentido) destina-o, por uma espécie de harmonia prévia, a *refletir* o mundo.

Aquilo a que o leitor é imediatamente sensível no estilo de Merleau-Ponty, para se deixar levar por seu movimento ou defender-se dele com irritação, não encontra aqui seu umbigo? Pensamento circular, fantasia da circularidade. A "carne" – esse elemento, no mesmo sentido em que a

---

22. *L'Oeil et l'esprit,* p. 71 (grifos nossos).
23. *Ibid.,* p. 81.
24. Hoje, só mesmo os psicanalistas para voltarem a dar crédito, sob o nome de narcisismo primário, a essa ilusão monádica.

água é um elemento – seria o mediador. "Em toda e em nenhuma parte": a visão é o instrumento e o emblema dessa ubiquidade. Fica-se tentado a escutar esse discurso como recusa de toda diferença irredutível,[25] da perda, da castração. A troca, o entrelaçamento, a "coleta" no ser bruto: afinal, nada jamais é "possuído", mas nada jamais é perdido.[26] Não se deveria ver nisso, mais que uma fantasia específica, a própria origem da fantasia?

Tem-se sempre escrúpulos em destacar, na obra de um filósofo, a pregnância de um imaginário. Escrúpulos justificados se fosse para encontrar nisso, com a ajuda da "psicobiografia", um recurso último para depreciar a função de verdade da investigação filosófica, mas reserva injustificada caso se busquem na própria obra pistas do que a anima e organiza. No caso de Merleau-Ponty, ao contrário, seríamos infiéis à obra se lhe impuséssemos, por princípio, limites que ela teve de ultrapassar para se realizar.

O que Freud nos deu de mais interessante, escreve Merleau-Ponty, é "a ideia de um simbolismo primordial, originário [...], encerrado num 'mundo para nós' responsável pelo sonho e, de forma mais geral, pela elaboração de nossa vida".[27] Num homem para quem falar de "vida filosófica"[28] certamente não era álibi ou modo de dizer, deveríamos tentar detectar, no movimento da frase e do livro, as metáforas obsedantes,[29] os deslizamentos e transformações dos conceitos, esse simbolismo primordial que age nas múltiplas mediações que ele se dá: arqueologia de um pensamento. O pretenso respeito que seria devido à obra filosófica para,

---

25. Por exemplo, esta nota de trabalho: "Não há senão diferenças de significações. Refletir sobre o dois, o par, não são dois atos, duas sínteses, é a possibilidade de espaçar (dois olhos, duas orelhas), possibilidade de discriminação. É o *advento da diferença sobre fundo de semelhança*" (p. 276, grifos nossos). Note-se que a diferença dos sexos não é mencionada.

26. A propósito do negativo, discutindo a concepção sartriana do Nada, Merleau-Ponty escreve: "falta de ser, mas falta que se constitui ela mesma em falta, portanto, *fissura que se abre na mesma medida em que se fecha*" (*Le Visible et l'invisible*, p. 276, grifos nossos).

27. *Résumés de cours*, p. 70.

28. *Éloge de la philosophie*, p. 10.

29. A expressão, como se sabe, é de Charles Mauron.

Presença, entre os signos, ausência

na verdade, mutilá-la (privilégio tão alheio ao autor, pois "todo homem contém silenciosamente os paradoxos da filosofia)"[30] não deveria nos impedir de realizar o empreendimento de arrancar a filosofia do corpo do saber onde a inserem seus historiadores para, por fim, dar-lhe o estatuto de corpo do espírito.

O visível e o invisível forneceria, para tanto, referências imediatamente perceptíveis para a compreensão da obra de Merleau-Ponty e sobretudo, é claro, as *Notas de trabalho* que, como os esboços de alguns pintores, mostram-se como "amostragens diretas do ser bruto". Que leitor – psicanalista ou não – não terá se impressionado com fórmulas como estas que criam brechas *em qualquer filosofia*: "Fazer uma psicanálise da Natureza: é a carne, a mãe".[31]

A transformação dos pensamentos em imagens visuais pode ser uma consequência da atração que a lembrança visual, que procura voltar à vida, exerce sobre os pensamentos cortados da consciência e que lutam para se exprimir. Segundo essa concepção, o sonho seria o substituto da cena infantil modificada por transferência para o recente. A cena infantil não pode se realizar de novo; tem de se contentar com reaparecer em forma de sonho (Freud, *Die Traumdeutung*, G. W. II-III, p. 551).

Nossas relações de véspera com as coisas e sobretudo com os outros têm, por princípio, um caráter onírico: os outros estão presentes para nós como sonhos, como mitos, e isso basta para contestar a clivagem entre real e imaginário (Merleau-Ponty, *Résumés de cours*, p. 69).

Freud não valoriza o sonho enquanto tal. Opondo-se ao que percebe de ocultismo em Jung, recusa-se a reconhecer nele a criação de algum "misterioso inconsciente". Para ele, já insisti nisso, a essência do sonho

---

30. *Éloge*, p. 86.

31. *Op. cit.*, p. 321. Cf. também nos *Résumés de cours* (p. 36) "A fala, dizia Michelet, é a mãe falante. Ora, embora a fala ponha a criança numa relação mais profunda com aquela que nomeia todas as coisas e diz o ser, ela também transporta essa relação para uma ordem mais geral: a mãe abre para a criança circuitos que primeiro se afastam do imediato materno e pelos quais ela nem sempre os reencontrará".

está em seu "trabalho", nas operações, condensação, deslocamento etc. que nele operam. Se o sonho é via régia, é principalmente porque ali esses mecanismos funcionam mais livremente e também porque são acessíveis de maneira quase experimental: é apenas nesse sentido que se espera a *nova análise do entendimento* que, pode-se dizer, é também a ambição de Freud,[32] do estudo do sonho tomado como modelo de todas as produções do inconsciente, diferentes em sua forma e finalidade.

O sonho tem por certo uma relação especial com o visível, mas, por um lado, ele é reelaboração do visível, só nos dá a ver porque representa o impossível e o interdito: "a cena infantil não pode realizar-se de novo"; por outro lado, em princípio, o visto não detém nenhum privilégio: o escutado, em particular, desempenha um papel central na formação da fantasia, o tocar na excitação do desejo.

Não negligenciemos uma das funções do sonho: seja qual for seu conteúdo, *figurar o inacessível e mantê-lo como tal.* Banalidade que recupera todo o seu peso em certas análises em que as duas partes se deixam desencaminhar, a pretexto de analisar os sonhos, pelo próprio sonho, tomado então como um *tipo particular de objeto*: ele torna presente como eles certa ausência, ele agrega a todo visível um invisível, ele é completo embora apenas seja parcial, sonhar, é ter à distância... São esses termos mesmo que Merleau-Ponty utiliza para definir o mundo, não do sonhador, mas do vidente. Como se, afinal, o modelo da percepção fosse o sonho; a percepção originária, onírica. Nessa linha de pensamento poderíamos afirmar que todo sonho é figura da mãe ou que a mãe é um sonho.[33]

A respeito do corpo, aparentemente, os enunciados de Merleau-Ponty não variaram. O corpo – projetado por Descartes na extensão para ser entregue ao saber ou, em termos modernos, máquina de informação

---

32. Como se enuncia, por exemplo, quase de passagem, nestas linhas da *Traumdeutung*: "Pressentimos que a interpretação do sonho poderia fornecer-nos esclarecimentos sobre a estrutura de nosso aparelho anímico (*Seelischer Apparat*) que até agora esperamos em vão da filosofia" (*G. W.*, II-III, p. 151).
33. *Supra*, "A penetração do sonho".

Presença, entre os signos, ausência 89

– recupera sua subjetividade atual, torna-se ancoragem para o sujeito. Até os últimos textos, ele é o tempo todo evocado como "a sentinela que se posta silenciosamente sob minhas palavras e sob meus atos".[34]

Contudo, tem-se a impressão de que Merleau-Ponty não se satisfaz mais totalmente com uma concepção que faz do corpo *próprio,* do corpo *meu,* o lugar de onde tudo parte e de onde tudo volta.[35] A carne não é um outro nome para o corpo; passamos do indivíduo para o indiviso. *Meu* corpo é apenas coleta, na simultaneidade, no Ser de indivisão: "É através da carne do mundo que se pode, enfim, compreender o próprio corpo".[36]

Num artigo de grande penetração, André Green tentou estabelecer que "o pensamento psicanalítico desempenhara um papel determinante na última virada de Merleau-Ponty".[37] Só podemos concordar com essa hipótese, mas com uma reserva: o papel do "pensamento". Merleau-Ponty sempre foi muito reticente em relação a todos os aparelhos conceituais da psicanálise.

34. *L'Oeil et l'esprit,* p. 19.
35. Nesse sentido, as críticas acertadas de Pierre Fédida ("L'anatomie dans la psychanalyse". *Nouvelle revue de psychanalyse,* n. 3, 1971) aplicam-se mais à psicologia existencial de Maine de Biran que ao último Merleau-Ponty. Em compensação, seriam pertinentes em relação a toda uma corrente *psicanalítica* anglo-saxã que, dizendo-se fenomenológica, procura recentrar a experiência analítica no *self.* Há aí, incontestavelmente, o risco de o *vivido* substituir o inconsciente, a pessoa total, o sujeito clivado.
36. Nota de trabalho: *Le Visible et l'invisible,* p. 304.
37. "Itinéraire de Merleau-Ponty". *Critique,* n. 211, 1964. Green evoca a obra de Melanie Klein centrada nos mecanismos originários da vida psíquica: introjeções e projeções, numa série de idas e vindas, clivagem, fragmentação. Relação interessante, mas que a meu ver não se comprova, pois toda a construção kleiniana repousa numa diferenciação, progressiva por certo, mas axial, entre o fora e o dentro. Se quiséssemos indicar uma convergência com um pós-freudiano, pensaria antes em Winnicott, cujos trabalhos Merleau-Ponty não chegou a conhecer, mas que tenho certeza teriam chamado sua atenção. Em Winnicott, a noção de inconsciente como domínio separado não está presente; o que lhe interessa sobretudo é o espaço transicional, onde a questão de pertencimento eu-não eu, filho-mãe, não se coloca, espaço "virtual" (expressão encontrada em Merleau-Ponty), aquém das categorias do verdadeiro verificado e do falso, que virá a se tornar o espaço de *cultura.*

Mas não esqueci uma pequena frase pronunciada num colóquio que reuniu em 1966 os melhores especialistas do inconsciente: "Os filósofos com certeza não são psicanalistas, embora sejam pessoas que também têm um face a face com o inconsciente". Green, grande conhecedor de Freud e leitor atento de Merleau-Ponty, certamente tem razão ao escrever, no final de sua confrontação precisa, que o encontro entre eles foi "frustrado"; mas àquele com o inconsciente, o único que conta para o destino de uma obra, Merleau-Ponty não faltou.[38] Esse talvez seja um acontecimento na história do pensamento, se for verdade que a filosofia sempre teve por finalidade desenvolver-se num espaço "sem esconderijos", num tempo de "sobrevoo" em que cada ser tem, no final das contas, um lugar designado. Se, na última tentativa de Merleau-Ponty, há como que uma recusa da separação, ela, por sua vez, não faz a discursividade filosófica aparecer como separada, como negação da carne?

---

38. Inversamente, é impressionante o fato de que a literatura psicanalítica esteja tão raramente marcada por seu objeto.

O ENTRE-VISTO

> *Eu, fetichista, gritou o Sr. Hippolyte Patard avançando sobre seu colega... de onde o senhor tirou que sou fetichista?*
>
> GASTON LEROUX,
> *Le Fauteuil hanté*

> *Alguns objetos dispensam nomes.*
>
> RENÉ MAGRITTE

O interesse dos psicanalistas pelo fetichismo, embora lhes pareça óbvio, pode surpreender o leitor leigo. Não é uma perversão que os próprios analistas consideram relativamente rara, e que mais raramente ainda motiva um pedido de tratamento? Por que dar a essa curiosidade, geralmente caracterizada por um atrativo fora de moda na literatura e na iconografia especializadas – os cortadores de tranças, os coturnos, o avental de criada ou o *mackintosh* inglês –, um *status* privilegiado? Por que extrair do catálogo da *Psychopathia sexualis* e submeter a uma reflexão séria essa anomalia que causa riso ou promove vendas, se pensarmos nos benefícios que dela tira a publicidade moderna?

A essas questões, poderíamos dar uma resposta anterior à psicanálise. Binet já não escrevia, num artigo cujo tom de fim de século não é motivo para desconsiderar a precisão da observação, que "todo mundo é mais ou menos fetichista em amor e que há sempre uma dose de fetichismo no amor mais comum"?[1] Notava também que a análise do fetichismo, embora ele não ofereça "nada de aparente, nada de escandaloso", poderia constituir uma via privilegiada de acesso

---

1. BINET, Alfred. "Le fétichisme dans l'amour". *Revue philosophique*, 1887.

à questão, esta sim, insistente: "Por que amamos uma pessoa e não outra?" Reconhecendo no fetichismo sexual, mais que uma aberração do amor, seu segredo, Binet via-se então levado – a sua revelia, fica-se tentado a escrever – a denunciar, a título de conclusão, a analogia que, como a maioria dos autores de seu tempo – Freud inclusive –, lhe serviu de ponto de partida. Embora concorde com a ideia, corrente na época, de um fetichismo religioso "que consiste na adoração de um objeto material ao qual o fetichista atribui um poder misterioso" e embora se apoie nessa suposta prática para reconhecer seus equivalentes no comportamento amoroso, tampouco deixa de adotar uma posição inversa à que um comtismo simplificado levava geralmente a aceitar quanto ao desenvolvimento das formas da religião. Com efeito, é o amor normal que segundo ele deve ser qualificado de *politeísta*, na medida em que resulta "não de uma excitação única, mas de uma miríade de excitações", ao passo que o fetichismo, uma vez que o objeto de culto é isolado, abstrato, escolhido como um "todo independente", deve ser considerado *monoteísta*. Saborosa e cândida inversão! Preciosa também no que ela indica. Como prova da precisão e correção da descrição de Binet, citemos ainda estas linhas: "O fetichismo amoroso tem uma tendência a separar completamente, a isolar de tudo o que o rodeia o objeto de seu culto e, quando esse objeto é uma parte de uma pessoa viva, o fetichista tenta fazer dessa parte um todo independente". E o autor acrescenta: "A necessidade de fixar por meio de uma palavra que sirva de signo essas pequenas nuanças fugidias do sentimento nos faz adotar o termo *abstração*. O fetichismo amoroso tem uma tendência à *abstração*".[2] Temos aí o contrário do preconceito comum, segundo o qual o fetichista está metido no concreto ao ponto de só poder apreender o signo degradando-o em coisa material.

Se a reflexão de muitos psicanalistas – particularmente na França, onde se renovou nos últimos anos – voltou-se para o fetichismo, não foi apenas para levar mais adiante a investigação de *uma* perversão, mas sim para abordar, conforme o título de um ensaio de Rosolato, o estudo das perversões sexuais *a partir* do fetichismo e, mais fundamentalmente, porque a perversão fetichista, que, mais

2. *Art. cit.*, p. 263.

O entre-visto

que em estado puro, em geral está presente, ou melhor, escondida nos quadros clínicos mais variados, poderia lançar luz sobre certas condições essenciais à constituição do objeto do desejo (sexual), condições mais ou menos mascaradas no exercício dito normal da sexualidade. E mais: o fetichismo pode servir de *modelo* na abordagem psicanalítica da relação de objeto, assim como, por exemplo, um fenômeno tão marginal como o esquecimento dos nomes pôde ter valor exemplar para decompor os mecanismos de produção das formações do inconsciente.

É assim que Freud aborda pela primeira vez o paradoxo do fetichismo, escrevendo nos *Três ensaios* que "nenhuma outra variação da pulsão sexual, no limite da patologia, é tão interessante quanto esta".[3] Na perspectiva dos *Três ensaios* – que é a de desmantelar a aparente harmonia preestabelecida entre a sexualidade humana, seu objeto e sua função –, a existência do fetichismo poderia constituir, como qualquer outro exemplar de perversão, apenas uma peça a mais a registrar no dossiê. Mas seu interesse é mais particular: Freud, depois de Binet, a quem ele se refere, nota que "certo grau de fetichismo é regularmente encontrado no amor normal".[4] A originalidade do fetichismo em relação às outras "aberrações sexuais" também se confirma pelo fato de ele não se deixar inscrever numa sucessão genética: note-se que, embora Freud, nos remanejamentos que fez dos *Três ensaios*, acabe diferenciando organizações sucessivas da sexualidade infantil, ele não menciona nenhuma *fase* fetichista.

Observa também que teria sido "preferível estudar esse grupo muito interessante de desvios [o fetichismo] junto com os do objeto sexual [a homossexualidade, por exemplo]".[5] Se classifica o

---

3. FREUD, S. *Três essais sur la théorie de la sexualité*. Paris: Gallimard, col. Idées, p. 39. Ed. bras.: *Três ensaios sobre a teoria da sexualidade*, vol. VII.
4. *Op. cit.*, p. 39. O termo *regelmässig*, mais claramente que o advérbio francês, indica que não se trata apenas de frequência empírica, mas de uma necessidade intrínseca.
5. *Op. cit.*, p. 38.

fetichismo sob a rubrica "desvios quanto ao fim", embora não haja necessariamente renúncia ao *fim* ("a união sexual ou, ao menos, as ações que levam a ela"), mas tão somente exigência de que o objeto satisfaça certas *condições*,[6] é porque, nos diz ele, era preciso estudar primeiro a superestimação.[7] Tem-se assim uma gradação na escolha do objeto: parte do corpo ou objeto inanimado diretamente relacionado com o objeto sexual; características – determinado traço físico – necessárias do objeto para que o desejo possa brotar e ser satisfeito; superestimação inerente ao estado amoroso. Seria apenas a partir do momento "em que a necessidade do fetiche se fixa e substitui o fim normal, ou quando o fetiche se desprende de uma pessoa determinada e passa a ser o objeto da sexualidade em si" que estaríamos diante da perversão fetichista propriamente dita. Mas a existência dessa gradação pode nos levar a diluir o fenômeno.

Percebe-se aqui certa dificuldade de Freud para definir o fetichismo, certa flutuação: desvio quanto ao fim ou quanto ao objeto? Efeito secundário do enamoramento, condição *sine qua non* do gozo, escolha exclusiva e não só necessária, mas suficiente, de uma parte tomada pelo todo? Deve-se reconhecer, por sinal, que, desde Freud, a clínica psicanalítica nem sempre conseguiu precisar a especificidade do objeto fetiche e do desejo ansioso que precipita sua busca: no limite, todo objeto fortemente investido, do qual "não se pode prescindir", seria considerado um fetiche... Essa flutuação deve ser atribuída apenas a uma falha conceitual ou pode-se ver nela algo relacionado precisamente com a própria natureza do objeto?[8]

Nota-se uma flutuação semelhante, ainda nessas poucas páginas dos *Três ensaios*, no recurso à noção de substituto (*Ersatz*).

---

6. Encontramos o mesmo termo na análise da vida amorosa, em que se trata de determinar as *condições* necessárias para a escolha do objeto de amor. O objeto vem *preencher* condições preexistentes.

7. "A transição [do fetichismo] para a sexualidade normal está na superestimação do objeto sexual, que parece ser uma necessidade psicológica e que toma conta de tudo o que está associado ao objeto", *op. cit.*, p. 39.

8. *Nouvelle revue de psychanalyse*, n. 2, o artigo de Guy Rosolato "Le fétichisme dont *se dérobe* l'objet".

O entre-visto

O objeto fetiche pode por certo ser qualificado de substituto, mas nesse caso já nos afastamos do plano da descrição sem por isso fornecer uma resposta teórica. Com efeito, deixa-se de ser descritivo ao prejulgar que a parte é escolhida *no lugar* do todo, quando se poderia perfeitamente, e sem dúvida se estaria mais perto da clínica, inverter a ordem das coisas e ver na "totalidade" – da pessoa ou do corpo – um simples suporte, até mesmo um apêndice, do objeto-fetiche propriamente dito;[9] e corre-se também o risco de se perder teoricamente, pois o termo substituição leva, ou bem a estabelecer uma equação simbólica válida para todos os casos (fetiche = falo), ou a retroceder cada vez mais na infância em busca do que o fetiche viria substituir. Ora, será que a acepção propriamente psicanalítica da noção de substituto é pertinente aqui, com o que ela implica de deslocamento ao longo de linhas associativas inconscientes, com o que ela pressupõe de compromisso entre o desejo e o processo defensivo? O fetiche, como fonte de prazer e de poder, pode ser qualificado de *Ersatz*? É precisamente a propósito do substituto que aparece em Freud a primeira referência ao fetichismo dos selvagens: "Esses substitutos podem na verdade ser comparados ao fetiche no qual o selvagem encarna seu deus".[10] *Encarnar*: dar uma carne, como se, na origem da instauração do fetiche, houvesse uma não satisfação intolerável diante do que oferece – ou não oferece – o objeto de amor. *Seu deus*: como se na criação e na apropriação do fetiche interviesse a exigência de que ele seja *meu* pedaço de propriedade, meu segredo, testemunha concreta exclusivamente minha dessa contradição: *o exercício de um poder sobre o que me comanda*. O fetiche como "armadilha a dois", escreve Jean Pouillon;[11] sim, mas para tentar apanhar o que lhes falta. E o que lhes falta é justamente o que garante a existência deles, inacessível por princípio a um culto

9. O que o vienense Karl Kraus transformou em aforismo: "Não há ser mais infeliz sob o sol que um fetichista que suspira por uma bota e tem de se contentar com uma mulher inteira". *Dits et contredits*. Paris: Le Champ Libre, 1975.
10. *Trois essais*, p. 39.
11. "Fétiches sans fétichisme" no livro que traz o mesmo título, Maspero, 1975.

direto e imediato, devotado a sinais sensíveis, palpáveis, viáveis. Deve haver algo desse paradoxo na escolha ou na fabricação dos fetiches: envoltório, bainha, véu, escondendo o que envolvem, delimitam. O entrevisto, o visto entre.

Portanto, não é de espantar que Freud, numa nota dos *Três ensaios* acrescentada em 1920, tenha comparado a formação do fetiche à da *lembrança encobridora* e não à do sintoma.[12] Objetar a Binet que "o fetiche, quando ele é encontrado pela primeira vez, já despertou o interesse sexual" não significa apenas recordar a evidência de que a atração por um objeto, por ser tão exclusiva, pressupõe, do lado do sujeito, uma organização pulsional e fantasmática já imperiosa; a analogia proposta significa que o fetiche vale como lembrança encobridora, testemunha ao mesmo tempo insignificante e preciosa, manipulável mental ou gestualmente, onde se esconde e se conserva para sempre o que não deve ser perdido.

Por que se deter nessas poucas anotações dos *Três ensaios,* que nada sugerem de decisivo, que podem até parecer banais? Primeiro, porque nos pareceu que, em suas hesitações, elas abrem para as questões que o fetichismo coloca e também porque o fato de Freud ter dedicado um artigo ao fetichismo – e isso numa data relativamente tardia (1927) – pode provocar um erro de avaliação que merece ser destacado. Com efeito, é um equívoco acreditar que o fetichismo não fora objeto de sua atenção antes do artigo de 1927 ou que as teses que ele ali enuncia sejam inaugurais pelo fato de se apoiarem em alguma descoberta até então insuspeitada.

Freud nunca dedicou um estudo de conjunto a alguma afecção em particular – histeria, fobia, perversão etc. –, sem dúvida para não constituir uma psicopatologia psicanalítica que, substituindo uma nosografia psiquiátrica, conservaria, no entanto, seu molde. Em contrapartida, abordou "de frente" o narcisismo, o masoquismo

---

12. "A observação dos fatos demonstra que, por trás da primeira lembrança relacionada com a formação de um fetiche, está uma fase ultrapassada e esquecida do desenvolvimento sexual, representada pelo fetiche como se fosse por uma lembrança encobridora da qual ele é apenas um resíduo e, por assim dizer, o precipitado", *op. cit.*, p. 172, nota 19.

O entre-visto | 97

e... o fetichismo. Isso deve servir-nos de pista: desvelam-se então estruturas fundamentais do "psíquico", *categorias* de desejo e não setores da psicopatologia; e esse desvelamento de categorias assim privilegiadas não deixa de repercutir sobre o conjunto da teoria psicanalítica: a introdução ao narcisismo, com a nova função do eu assim promovida, modifica profundamente a concepção das instâncias psíquicas e do dualismo pulsional; a plena consideração do "problema do masoquismo", além da análise clínica das diversas modalidades do masoquismo, leva a formular em termos totalmente diferentes a questão subjacente a toda a economia psíquica – tal como é repensada a partir da análise –, tomando como *ponto de referência,* e não mais como *exceção,* o paradoxo do prazer encontrado *no* sofrimento.

Encontramos um procedimento análogo na "introdução" ao fetichismo. O que Freud nos diz do fetichismo no começo de seu artigo – que sua existência não é relatada pelo sujeito e que ele é objeto de uma descoberta marginal, anexa, ou seja, que somente a análise pode fazer aparecer seu lugar, sua função e seus determinantes – é, em certa medida, verdadeiro para a própria psicanálise. "Vou com certeza decepcionar." Por parte de Freud, esse temor de decepcionar ao formular os termos da equação (fetiche = falo feminino) antecipa, poderíamos dizer, um temor de ser decepcionado por seus leitores... Temor que de certa forma se mostrou fundamentado, pois muitos trabalhos psicanalíticos sobre o fetichismo limitam-se a "estofar" a equação procurando os ingredientes pré-genitais que entram na confecção do fetiche.

Ora, certamente não era por esse caminho que Freud desejava ser seguido. Aliás, ele o diz claramente ao invocar os "interesses teóricos" que a seu ver a questão do fetichismo apresenta. Esses interesses vão em três direções:

1° reafirmação da função prevalente do complexo de castração e da eficácia simbólica da *diferença dos sexos;*[13]

---

13. "Recomenda-se peremptoriamente o estudo do fetichismo a todos aqueles que ainda duvidam da existência do complexo de castração", art. cit., 1927.

2° análise de um modo particular de *crença*, fundada na renegação ou recusa *(Verleugnung)*, crença captada em sua instauração e em sua persistência;

3° identificação de uma estrutura do eu, em sua relação com a realidade: a clivagem *(Ichspaltung)*, duas atitudes psíquicas opostas coexistindo paralelamente, sem relação dialética entre si.

Embora seja colocada em evidência a partir do caso exemplar do fetichismo, que dá dela uma ilustração particularmente convincente, essa tripla temática evidentemente não se limita à perversão em questão; tampouco forma um conjunto rigorosamente indissociável: em outras palavras, cada um dos temas pode ser acompanhado e posto à prova em sua problemática própria. É assim que, no artigo de 1927, Freud mostra como a morte do pai, na neurose obsessiva, pode ser tratada de modo semelhante à castração da mulher no fetichista. Também a noção de *Ichspaltung*, sobre a qual está centrado o famoso texto inacabado de 1938, extrapola o campo do fetichismo; é encontrada na psicose; pode-se até dizer que não poderia ser localizada e que é coextensiva à definição psicanalítica do sujeito.

Quanto à articulação entre a castração e a crença consecutiva à recusa, por muito tempo ela foi relativamente desconsiderada. Por isso, o alcance da tese freudiana é difícil de avaliar. Com efeito, se nos ativermos à formulação de Freud, o objeto da recusa é a *realidade* de uma percepção, a da ausência do pênis na mulher, percepção que seria insuportável para a criança, traumatizante no pleno sentido da palavra – ou seja, que abriria uma brecha impossível de colmatar – na medida em que confirmaria a *realidade* da castração. Mas a percepção de uma ausência é uma percepção bem particular! Deve-se admitir que essa ausência só pode ser "percebida" se vier contradizer um "preconceito" anterior, preconceito segundo o qual todos os seres humanos têm um pênis e que "negligencia" a diferença dos sexos.[14] É apenas a existência do pré-conceito representado pela teoria sexual infantil que pode impor

---

14. *Preconceito* e *negligência* são os termos utilizados no artigo [em francês] sobre as teorias sexuais das crianças.

O entre-visto

a equivalência entre o enunciado: "A mulher não tem pênis" ("percepção" que supõe uma afirmação primária) e este outro: "A mulher é castrada" ("teoria"), com sua implicação: "Eu, como a mulher, posso ser castrada pelo pai".

Nesse momento originário do fetichismo, a diferença dos sexos deixa de ser negligenciada, ela é admitida, é percebida, mas ela é *apenas* percebida, localizada como diferença anatômica. É reconhecida, mas como uma lei da natureza na qual o sujeito se recusa a *se* reconhecer. É nesse momento que se dá a discordância entre o saber e a crença, discordância expressa na fórmula: "eu sei, mas mesmo assim" verificada na linguagem corrente por Octave Mannoni, e que apenas pode ser mantida como tal; pois, em sua precariedade acrobática, oscilando entre o triunfo e o ridículo caricatural, só resta a essa clivagem desdobrar-se numa sucessão de outras clivagens.[15]

Depois de Freud, tornou-se clássico comprovar os efeitos dessa contradição nas três fases: instauração, construção, tratamento do objeto-fetiche. Este é ao mesmo tempo venerado e maltratado, é prova do antes e do depois ("o último momento em que ainda se podia pensar que a mulher é fálica"). Mas o essencial é que o sujeito possa se acreditar o único ativador de seu desejo.[16] Ativador, mas não senhor, falha que o fetichista demonstra "fabricando" seu objeto (Masud Khan propõe justamente o termo *colagem),* montado a partir de elementos extraídos do que significa a potência do outro e que *valem por iss*o.

---

15. É nesse contexto que se pode entender a desconcertante inversão de termos enunciada sem rodeios por Freud no artigo de 1927. Se até então sempre se dissera que o recalcamento incide sobre a *representação* (a supressão incidiria sobre o afeto, cujo desenvolvimento ela inibiria), eis que o recalcamento está agora associado ao afeto e a representação sucumbe à *Verleugnung.* Ver sobre esse ponto o comentário de André Green em sua exposição sobre o afeto no 30º Congresso dos Psicanalistas de Línguas Romanas. *Le Discours vivant.* Paris: PUF, 1973. (Ed. bras.: *O discurso vivo.* Rio de Janeiro: Francisco Alves, 1982.)
16. Essa "vantagem", com o que ela implica de *segredo* que se guarda para *si,* também é mencionada no artigo de 1927: "Ele podia outorgar à vontade essa luz brilhante que outros não conseguiam perceber"; e: o fetiche não é "reconhecido pelos outros".

Portanto, o fetichista instauraria e tentaria manter a qualquer preço uma crença autenticada para ele pelo poder do objeto fetiche que lhe garante seu gozo. Ampliando a teoria que dela deu a psicanálise, seria tentador abordar a relação no outro sentido: o que, no indivíduo ou numa coletividade, no terreno reservado de suas crenças, *ocupa lugar e tem função de fetiche?* Talvez seja por essa via que possa haver uma convergência entre a psicanálise e aquelas ciências humanas que recorrem à metáfora do fetichismo.

Metáfora, pois existem poucos exemplos tão notáveis de migração conceitual: assim como os tipos de objetos que ele pretende rotular, o termo "fetichismo" vem sempre de outro lugar! Ele se desloca, emprestado, sem conhecer terra natal, sempre devolvido a seu emissário que o renega, passando assim de um lar adotivo a outro, sem tampouco chegar a desaparecer. Noção ou rótulo, o fetichismo circula entre uma teoria das religiões herdada de Auguste Comte e uma sociologia herdada de Marx, entre a etnologia que tende cada vez mais a recusá-la e a sexologia que gostaria de poder classificar a anomalia em seu repertório. E, ao mesmo tempo em que perde qualquer valor explicativo dos fatos religiosos "primitivos" – aliás, sem que tenha sido submetido, como foi o caso do totemismo, a um desmantelamento crítico –, é encontrado por toda parte em *nossas* sociedades para explicar nossa relação com objetos que nos "alienam": hoje, todos se empenham em denunciar complacentemente nossos fetichismos, complacentemente, pois tudo conspira para perpetuar a fascinação. Chegaram a dizer que o fetichismo se tornou um "conceito-fetiche de um pensamento vulgar".

Em outras palavras, parece tão justificado criticar a noção quanto difícil prescindir dela. Basta nos referirmos, por exemplo, a uma coletânea intitulada propositalmente *Objetos do fetichismo* (e não: o fetichismo) para a qual pedimos a colaboração de etnólogos e psicanalistas. Todos os etnólogos começam rejeitando em termos muito parecidos a "pseudo-teoria" do fetichismo que conviria relegar, com seu etnocentrismo ultrajante, aos "missionários e colonizadores"; mostram como o culto de certos objetos dotados por seu detentor de um poder particular só podem ser submetidos à análise depois de rigorosamente reinseridos no conjunto do código das representações religiosas, mágicas e políticas,

O entre-visto

e não poderia desembocar numa forma, menos ainda numa etapa, da religião. Mas, num segundo movimento, que, curiosamente, não deixa de ter certa analogia com o processo da recusa (o fetichismo não existe, mas mesmo assim...), a existência de objetos fetiches enigmáticos (e não só para o observador estrangeiro) é efetivamente reconhecida, submetida a uma descrição minuciosa; interpretações, por certo prudentes, são propostas. "Talvez existam mesmo objetos que funcionam como fetiches no interior de uma cultura", escreve um deles. Outro coloca muito claramente a alternativa: ou não se pode estabelecer nenhuma correspondência entre os objetos culturais ditos fetiches e os objetos preferenciais dos perversos, ou então os etnólogos teriam renunciado de maneira um tanto precipitada à noção (acrescentaremos: para exorcizar em si o "colonizador"); e ele nos leva, sem querer tomar partido teoricamente, mas pela única via de uma análise consequente, a optar pela segunda alternativa. Um terceiro, retraçando o trajeto metafórico e "não cumulativo" da noção, cujos deslizamentos de sentido tornam definitivamente ilusória – e mais que inoperante: ocultante – uma concepção que pretendesse unificar, propõe que indaguemos "não mais o que é o fetichismo, mas quando e a propósito de que falamos de fetiche".

Isso significa reconhecer que há como que um *resto,* que não seria apenas efeito de uma informação insuficiente ou de um tratamento científico incompleto. Uma vez tendo repudiado a ideia de uma religião fetichista, podemos legitimamente nos deixar questionar pelos enigmas dos quais os próprios fetiches são o resto. Notemos que "filosofias" tão diferentes quanto as de Brosses, de Adam Smith e de Comte concordam em que o fetichismo do selvagem deriva da curiosidade despertada pela irregularidade aparente, pela *anomalia.*[17]

Como não levar em conta a singularidade do destino do fetichismo? Projetado sobre a Nigrícia para poder ser ignorado pela cristandade, localizado na infância da humanidade para ser mais radicalmente excluído da idade positiva e, poderíamos acrescentar, hipertrofiado em forma religiosa absoluta, exclusiva de outras crenças

---

17. Os textos citados por G. Canguilhem em seu ensaio "Histoire des religions et histoire des sciences dans la théorie du fétichisme chez Auguste Comte". *Études d'histoire et de philosophie des sciences.* Paris: Vrin, 1968.

que coexistiriam com ela, para ser mais facilmente eludido em suas manifestações parciais e marginais.

Propusemos acima realizar uma relativa desintricação dos diversos elementos presentes na teoria psicanalítica do fetichismo (castração, recusa, clivagem). Tomar essa sugestão como hipótese de trabalho legítima não deixaria de ter consequências antropológicas: não está estabelecido pela psicanálise que a função do complexo de castração centrado na primazia do falo tenha em todo lugar o mesmo alcance simbólico ou, pelo menos, faça intervir termos equivalentes; nada garante tampouco que a recusa incida exclusivamente sobre a "realidade" da castração; poderíamos, por fim, supor que, numa sociedade dada e mesmo em qualquer sociedade, a função do *objeto* fetiche no perverso é preenchida por um campo ou um modo de *crenças;* por isso, não se deveria procurar uma "correspondência" entre objetos rotulados como fetiches pela psicanálise e pela antropologia, nem mesmo necessariamente entre objetos. Pois o que estaria em questão é um lugar do inconsciente onde se conjugam enigma e crença.

A ILUSÃO MANTIDA

É um fato, mas um fato paradoxal, que os psicanalistas tenham passado a utilizar a ilusão como uma categoria psíquica e a se referir a ela num sentido específico. Hoje, o termo teria um lugar num vocabulário da psicanálise... É incontestável que o impulso veio de Winnicott. Mas não devemos esquecer a função ambígua da ilusão em Lacan: o eu como lugar do *desconhecimento*, o objeto como *engodo* do desejo.

O que deve ser enfatizado em primeiro lugar é que se tende a atribuir à ilusão uma função positiva: ela é pensada como um campo *constitutivo* da experiência. No entanto, toda uma tradição de pensamento, nascida do racionalismo clássico e retomada pela sabedoria popular, visava, ao contrário, apenas a denunciá-la, identificando-a metodicamente em seu polimorfismo para melhor se proteger de suas enganações sempre renovadas. A *Primeira Meditação* de Descartes é nesse sentido exemplar, tanto pelo extremo a que leva seu percurso como pela estranheza de seu tom. Suas etapas são bem conhecidas. Primeiro, desconfiança de princípio generalizada: *devo, com o mesmo cuidado, impedir-me de dar crédito às coisas que não são totalmente certas e indubitáveis quanto àquelas que nos parecem indubitavelmente falsas*. O velho termo *crédito* [*créance*], que reaparece ao longo de todo o texto – embora o de *crença* já seja utilizado –, merece nossa atenção: não "dar crédito" ou não "receber com crédito" a fim de ficar livre de qualquer dívida e de qualquer dominação. Depois, evidências dos sentidos: *como é que eu poderia negar que estas mãos e este corpo sejam meus?*; ou do entendimento: *esteja eu desperto ou dormindo, dois e três serão sempre cinco*; sucessivamente colocadas sob suspeita, reencontradas por um momento na denegação (*Como? São uns loucos...*) para em seguida se perderem de novo, como se a interrogação, uma vez lançada, não pudesse mais se apoiar em nada e, inaugurada em nome da razão exigente, mas como que enlouquecendo, arrastasse, em seu movimento próprio de *desrealização*, até mesmo o ponto último que deveria detê-la.

O projeto racionalista de se desfazer das "falsas opiniões" ultrapassa, por saltos e por brechas, seu objetivo explícito, limitado; na verdade, há por trás dele, animando-o, um desejo (ou uma defesa) mais radical de *expulsar* qualquer ilusão e colocar o sujeito fora de seu alcance; num átimo, ele se transforma em seu contrário: a ilusão adquire um poder cada vez mais invasivo – e é a vida que é um sonho: *meu espanto é tal que é quase capaz de me convencer de que estou dormindo*, e é o universo todo que é um engana-vista-e-mente. Poder ao qual o gênio maligno confere uma existência literalmente sem limites: *Suporei, então, que há, não um verdadeiro Deus, que é a soberana fonte da verdade, mas certo gênio maligno, não menos ardiloso e enganador do que poderoso, que empregou toda a sua indústria em enganar-me. Pensarei que o céu, o ar, a terra, as cores, as figuras, os sons, e todas as coisas exteriores que vemos não passam de ilusões e enganos de que ele se serve para surpreender minha credulidade. Considerar-me-ei a mim mesmo como não tendo mãos, nem olhos, nem carne, nem sangue, como não tendo nenhum dos sentidos, mas acreditando falsamente possuir todas essas coisas.*

Tentemos, deixando de lado as glosas que esse momento de vertigem suscitou para reduzi-lo a um *argumento* metafísico, escutar nessas palavras o que elas enunciam de desmedida e, ousemos pronunciar a palavra, de delírio. Eu sei: depois vem o *cogito*. Justamente, *depois*...

É pouco e é banal dizer que Freud voltou a incluir esse campo forcluído da ilusão "enganadora" – do insensato do sonho à extravagância das fantasias, das doenças "imaginárias" à paramnésia, do apaixonamento aos rituais, do mito e do conto às alucinações – no funcionamento do pensamento: a "louca da casa" tem praça. Por isso, não causa espanto que a clássica diferenciação entre realidade e imaginário, embora esteja presente em Freud como em qualquer um, não seja realmente operante, e

A ilusão mantida

só seja retomada, e sempre como dualismo *conflituoso*, para ser superada. Assim, na análise, a transferência que primeiro é definida, em termos que poderiam ser cartesianos, como "falsa conexão", vai progressivamente sendo reconhecida não mais como erro a corrigir mas como encarnação movente da *realidade* psíquica. Portanto, não deveria surpreender se Freud não nos falasse da ilusão, já que a deixa falar e, dessa forma, descobre seu *logos*. Mas o fato é que ele trata dela, e o faz da maneira mais explícita, e – algo que deveria nos desconcertar[1] – compartilhando por uma vez o senso comum que denuncia o *wishful thinking* daqueles que, como se diz, confundem seus desejos com a realidade. Trata-se, como se sabe, da ilusão religiosa.

De *O futuro de uma ilusão*, destacarei apenas uma passagem, pois considero-a capaz de esclarecer, caso não nos satisfaça a explicação pelo suposto positivismo de Freud, a posição de seu autor e o status privilegiado de desfavor que ele atribui às religiões.

Freud propõe uma analogia com as fábulas que os adultos contam às crianças para escapar de suas perguntas sobre as origens:[2] com essas fábulas *para* crianças, não com as construções fantasmáticas edificadas

---

1. Essa objeção não escapou a Freud: "Depois de ter discernido as doutrinas religiosas como ilusões, deparamos com outra questão: não serão de natureza semelhante outros patrimônios culturais que temos em alta estima e pelos quais deixamos nossa vida ser governada? Não deveriam também ser qualificados de ilusões os princípios que regem nossas instituições políticas? Uma ilusão erótica ou uma série de ilusões eróticas não perturbarão em nossa cultura as relações entre os sexos?" (*O futuro de uma ilusão*, começo do capítulo VII). Mas Freud a evita: "O autor não sente dispor dos meios para empreender tarefa tão vasta". Reticência notável se a compararmos com o movimento inverso de Descartes. Uma vez reconquistado o campo da ilusão, o problema filosófico de um mundo-ilusão pode aparecer como um falso problema.

2. Eis o texto dessa passagem: "As verdades que as doutrinas religiosas contêm são tão deformadas e sistematicamente disfarçadas que a massa da humanidade não pode reconhecê-las como verdade. O caso é análogo ao que acontece quando dizemos a uma criança que os recém-nascidos são trazidos por uma cegonha. Aqui também estamos contando a verdade sob um disfarce simbólico, pois sabemos o que a grande ave significa. A criança, porém, não sabe. Escuta apenas a parte deformada da verdade e sente que foi enganada" (*O futuro de uma ilusão*. Trad. fr. Paris: PUF, p. 63. Ed. bras.: Vol. XXI).

pela criança que tenta imaginar a concepção, o nascimento, a diferença entre os sexos. No entanto, as primeiras merecem ser tratadas de infantilidades, pois nelas o adulto deforma conscientemente seu saber – em benefício da criança, pretende ele, mas na verdade para se proteger e preservar a barreira do incesto – ao passo que as segundas merecem o nome de *teorias*: montadas com os materiais fornecidos pelas percepções, pelos componentes pulsionais e pelas zonas corporais privilegiadas, elas nada têm de arbitrário no que se refere a suas fontes; tampouco sua função: inseridas no conflito edipiano então em ação, respondem a ele e o significam. É por isso que resistem ao saber positivo, perpetuando-se, inalteradas, adoradas em segredo como "antigos ídolos".[3] A fábula da cegonha, por exemplo, e a teoria infantil do nascimento são igualmente absurdas aos olhos do saber e podem ser igualmente consideradas respostas evasivas. Mas a "teoria" é a expressão de fantasias originárias, ao passo que a fábula é apenas saber falseado pelo adulto, e, nesse sentido, ilusão enganadora.

A ideia de que uma concepção que, como diz Freud, "comete equívocos grotescos", nem por isso, como ele também diz, deixa de ter um *fundamento de verdade,* está no próprio princípio da investigação psicanalítica, orientando até sua abordagem do delírio que não deve ser recusado: ao contrário, é preciso tentar reconhecer nele seu "núcleo de verdade".[4] O que nos autorizaria a falar de *ilusão* religiosa evidentemente não seria a deformação do desejo e seus deslocamentos, nem o desconhecimento da realidade, que vemos operar em *todas* as formações do inconsciente. Mas em todas essas formações, a realização do desejo é inseparável dos trajetos que ele percorre, dos objetos parciais aos quais se fixa, das representações que dá de si: há um *trabalho* do sonho, uma *composição* da fantasia, uma *construção* delirante, um *processo* transferencial. Essas "ilusões" são a realidade da análise.

3. Expressão de Freud em *Sobre as teorias sexuais das crianças*. Ed. bras.: Vol. IX. Ed. fr.: *La Vie sexuelle*. Paris: PUF, 1969. Sobre essa ilusão de um saber que viria *ocupar o lugar* da fantasia, cf. *infra* "A criança-pergunta".
4. "Construções em análise" (1937): "O que importa é a afirmação de que a loucura não só procede com método, como já reconheceu o poeta, mas também de que contém uma parcela de verdade histórica" (*G.W.*, XVI, p. 54. Ed. bras.: Vol. XXIII].

A ilusão mantida | 107

A famosa fórmula – "a aceitação da neurose geral dispensa o crente da tarefa de formar uma neurose pessoal"[5] – poderia então ser entendida assim: a ilusão é patente ali onde há *Weltanschauung*,[6] promessa de um *ordenamento* que, com a pretensão de fornecer uma "solução", impede de uma vez por todas o acesso à encenação, à atuação ou ao sonhar dos conflitos do desejo. O que deprecia a ilusão religiosa é, poder-se-ia dizer, o fato de que ela aliena numa simbólica preestabelecida e comum o jogo livre e criativo da ilusão.

A tarefa de formar [ausbilden] uma neurose pessoal. Seria um contrassenso considerar decisiva aqui a oposição entre o "pessoal" e o "geral" (neuroses coletivas podem se desenvolver, como bem sabemos). Se ela é proposta nessa passagem é na medida em que é sustentada pela oposição entre a "aceitação" e a "formação". É como se Freud só recusasse a ilusão enquanto tal – e em termos próximos daqueles utilizados por todo discurso organizado em torno da realidade que se fia nos progressos das luzes – quando uma ordem simbólica é imposta como verdade e a única tarefa que então cabe ao indivíduo é situar-se nela. A religião é apenas um caso particularmente demonstrativo: o campo sociopolítico poderia fornecer outros exemplos. A rejeição de Freud às concepções de Jung não é de mesma natureza? Ele vê no uso "anagógico" e sintético do símbolo o movimento exatamente inverso ao da análise.[7]

Creio que não seria exagero encontrar na inspiração de Winnicott uma mesma reticência, mas, desta vez, em relação ao saber, ou à religião, psicanalíticos; em particular sob a forma que lhe deu o "sistema" de Melanie Klein. Nessa dramaturgia, os objetos com os quais o eu – o herói – se relaciona não são, como no teatro tradicional, apenas variantes das *dramatis personae* inscritas no grande livro do repertório;

---

5. "O futuro de uma ilusão". *G. W., XIV, p. 367.*

6. Sabemos o quanto Freud se esforçou, ante as inúmeras solicitações dos humanistas, para que a psicanálise não viesse a ser uma "visão de mundo".

7. O prefácio de Daniel Widlöcher a *Correspondance de Freud avec le Pasteur Pfister.* Paris: Gallimard, 1966.

o seio bom, o seio mau, o objeto persecutório ou idealizado... Há um total paralelismo entre o destino dos objetos internos e o do eu. A tragédia, para se desenrolar até seu desenlace, tem de passar por uma sucessão necessária de *atos* (as "posições" kleinianas). A máquina de interpretar funciona aqui de maneira ainda mais inexorável na medida em que o sujeito – se é que se pode dizer – é ele mesmo uma maquinaria: de integrar fantasias típicas, de elaborar defesas igualmente típicas, de superar angústias com as quais tem um encontro marcado inelutável, até a introjeção estável do "objeto bom" que garante o equilíbrio onde as pulsões de vida por fim predominam sobre as pulsões de morte: destino sempre repetido. Ninguém duvida de que o que Winnicott escreveu sobre a *complacência* e a organização de um *falso self*, assim como seus alertas contra "a injeção de interpretações",[8] visa lateralmente aquele tipo de ilusão psicanalítica de que *todo analista é portador*. Ilusão cujo poder está em reiterar, em condições nesse sentido ideais, a captura da criança no discurso adulto e sua incorporação forçada: o que Ferenczi chamava de uma *enxerto* prematuro.

Que o que está em jogo aqui é uma coisa bem diferente de uma questão de tato analítico, é algo que toda a obra de Winnicott vem comprovar. O problema com que ela topou o tempo todo é aquele que encontra sua primeira formulação no famoso artigo sobre os objetos transicionais (1951) e cujas consequências podem ser avaliadas na última obra *Playing and Reality* (1971): entre a *realidade interna* – cuja dialética os kleinianos tiveram a originalidade de tentar reconstruir – e a *realidade externa*, existe um campo *neutro*, uma terceira zona, designada como a da ilusão, sem a existência, a manutenção e o desenvolvimento da qual o sujeito não poderia se reconhecer como *self*, como si-mesmo.[9] O que importava para Winnicott – sublinhemo-lo pois houve muitos mal-entendidos a esse respeito – não era tanto a descrição de um novo

8. Que discreta ironia, por exemplo, nestas palavras: "Tendo-me tornado um bom freudiano, *soube* o que isso significava [...]. Depois, quando me entreguei ao estudo do simbolismo inconsciente, *soube* (sempre se *sabe*) que o mar é a mãe ... etc." *Jeu et réalité*. Paris: Gallimard, p. 133. Ed. bras.: *O brincar e a realidade*, cap. VII.

9. Lembremos o enunciado central do artigo de 1951: "Desde o começo, o objeto e o fenômeno transicionais dão a todo ser humano algo que permanecerá para sempre com ele, ou seja, um campo neutro de experiência que não será contestado. Pode-se dizer que o objeto transicional é uma convenção estabelecida

A ilusão mantida

tipo de *objeto*: a ser buscado entre o uso do dedo chupado e o do urso de pelúcia e a ser repertoriado em nosso catálogo ao lado do talismã ou do fetiche; eram os *fenômenos* transicionais na medida em que eles constituem um espaço: espaço potencial, que supera a clivagem entre o dentro e o fora – sobre a qual repousa toda a problemática kleiniana; espaço onde a questão do *pertencimento* eu-não eu só se coloca para o observador externo, mas não na vivência; espaço, enfim, aquém das categorias do real comprovado e do falso. Esse espaço da ilusão é aquele onde se desenvolve a atividade a qual a criança fica absorta, onde a gente se "perde", dizem, quando na verdade a gente se acha: atividade do jogo, *playing* e não *play*, *play* e não *game* (que pressupõe regras), local da criatividade, ele circunscreve, segundo Winnicott, o lugar da futura experiência cultural.

O valor privilegiado atribuído ao objeto transicional decorre, em parte, de seu *estatuto*, a meio caminho entre o do objeto externo e o do objeto interno: *not-me possession*, meu sem ser eu, ele difere do primeiro, objeto de enfrentamento e de aprendizagem, e do segundo, a que estamos sujeitos e que tentamos controlar.[10] Mas decorre principalmente de sua *função*: por um lado, esse campo intermediário é mediador, meio necessário para o estabelecimento de uma relação que não seja de submissão, de *compliance*, entre o indivíduo e o mundo a seu redor; por outro, enquanto campo de experiência, é aberto: suas fronteiras não são definidas, como é o caso do *objetivo*, inserido em suas coordenadas espaço-temporais, ou da *psique* que, seja qual for a complexidade de sua organização, aparece modelada conforme um corpo vesicular.

Pode-se sem dúvida perceber agora, apesar dessas indicações apenas esquemáticas,[11] a amplitude da inversão que nos é proposta aqui no que tange à função da ilusão: classicamente, ela era recusada como falso semblante alimentado pelo desejo, deveria desaparecer ante

---

entre nós e a criança, segundo a qual nós nunca lhe perguntaremos: 'Foi você mesmo que concebeu isso ou isso veio de fora?' O importante é que não se espere nenhuma decisão a esse respeito. A pergunta nem deve ser formulada".

10. O controle da realidade não se situa necessariamente na vertente obsessiva, o do mundo interno na vertente maníaco-depressiva?

11. Tratamos de forma mais demorada do espaço transicional ou potencial em "Nascimento e reconhecimento do self". *Infra*, p. 176-187.

o pleno reconhecimento da realidade: antes de Freud, a realidade do mundo exterior; depois dele, a realidade do conflito psíquico. Eram as ilusões perdidas. Ei-la agora definida como a condição necessária para o estabelecimento de uma relação "criativa" entre essas duas ordens de realidade; e, geralmente considerada como o modo subjetivo preferencial por meio do qual enganamos os outros e a nós mesmos, eis que seu exercício permitiria a assunção do sujeito e o reconhecimento intersubjetivo na mutualidade: a ilusão mantida.

Uma observação. Sabe-se que a instauração da situação analítica, daquilo que os anglo-saxões denominam, de forma mais feliz, *setting*, visa a atualizar essa zona de ilusão. Marion Milner destacou-o claramente: "O pressuposto da técnica psicanalítica é de que é pela via dessa *ilusão criativa* que é a transferência que uma melhor adaptação ao mundo externo acabará por se dar".[12]

Agora, pergunta e hipótese. Não se escapa da ambiguidade da ilusão – da palavra e da coisa.

Que o jogo da ilusão seja uma condição necessária para que não haja realidade demais ou *pouco demais* de realidade, precisamente porque ele introduz certo *jogo* entre o espaço do fora e o espaço do dentro, porque ele cria uma mobilidade de vazio, é para nós uma evidência afirmada por qualquer arte, inclusive aquela fundada nas "leis" ou nos "truques" da perspectiva. Por outro lado, contudo, a desconfiança e a atração que os ilusionistas, aqueles que *fazem* ilusão, inspiram não tem como único motivo a angústia de ser enganado ou a produção da vertigem. No campo psicanalítico, a ambiguidade aumenta ainda mais: que diferença entre esses momentos de *playing* quase *invisíveis* que a sensibilidade de Winnicott consegue detectar e, por exemplo, a utilização provocante, planejada – e patética – dos apetrechos femini-

---

12. (Grifos meus). *On not being able to paint*. Londres: Heinemann, 1971, p. 119. A primeira edição data de 1950. Traduzido para o francês com o título de *L'Inconscient et la peinture*. Paris: PUF, 1975. Marion Milner foi a primeira na literatura psicanalítica a reconhecer a necessidade da ilusão (é o título de um de seus capítulos e a inspiração de todo o seu livro) e descrever seus efeitos positivos. O fato de que ela mesma tenha deparado com a urgência e a dificuldade do ato de pintar foi um guia melhor que qualquer preocupação teórica.

A ilusão mantida

nos no travesti ou da panóplia da sedução na histérica! Temos aí como que um *antes* e um *depois*: antes, algo, no íntimo, tende a vir à tona; depois, algo, na ostentação, tende a ser negado.

No entanto, em ambos os casos, os termos que, depois de Winnicott, utilizamos para definir o que o tempo de constituição da zona de ilusão abarca continuam pertinentes: aquém do pertencimento ao eu e ao não eu, não intervenção das categorias de verdadeiro e falso etc. Uma bela e minuciosa observação de Robert Stoller nos dá um começo de resposta.[13] Percebe-se por quais vias uma mãe, que mal e mal consegue manter seu conflito de identidade sexual dentro dos limites de sua psique, projeta em seu pequeno filho sua própria falta. A criança, escreve Stoller, "nunca aprendeu exatamente onde sua mãe terminava [...]. Ele tinha de ser ao mesmo tempo ela e não ela, em suma, o mais primitivo dos objetos transicionais". Percebemos aí o que fundaria, para além do equívoco semântico, a principal ambiguidade da ilusão: quando acontece de o sujeito ocupar o lugar do objeto transicional, o campo da ilusão, poderíamos dizer, se perverte. Já não se trata mais de manter a ilusão como certa *distância* entre duas realidades, mas de *se* manter – para retomar uma expressão que Marivaux coloca na boca de seu *indigente filósofo* e na qual podemos apreender tudo o que está em jogo em seu teatro – *em cima do muro*.[14]

A clínica psicanalítica deveria ajudar a esclarecer as relações entre os avatares do ilusionismo e os do complexo de castração: a "recusa da realidade" do fetichista serve de referência central[15] na medida em que incide não tanto sobre um suposto fato perceptivo (a descoberta da ausência de pênis na mulher) mas sobre um elemento fundador da

---

13. "Création d'une illusion: L'extrêm e féminité chez les garçons". *Nouvelle Revue de Psychanalyse*, n. 4, 1971; e, do mesmo autor: "The transsexual boy: mother's feminized phallus". *British Journal of medical Psychology*, 1970, p. 43.

14. "Ainda por cima, com diz o provérbio, os loucos refletem e os sãos fazem. E eu bebo: em que classe estou? O provérbio não diz e isso me cria um problema. Não estarei por acaso em cima do muro? Hein! Que você acha?" (*Journaux et Oeuvres Diverses*. Paris: Garnier, [s.d], p. 294).

15. É compreensível que Winnicott tenha feito questão de manter suas distâncias em relação a uma assimilação apressada do objeto transicional ao objeto fetiche, que faria do primeiro um mero precursor do segundo.

realidade humana. A perversão demonstra isso de forma patente, mas toda organização – individual ou coletiva, neurose ou ideologia – tenta a seu modo fechar a *ferida* e evitar que ela se torne *luto*.

"Creio que deveríamos considerar a possibilidade de que algo na natureza da pulsão sexual não seja favorável à realização da plena satisfação".[16] Talvez fosse arriscado gravar essas palavras no frontão de uma "casa das ilusões", mas não será em tudo o que *essa distância engendra* que a ilusão nasce indefinidamente, encontrando na desilusão sua capacidade renovada de figurar a ausência, de transformar o interdito originário numa manutenção atual do impossível?

---

16. FREUD, S. "Sur le plus général des rabaissements de la vie amoureuse". *La Vie sexuelle*. Paris: PUF, 1969. Ed. bras.: "Sobre a tendência universal à depreciação na esfera do amor", vol. XI.

O INAPREENSÍVEL ENTRE-DOIS

1. TUDO OU NADA?

Kekeisso?

Jean-Pierre Brisset

Existem poucos mitos tão límpidos, ao menos ao primeiro olhar, como o do Andrógino. Em sua aparente ambiguidade, nenhuma figura revelaria de forma tão imediata seus traços como a de Hermafrodita: num primeiro tempo, por privilégio de nascimento, filho igualmente de Hermes e de Afrodite, ele representa numa única forma o casal que eles compõem, ele une, ele "combina" os pais, diria Melanie Klein, numa harmoniosa proporção, ele é a beleza;[1] pelo efeito da metamorfose, um segundo tempo vem encarnar sua dupla origem, mas invertendo seu valor: nesse jovem homem – nessa criança [*puer*], diz Ovídio, e é uma indicação preciosa – e nessa jovem mulher enlaçados até se confundirem num só, veremos um ser sexualmente indeterminado e não um ser duplo. Ovídio confessa seu embaraço: nem um nem outro [*neutrumque*] ou um e outro [*utrumque*]? Depois de Hermafrodita ter-se aventurado na água, reino onde a vitória do desejo da náiade é certa, ele se tornou um hermafrodita... Tendo entrado, em certo sentido, homem *e* mulher, ei-lo, ao sair, meio-homem e meio-mulher. Mas será que ele sai dessa água feminina cuja transparência passa ante nossos olhos

---

1. Sobre a relação entre a beleza, sua significação "fálica" e a bissexualidade, pode-se encontrar algumas indicações interessantes em WITTELS, Fritz. "Mona Lisa and Feminine Beauty: A Study on Bisexuality". *International Journal of Psycho-Analysis,* XV, 1, 1934.

para o sombrio da água fúnebre? Seu consolo será constatar, por sua vez, que seu desejo foi atendido: seus semelhantes, aqueles que mergulharem nas mesmas águas que ele, estão condenados a uma impotência que prefigura a morte. Ele, esse semi-homem ou semideus, gera, digamos assim, uma linhagem do *mesmo*. Narciso, outro que também pretendia bastar-se a si mesmo, não está muito longe.

A graça um tanto mórbida do conto nos mostra a face negativa do mito: a apropriação de um duplo poder (pai-mãe, menino-menina) vira impotência; a união fusional do casal conduz à morte e à esterilidade. O bissexual é um assexuado.

Se quisermos agora apreender sua face positiva, basta remontar ao grande mito de origem do *Banquete*: também sem que qualquer análise pareça se impor, vemos afirmar-se nele, com uma força extraordinária, a nostalgia de um tempo (em que os homens podiam "atacar os deuses") e de um espaço (a esfera) anteriores à secção do ser primordial – corte, fragmentação, fissura ou, mais tarde, na tradição gnóstica, *queda*. Ao nos referirmos ao mito de Aristófanes, costumamos dizer: mito do andrógino. Esquecemos que Platão evoca três gêneros, sendo o andrógino apenas um dos três, e estamos então autorizados a escutar secção como "sexão".[2] Na verdade, esse esquecimento reforça a principal intenção do mito: considerar o outro *complementar*, anular sua *diferença*. O antagonismo desaparece. Antagonismo entre os humanos e mesmo com os deuses: o homem cessa de ser excessivo, de se confrontar com eles, se estiver destinado a procurar sua própria "metade".

Uma vez reduzida a uma diferenciação acidental, a diferença sexual pode ser considerada um estado secundário, no limite uma ilusão, simples *defeito de ser* consertável; e, embora seja verdade que ela funciona como protótipo de toda diferença, seu desaparecimento

---

2. Termo proposto por Roger Lewinter ao falar de Groddeck tirando partido da etimologia. Preferimos esta, a etimologia que Jean-Pierre Brissot conseguiu inventar e que, de equação em equação, o faz derivar sobre o enunciado inverso: "*Esse excesso* é o sexo. Percebe-se que o sexo foi o primeiro *excesso*. Não devemos temer nenhum excesso daqueles que não têm sexo". "La formation du sexe". *In*: *La Science de Dieu* (1900), reeditado por Tchou, 1970.

O inapreensível entre-dois | 115

acarretaria, gradualmente, uma redução de todo o campo do inelutável: filiação, morte, separação, limites de um corpo.

Todo deus transcende a diferença dos sexos. Autogênese e imortalidade, poder soberano: atributos divinos. Uma vez que a bissexualidade é por excelência um princípio mediador, união realizada, e suscita um pensamento circular, o que estaria sujeito a ficar reduzido a um jogo de correspondências, de mudanças de estado, de metamorfoses possíveis é, na verdade, toda a distância entre a ordem dos deuses, a ordem humana e a ordem da natureza. O ser é um ovo: as figurações imperfeitas do ser sempre podem acabar se juntando numa bela totalidade, unificante e homogênea, nessa forma plena, fechada, que já contém a lei de seu próprio devir.

Mircea Eliade afirmou: "A bissexualidade universal é uma consequência necessária da ideia da bissexualidade divina [...]. Tudo que é por excelência deve ser total, comportando a *coincidentia oppositorum* em todos os níveis".[3] Uma vez reconhecida, a bissexualidade é reconhecida em todo lugar, da biologia à teogonia. Manifestação da totalidade, ela mesma exige ser total. Na *coincidentia oppositorum,* os opostos desaparecem em proveito da coincidência.

Contudo, no próprio nome – Hermafrodita, andrógino – a diferença, negada na aliança dos termos, imprime sua marca: para ser negada, "superada", é preciso que seja primeiro afirmada. O "borda a borda" não se dá sem cicatriz. Isso porque a aspiração bissexual é menos fantasia de unidade que de *reunião,* de unificação: que num só corpo, dois corpos, dois desejos se confundam, passem a formar apenas um! O fato de que esta seja também a fórmula mais corrente, ou certamente a mais atendida, do amor, não impede – muito pelo contrário! – que a examinemos de mais perto: será realmente a diferença dos sexos que a representação da bissexualidade originária tentaria atenuar até chegar a abolir? *Mais que superar a diferença,* não visaria, antes, sob o disfarce de um ser total, sem fissura, *proteger-se de seus efeitos?*

A atribuição de *um* sexo priva dos órgãos e dos poderes do outro sexo, daquele que não se tem; diante disso, o bissexual

3. ELIADE, Mircea. *Méphistophélès et l'androgyne.* Paris: Gallimard, 1962, p. 133.

aparece como completo. É o que nos faz crer o conteúdo manifesto do mito ou da teoria. Vemos qual desejo que ali se realiza, mas entrevemos também o que ele garante: se a "sexão" *já* se deu, o indivíduo monossexuado é indiviso e insecccionável. Ou então: a privação, correlativa da completude, conjura a castração: *qualquer coisa, menos isso!*

Voltemos à segunda das fábulas bissexuais contadas por Ovídio.[4] O que Cenis ganha com sua metamorfose de mulher em homem? Primeiro, o poder de ser *invulnerável*: nenhuma lança o fere;[5] o homem-mulher põe em xeque o homem-animal (o Centauro). Depois, menos vencido pelos homens que esmagado pelo peso dos troncos de árvores, adquire o poder de uma renovação infinita. Pois, nessa "ave de plumagem de fogo, como nunca se viu e nunca mais se verá", devemos reconhecer a Fênix. Devemos também prestar atenção em Marie Delcourt que sintetiza assim a conclusão da fábula: "A Fênix tem simultaneamente os dois sexos que Kaineus [Ceneu] tem um depois do outro. Ela morre numa pira, para imediatamente renascer, sempre igual a si mesma em seus sucessivos renascimentos".[6]

Podemos agora comparar as duas metamorfoses, na diferença de seus efeitos: a do Hermafrodita, que termina na fusão mortífera dos dois sexos e a de Ceneu, onde a mudança de sexo provoca o surgimento de um falo imortal – com a condição, contudo, de perpetuar para

---

4. Encontramos a primeira, Salmacis e Hermafrodita, no livro IV das *Metamorfoses,* versos 285-388; a segunda, Cenis e Ceneu, no livro XII, versos 165-210 e 460-533.

5. "Os vocabulários gregos e latinos de todos os níveis, do estilo da tragédia ao da farsa, comparam o ato sexual a uma ferida" (DELCOURT, Marie. *Hermaphrodite.* Paris: PUF, 1958, p. 54).

6. *Ibid.,* p. 55. A etimologia é nesse caso preciosa pelas conexões que estabelece: "Qualquer que fosse a verdadeira etimologia do nome de Kaineus, nota Marie Delcourt, os gregos reconheciam nele ao mesmo tempo *Kainis,* a espada; *Kainô,* matar; *Kainumai,* exceler; *Kainos,* novo. O travestismo sexual é um rito de passagem e de iniciação. Esse renovo é invulnerável e permanece *ereto* e *vivo* sob as árvores que o esmagaram" *(ibid.,* p. 54).

O inapreensível entre-dois | 117

sempre apenas o mesmo.[7] Ambos os processos são desencadeados de maneira estritamente simétrica: Hermafrodita vê seu desejo realizar-se depois de ter sido violado par Saimacis, Cenis vê cumprir-se o seu depois de ter sido violada por Poseidon. Intolerável violência para um corpo que se julga sem falhas e que poderia satisfazer-se a si mesmo. Todo corpo estranho é então ameaça, todo desejo já é corpo estranho. Mesmo a "perfeita" união sexual pode aparecer como garantia contra uma perda irreparável, irreversível: ninguém esclareceu melhor que Ferenczi a função de reasseguramento quanto à castração que comporta a união heterossexual, com o que ela implica, na *identifi*cação *mútua* dos parceiros, de bissexualidade.[8]

Sabe-se que na Antiguidade as crianças que nasciam "hermafroditas" eram expostas, condenadas à morte. Longe de ver nelas seres semelhantes a deuses dignos de um culto, tratavam-nas como monstros. Na verdade, sua dupla natureza fazia com que fossem consideradas desvios, insuportáveis, da natureza. O chamativo é que esse "reverso" do mito coexistia com o mito. Isso porque a *realidade* do hermafroditismo não é considerada atualização do mito, pelo contrário, é sua negação: o andrógino positivo só pode existir no mito. Encarnado, *visto*, ele evoca uma dupla castração: é

7. Sabe-se que a Fênix é a *única* de sua espécie. Portanto, só pode se autorreproduzir. A versão mais conhecida é que ela renasce de suas cinzas depois de ter posto fogo no próprio ninho. Mas existe outra em que aparece o tema do pai morto: "A Fênix deita-se no ninho que construiu e morre, impregnando-o com seu sêmen. A nova Fênix nasce então e, recolhendo o cadáver de seu pai, mete-o num tronco oco de mirra e leva-o para a cidade de Heliópolis" (GRIMAL, Pierre. *Dictionnaire de la mythologie grecque et romaine*. Paris: PUF, 1969, p. 366. Ed. bras.: *Dicionário de mitologia grega e romana*. 3ª ed. Rio de Janeiro: Bertrand Brasil, 1997, p. 168-169).
8. "O beijo, o abraço, as carícias, as mordidas servem para apagar o limite entre o Eu dos parceiros; assim, por exemplo, o homem, durante o coito, por ter propriamente introjetado no plano psíquico os órgãos da mulher, não é obrigado a experimentar a sensação de ter confiado seu órgão tido como o mais precioso, o representante de seu Eu erótico, a um meio estranho, portanto perigoso; por isso ele pode, sem medo, permitir-se a ereção, *o órgão bem protegido não corre o risco de ser perdido, pois foi confiado a um ser ao qual seu Eu se identificou*" (*Thalassa*. Paris: Payot, 1962, p. 42. Ed. bras.: *Thalassa*. São Paulo: Martins Fontes, 1990) (grifos meus).

efetiva e simultaneamente homem e mulher castrados. Podemos comparar esse comportamento dos antigos em relação à criança ou ao adolescente de sexo ambíguo com os fatos atuais relatados por L. Kreisler: recusa por parte dos pais, angústia do médico ante seu poder de atribuir um sexo ali onde a Natureza falhou em sua tarefa...[9]

Constata-se também, e em geral para deplorá-la, a evolução da representação plástica do bissexual: do arcaico Zeus barbudo, com seus seis mamilos dispostos em triângulo, ao adolescente gracioso, efeminado, do alexandrinismo. O deus duplo, detentor de toda a potência sexual, transforma-se num "ser" equívoco, indeterminado, ao mesmo tempo em que o signo se degrada em imagem; a figuração visual do hermafroditismo é sempre associada à decadência. Mas essa evolução limita-se a manifestar o que já está inscrito na dupla polaridade do mito: em sua forma positiva, ele visa a transcender a oposição binária dos sexos (ele é *transexual* no sentido pleno da palavra); em sua forma negativa, só dá lugar ao que se opõe ao par masculino/feminino: o *neutro*. A fascinação que o mito do Andrógino exerce – também encontrado em religiões e tradições muito diversas – decorreria do fato de que ele tenta *incluir* o negativo. Cito aqui Roland Barthes: "o neutro não pode ser obtido diretamente de uma estrutura sexual; nas línguas indo-europeias, a oposição entre o masculino e o feminino é menos importante que aquela entre o animado e o inanimado; aliás, ela é subsequente a esta: *Animado (masculino/feminino)/ Inanimado (neutro)*".[10] O mito bissexual inverte essa lei "linguística": ao afirmar o primado da oposição masculino-feminino, ao exaltar sua superação para ver nela finalmente uma forma sublime, rejeita para fora o inanimado. É um "mito" exatamente inverso que Freud construirá com *Além do princípio de prazer*:[11] o negativo está dentro, o primordial no

9. KREISLER L. "L'enfant et l'adolescent de sexe ambigu ou l'envers du mythe". *Nouvelle Revue de Psychanalyse*, n. 7, 1973.

10. BARTHES, R. "Masculin, Féminin, Neutre". *Mélanges o erts à Claude Lévi-Strauss*. Paris: Mouton, 1970.

11. Texto em que ele evoca, precisamente, o mito platônico.

O inapreensível entre-dois

homem não é o ruidoso Eros, mas o trabalho silencioso de uma morte não mais definida como acidente ou fatalidade orgânica, mas como pulsão.[12] Do infinito ao zero.

Contudo, todo mito da bissexualidade já é portador dessa possibilidade. Na verdade, ele contém duas fantasias muito diferentes, até mesmo opostas, cuja impossível conciliação ele procura alcançar: uma fantasia, totalmente positiva, que visa a garantir a plena posse de um falo – paterno e materno –, cuja excelência só poderia ser imperfeitamente encarnada, significada, em cada um dos sexos; outra fantasia, negativa, que visa a se garantir contra qualquer separação-castração--morte, e que leva a um apagamento cada vez mais intenso do sujeito desejante. Gloriosa metamorfose ou mortal "amorfose"? Essas duas intenções sem dúvida se juntam no que a psicanálise descreveu, baseada no modelo do fetichismo, como recusa ou desmentido da castração. Mas o paradoxo da fantasmática bissexual é que, ainda que sua *função* deva ser relacionada com aquela em ação na perversão fetichista, o *objeto* suporte não é objeto "parcial". Poderíamos dizer que, na primeira intenção indicada, trata-se de um fetichismo do objeto total, e, na segunda, de um fetichismo do nada.

2. O OUTRO SEXO, O OUTRO LADO?

> *O primeiro homem (Adão) era homem do lado direito e mulher do lado esquerdo: mas Deus o cortou em duas metades.*
>
> Citado por MIRCEA ELIADE

Freud também tem seu mito de referência; mas não é o de Aristófanes, é o mito de Empédocles. Encontra na oposição entre φιλιι'α e νεῖχοζ a figuração de seu próprio dualismo em que se enfrentam Eros, força de ligação e de coesão, que institui unidades cada vez maiores, e uma potência destrutiva que visa "dissolver os agregados".

12. *Infra* "O trabalho da morte".

120 | Entre o sonho e a dor

Já foi dito e repetido que a exigência de um dualismo fundamental é uma constante do pensamento freudiano.[13] De fato, não há nada mais batido, mas, curiosamente, tampouco há nada que seja mais facilmente ignorado. Voltar a isso para falar da bissexualidade, pensar conjuntamente o dualismo e a bissexualidade, talvez permita ver a ambos de um novo ponto de vista.

Pois o dualismo adotou na teoria de Freud inúmeras formas, pôs em jogo pares de opostos muito diferentes. Quando um dos pares pulsionais parece deixar de funcionar como oposição, o dualismo se desloca, se reafirma como mais originário, ou seja, caso necessário, no plano do mito. Nesse sentido, o último dualismo, o das pulsões de vida e das pulsões de morte, não é "novo": ele radicaliza os precedentes inscrevendo a morte (o inanimado, a inércia, o zero) na psique. A "discórdia" não é localizável numa instância psíquica – está em cada uma delas – ou num princípio de funcionamento – ela está "além" de cada um deles: prazer, constância, realidade – nem mesmo numa pulsão: é apenas forçando a acepção propriamente psicanalítica do termo *Trieb*, é apenas fazendo delas "seres míticos" que Freud pode invocar *Todestriebe* que operam *em todo lugar* sem jamais poderem ser apreendidas em estado puro.[14] Portanto, o que assim se define é menos um polo do conflito que o conflito como tal no que ele tem de *irredutível*.

Pulsão de morte: discórdia e discordância, silenciosamente eficaz, no concerto de Eros. A síntese, a bela totalidade, é impossível, a não ser como fantasia de desejo. Pode-se dizer, ao contrário do que pretendem os partidários da *Ego-psychology* que, quanto mais avançam a reflexão e a experiência de Freud sobre o eu, mais a função sintética deste é posta em dúvida: formação narcísica; "compulsão à síntese" (e não função de

---

13. "A ação de forças psíquicas cooperantes e antagônicas" [*Zusammen und Gegeneinanderwirken*] é, como notou Strachey, uma fórmula que reaparece sob a pena de Freud em cada etapa de sua obra; podemos encontrá-la desde as primeiras linhas da *Traumdeutung*. Ela é tão inerente a seu pensamento que seria impossível datá-la ou limitá-la a um determinado contexto teórico.

14. Nosso artigo "L'utopie freudienne", reeditado na 2ª edição de *Après Freud*, Gallimard, 1968.

O inapreensível entre-dois

síntese); alterações, fixações no eu, comparadas a verdadeiras instituições que se tornam anacrônicas; *Ichspaltung,* enfim, que inscreve a estrutura psicótica em todo o ser humano. Estamos cada vez mais distantes da ideia tranquilizadora de que alguma "província" dentro de nós poderia acolher esse "ser sem fissuras", anseio profundo do mito bissexual. Quando Freud, perto do fim da vida, tenta determinar, com incrível honestidade, os motivos dos fracassos terapêuticos,[15] quando ele no fundo se pergunta por que o homem *não quer* sarar, são obviamente os *limites* do poder da análise que ele encontra: limites de sua teoria, limites de sua ação. Mas, para além dos diversos motivos que esse exame metódico traz à tona – força pulsional ou resistência do isso, distorção do eu etc. –, a investigação de Freud topa com dois *obstáculos*: um, teórico, que o leva a invocar como último recurso a ideia de uma "inclinação para o conflito" como fator específico (manifestação da pulsão de morte?); o outro, no qual a experiência tropeça: por que o homem tem tanto medo de ser uma mulher ("repulsa – *Ablehnung* – da feminilidade").[16] Por que a mulher renuncia com tanta dificuldade, ou não renuncia nunca, a seu desejo de *ter*, de obter o pênis? É a rocha. Há uma correspondência evidente, nos diz Freud, entre ambos os temas, a repulsa no homem, a reivindicação na mulher: "Algo, comum a ambos os sexos, modelou-se em formas diferentes de expressão devido à diferença entre os sexos".[17]

É preciso considerar conjuntamente a "rocha" da experiência e a "rocha" da teoria que parecem, ambas, irredutíveis à análise: a

---

15. *Análise terminável e interminável* (1937). Que distância da ideia, complacentemente alimentada hoje, de uma indiferença para com os resultados terapêuticos! O que se deveria criticar agora não é mais a ambição terapêutica, mas a ambição didática generalizada: gerar filhotes, perpetuar, mais uma vez, sua linhagem, *reproduzir-se* na idealização do processo e da função analíticos.

16. Se Freud prefere essa expressão à de "protesto masculino" não é apenas para "protestar" contra Adler. O homem pode aceitar e até procurar a submissão a uma mulher. "Aquilo de que ele se defende, escreve Freud, não é da passividade em geral, mas da passividade em relação a um outro homem" ("Análise terminável", *S.E.*, XXIII, n. 1). A angústia decorre do fato de a atitude passiva ser identificada a uma castração.

17. "Análise terminável", *S.E.*, XXIII, p. 250.

inclinação ao conflito e esse algo comum a ambos os sexos. Freud, aliás, convida-nos a isso ao propor a pergunta: por que as tendências homossexuais e heterossexuais, que existem em qualquer indivíduo, não conseguem distribuir-se numa solução equilibrada? Por que um "bom uso" da bissexualidade é tão difícil?[18] De outra forma, como poderíamos entender o ponto de vista freudiano sobre a bissexualidade? Pois, é difícil apreendê-lo se nos ativermos aos enunciados.

O *fato* da bissexualidade humana é afirmado desde cedo por Freud em termos a um só tempo claros e prudentes. O tema bissexual estava na moda naquela época. A originalidade de Freud não está em adotar esse tema, mas em limitar seu alcance, como se quisesse isolá-lo da fantasmática que o suscita, sob a alegação de dados embriológicos e anatômicos, antes de se realizar numa teoria geral. Freud só reconhece plenamente o papel da bissexualidade depois de tê-la inserido numa estrutura cujos efeitos determinantes só serão descobertos e especificados progressivamente: Édipo e castração. Mas, no começo, ele parece pouco propenso a dar muito lugar à bissexualidade, vemo-lo recusar-se a fazer dela um eixo teórico. Mostra-se, em particular, extremamente reticente em buscar no "hermafroditismo psíquico" a explicação da "inversão", como pretendiam fazer vários autores por volta de 1900. A respeito disso, podemos nos perguntar se a teoria da bissexualidade não é acima de tudo a teoria sexual *adulta* do homossexual, cuja teoria sexual infantil seria evidentemente bem diferente.

Em compensação, chama a atenção o importante papel que ela vai desempenhar entre os dissidentes ou marginais da psicanálise. Fliess, em primeiro lugar, é claro, em quem se conjugam de forma significativa os temas de bissexualidade e de bilateralidade.[19] Adler, que

18. *Ibid.,* p. 244.
19. Conhecendo o papel de Fliess na promoção do conceito de bissexualidade e o relativo recalcamento do conceito em Freud, também podemos nos indagar sobre o papel desempenhado pela homossexualidade latente de Freud nessa história. Não há dúvida de que a ruptura com Fliess coincide com uma rejeição do tema bissexualidade-bilateralidade, tema que parece encarnar-se na famosa fotografia, para a qual O. Mannoni chamou nossa atenção, em que os dois amigos parecem quase um par, não de opostos, mas de gêmeos! Mas deixemos isso para os analistas de Freud: faz algum tempo que eles são cada vez mais numerosos.

O inapreensível entre-dois

fez uma comunicação para a *Sociedade Psicanalítica de Viena* sobre o hermafroditismo psíquico: nela, propõe como eixo do conflito psíquico a oposição masculino-feminino e confere à análise a tarefa "de revelar a mulher que está no homem neurótico e de mostrar que todos os seus aspectos patológicos estão impregnados dessas tendências femininas".[20] Jung, cujo interesse pelo mito do andrógino é bem conhecido: o par *animus-anima* não funciona, de um modo espiritualizado, como ser bissexual? Groddeck, que, em certo sentido, pode legitimamente afirmar que a psicanálise "recalcou" a bissexualidade: "Não existe nenhum homem separado da mulher, o ser humano é mulher-homem e homem--mulher".[21] E até Ferenczi, com seu conceito de anfimixia, generalizado numa bioanálise.[22] É uma hipótese a ser verificada e nuançada por um estudo profundo, nessa história psicanalítica da psicanálise por que tanto ansiamos; tem ao menos o interesse de nos permitir entrever o que está em jogo. Para além da recusa de castração que toda teoria da bissexualidade, proclamada ou implícita, comporta, o que está em questão é propriamente a concepção freudiana do inconsciente.

Quando Freud, em "Análise terminável", encontra a rocha sob os estratos psicológicos e, além disso, define-a como "biológica",[23] parece aproximar-se das concepções de Adler, parece ir ao encontro, depois de um longo desvio, de Wilhelm Fliess ao afirmar que "o sexo mais fortemente constituído, predominante na pessoa, teria recalcado no inconsciente a representação psíquica do sexo dominado".[24] O

20. *Minutes of the Vienna Psychoanalytic Society.* Vol. 11. Nova Iorque: International University Press, [s.d].
21. GRODDECK, G. "Das Zwiegeschlecht des Menschen" ("O duplo sexo do ser humano"), trad. fr. em *Nouvelle Revue de Psychanalyse*, n. 7, 1973.
22. Ver *Thalassa;* trad. fr. *Petite bibliothèque Payot*, 1962.
23. Aqui, o embaraço de Freud é evidente: algumas linhas antes, retomando uma crítica ainda endereçada a Fliess, escreve que, no que lhe diz respeito, recusa-se a explicar o recalque por motivos biológicos e que é preciso ater-se a motivos puramente psicológicos. E eis que recorre ao biológico para responder ao "grande enigma do sexo".
24. É nesses termos que Freud resume, para a ela *se opor*, a concepção de Fliess (em "Uma criança é espancada" (1919); trad. fr. em *Névrose, psychose et perversion*, PUF, 1973; ed. bras.: vol. XVII.

recalcado, esse recalcado que acaba sempre retornando, não seria, afinal, o outro sexo? É justamente isso o que afirmava Fliess; mas desse outro sexo ele fazia também um outro lado, filiando-se assim, por certo sem se dar conta, a toda a tradição do mito andrógino. Mas, o que a universalidade e a permanência da angústia de castração fizeram Freud descobrir foi que sua origem e sua eficácia encontram-se *do lado* de seu próprio sexo. Será preciso lembrar às mulheres de hoje (não se ousa mais dizer feministas) que a equação ausência de pênis = castração não define a concepção freudiana da feminilidade, mas é produto de uma teoria sexual infantil? Nesse mesmo sentido, não foi às mulheres que a psicanálise teria revelado sua castração (teria, antes, mostrado a elas que, como o homem, elas poderiam viver na ilusão de ter ou ser o falo), e sim ao homem: a psicanálise encontrou a castração no discurso masculino, primeiro, da forma mais direta, no caso do pequeno Hans, e depois, sob uma forma inconsciente, no do Homem dos Lobos.

A diferença opera menos *entre* os sexos que *sobre* o sexo, como atualiza a marca da circuncisão. A inveja e o temor do outro sexo são secundários: vêm dar um nome e um suporte, um sinal tangível, a tudo o que afasta o desejo de seu objeto, separa o sujeito de um si-*mesmo*.[25] Considerar o inconsciente um outro lado, sobretudo se ele for inacessível, e considerar o outro sexo a parte oculta de si, sobretudo se ela permanece latente, é recuperar a possibilidade de uma conjunção sem risco; a separação fica então incluída no todo.[26]

---

25. O gênio de Balzac o leva a iniciar seu romance andrógino *Seráfita* (Seráfito-Seráfita) com a descrição de um *fiorde*: "fissura", "fenda", "brecha".
26. Mircea Eliade destacou muito corretamente a importância do tema da reunião e da conjunção dos opostos na teoria junguiana: "Segundo Jung, o processo de individuação consiste essencialmente numa espécie de *coincidentia oppositorum*, pois o Si compreende tanto a totalidade da consciência quanto os conteúdos do inconsciente" (*op. cit.*, p. 99). Em Winnicott, notamos essa mesma dupla promoção do *self* e do "elemento feminino".

O inapreensível entre-dois

3. O JOGO DUPLO, O DUPLO SENTIDO

Ninguém escapa de si mesmo.
FREUD

O que entendemos por masculinidade e feminilidade é algo tão vago e com uma carga tão evidente de significações biológicas e sociais embaralhadas que isso, por si só, justificaria a reticência de Freud em fazer do par masculino-feminino uma oposição axial, uma polaridade válida em psicanálise. Sua afirmação, tantas vezes reiterada, de que o que vem em primeiro lugar é o par de opostos atividade-passividade não significa apenas que ele é o único que define as modalidades da vida pulsional: ela separa termos abusivamente confundidos. Com efeito, quantos autores, inclusive psicanalistas, não fazem outra coisa senão falar em nome de uma diferença "natural" – e, por que não do comportamento respectivo das células sexuais macho e fêmea? – para confirmar a equivalência, formulada inicialmente, entre a masculinidade e a atividade, a feminilidade e a passividade! Posição que deve ser rejeitada por princípio: "O próprio da psicanálise não é descrever o que a mulher *é*, mas descobrir como ela *se torna* o que é, como ela se transforma em mulher a partir de uma criança com disposições bissexuais".[27] Jones concluirá seu famoso artigo sobre a fase fálica invocando o *Livro da Sabedoria:* "No princípio... Deus os criou homem e mulher".[28] Recurso último a uma bipartição original para dar conta da diferença na evolução da sexualidade no menino e na menina, ali onde Freud faz essa diferença (que, por isso, tardou em reconhecer em toda a sua amplitude) depender das modalidades da eficácia do complexo de castração. Falocentrismo de Freud? Melhor seria dizer falo-excentrismo, pois os dois sexos estão igualmente, mas não simetricamente, excluídos do referente.

27. "Nouvelles conférences". *G. W.,* XV, p. 124 (grifos meus). Ed. bras.: *Novas conferências introdutórias sobre psicanálise,* vol. XXII.
28. JONES, Ernest. "The Phallic Phase" (1933); trad. fr. em *La Psychanalyse,* vol. 7, Paris: PUF, [s.d.].

O bissexual não o ignora, mas tenta evitar seus efeitos: funciona como se fosse possível alcançar o centro e ocupar seu lugar desempenhando, simultânea ou sucessivamente, na fantasia consciente ou inconsciente, os papéis do homem e da mulher que *qualquer* figuração edipiana põe a sua disposição.[29] Dessa forma, poderia reduzir a diferença a uma dissemelhança:[30] o sonho do bissexual não seria em última instância ser um polissexual? Recusa de qualquer designação do sexo: o sexo está em todo e em nenhum lugar. Redução da dissemelhança a uma complementaridade: cada sexo torna-se o espelho do outro. Essa ilusão lhe é oferecida não só em comportamentos que põem em ato a dupla identificação (masturbação, por exemplo; voyeurismo que faz a cena primitiva, ouvida, passar para o visto), mas também no jogo das pulsões parciais e dos órgãos – em particular, todos os orifícios e a pele: sua bipolaridade atividade-passividade é, em cada um deles, incluída e transformada na "complementaridade" masculino-feminino, como afirma poeticamente Groddeck:[31] a boca, o nariz, a orelha, o olho, o rosto, não há nenhuma parte do corpo que não seja ao mesmo tempo homem e mulher. O próprio pênis pode aparecer como bissexual. A oposição fálico-castrado sofre então um curto-circuito. Até mesmo as instâncias psíquicas – singularmente a do eu, com o que sua estrutura implica de passividade ("isso me acontece", "isso faz com que eu") – podem adotar a significação de ser feminino. No limite, toda a cena psíquica se torna um teatro erotizado, bissexual: isso circula, isso se desloca, isso muda, isso se desvela para melhor ser velado, passa de um para o outro, um apaga o outro. E

29. "Fantasias histéricas e sua relação com a bissexualidade" (1908). Nesse artigo, Freud mostra como "o masturbador tenta, em suas fantasias conscientes, experimentar o que sentem tanto o homem como a mulher na situação que ele imagina; outros exemplos nos são fornecidos por alguns ataques histéricos nos quais a paciente representa ao mesmo tempo os dois papéis da fantasia sexual subjacente".

30. J. Laplanche chamou a atenção para o fato de que encontramos dois termos em Freud: *Verschiedenheit* e *Unterschied*. "*Verschiedenheit*: diversidade com a possibilidade de *n* ou *n* + I etc.; *Unterschied*: diferença, que implica o sim-não, o 'ou, ou'" (*Bulletin de Psychologie*, 1971-1972, vol. XXV, n. 13).

31. Artigo citado.

O inapreensível entre-dois

como a linguagem – às vezes a análise – é complacente: não há o que não tenha duplo sentido! Portanto, nenhum risco, nenhuma chance de topar com a "rocha". E o inapreensível escapa, escapa... Longe de negar o primado do falo, o bissexual o consagra.

Nesse sentido, Jones não está errado ao definir a fase fálica menos como um estágio que como uma *posição* defensiva de natureza fóbica. Um posto avançado, digamos: se ele ceder, todo o resto corre um grande risco de ser destruído. E todo o resto é aquilo que, em última instância, me permite dizer eu [*je*], ter algo que se pareça com uma identidade.

Quando a criança chega, duas perguntas inevitáveis: menina ou menino? Como ele (ou ela) se chama? Pergunta dupla em sua forma, mas única no que implica, pois da resposta dada depende nossa identidade. Quem poderia ver uma graça dos deuses na incapacidade de responder? Por isso, geralmente respondemos a elas, mas, para responder *pessoalmente* às respostas já dadas, uma vida inteira não é demais.

Não nos queixemos de que a figura do Hermafrodita se perpetue apenas nos contos e de que seu nome esteja ausente do calendário. Ele definha no imaginário, mas é apenas lá, tal como a Fênix única, que ele pode renascer. A vida o mataria: sob a rocha, o abismo.

ENTRE O SABER E A FANTASIA

1. A CRIANÇA-PERGUNTA

A observação que constitui o primeiro dos *Essais de psychanalyse* de Melanie Klein conserva até hoje, ou seja, mais de cinquenta anos depois de sua publicação, um frescor e uma força surpreendentes.[1] A pergunta que guia a autora e que, poderíamos dizer, como questão princeps orientou toda a sua investigação posterior, é a seguinte: o que cria entraves para a criança? Essa é, notemos, a pergunta que se encontra, subjacente ou proclamada, na base mesma do desejo do educador – de Rousseau do *Emílio* a Maria Montessori – e que pode motivar suas aberrações: a tentação pedagógica culmina no assassinato do aluno tal como ilustra *A aula* de Ionesco.

A intenção explícita de Melanie Klein não se diferencia, nesse momento inicial de sua vocação, de uma vontade de *Aufklärung* apoiada em "conhecimentos psicanalíticos": "Permitiremos à criança adquirir conhecimentos sexuais de acordo com sua curiosidade, livrando assim a sexualidade de seu mistério e também de grande parte do perigo que ela representa".[2] O recalque é definido da maneira mais exterior possível, como produto de uma pressão social, e esperam-se os efeitos mais benéficos da retirada desse "peso de sofrimento inútil": "Lançamos as bases da saúde, do equilíbrio mental e do desenvolvimento harmonioso do caráter". Efeitos

---

1. "O desenvolvimento de uma criança" (1921). *Essais de psychanalyse* (1921--1945). Paris: Payot, 1967; Ed. bras.: *Amor, culpa e reparação e outros trabalhos*. Imago: Rio de Janeiro, 1996.
2. Art. cit., p. 30.

sobre o indivíduo, principalmente sobre sua capacidade intelectual e sua criatividade. Efeitos, no longo prazo, sobre a evolução da humanidade.

Portanto, é esse o ponto de partida de Melanie Klein a respeito de quem, contudo, disseram mais tarde que, ao enunciar que a inveja e a culpa estavam no coração da criança pequena, ela apenas fizera uma transcrição psicanalítica do mito do pecado original. É fato que essa vontade de intervenção precoce não é original na época: muitos psicanalistas compartilham da mesma ilusão profilática e imaginam jardins de infância que evitariam a cristalização da neurose. O que a sustenta, porém, é uma preocupação bem particular. Se são as inibições da criança que mais interessam Melanie Klein nesse texto inaugural é porque têm para ela valor exemplar: a criança tem para dizer mais do que diz. É por isso que ela não vê carências nessa ou naquela "característica" da criança que, como afirma Anna Freud, conviria vincular a sua natureza, a sua situação efetiva de dependência ou a uma fase evolutiva. Portanto, ela optará não por definir as condições que a análise de crianças *deveria* satisfazer, mas por submeter à prova desconcertante da fala da criança a teoria e o método psicanalítico. Com ela, a psicanálise não será propriamente *aplicada* à criança ou, mais tarde, ao psicótico; ambos a colocam em xeque e essa dificuldade não deve ser contornada ou "administrada", uma vez que o que obsta a análise é aquilo que, tanto hoje como ontem, não cessa de fundá-la. No debate de aparência técnica que opõe Melanie Klein a Anna Freud, o que se enfrentam são duas éticas: para Anna Freud, trata-se, em última instância, de fazer a criança atingir a suposta autonomia do adulto; para Melanie Klein, trata-se, "dentro de um espírito de investigação livre e sem preconceitos", de ir ao encontro da realidade psíquica da criança e avaliar o saber adulto em função dela.

3. Não é uma análise propriamente dita, mas um "caso de educação de caráter analítico"; Melanie Klein nos diz que tinha a possibilidade de se encontrar com o menino todos os dias e conversar com ele. De uma descrição clínica que não é muito precisa, depreende-se que esse menininho de cinco anos sofre de um atraso na aquisição da linguagem e, em termos mais gerais, de uma dificuldade para adquirir um domínio simbólico elementar (noções de tempo e de troca). Melanie Klein relata também um "sentimento de onipotência" ("a despeito de todas as provas em contrário, ele estava convencido de saber cozinhar, ler,

Entre o saber e a fantasia | 131

Que é que Melanie Klein encontra, então, em seu diálogo com o pequeno Fritz?[3] Aparentemente, elementos para fundamentar sua convicção. Com efeito, Fritz está cheio de perguntas e, se o adulto não as evitar, se não se deixar invadir pelo mal-estar que elas podem suscitar nele, será recompensado com a conquista pela criança de um maior domínio da função simbólica e da realidade. Mas, ao mesmo tempo, saltam à vista os limites da ação esclarecedora, da intervenção educativa, mesmo quando conduzida com todo o tato, constância, compreensão da angústia da criança que Melanie Klein manifesta.

Para nos atermos ao plano da educação sexual, é inevitável notar o artifício inerente à transmissão do saber dito objetivo quando ele é inculcado à criança. Observa-se primeiro que na expressão "educação sexual" se dissimula uma condensação já presente no termo informar (fornecer informações e explicações, mas também dar forma) e aqui consideravelmente reforçada: o objetivo não é mais *educar* que instruir? Tornar a sexualidade "selvagem" – no mesmo sentido em que o pensamento o é... – *educável*, para retomar a palavra empregada por Freud ao opor a pulsão sexual "ineducável" às pulsões de autoconservação que se deixam facilmente educar. Diante disso, compreende-se que a resistência contra a educação sexual seja relativamente fácil de superar no adulto, que toma para si tal objetivo cultural, e que ela seja insistente na criança já que, nela, abala a própria organização dos desejos.

A respeito disso, Freud pronunciou-se sem hesitação: "Depois, as crianças sabem algo que não sabiam antes, mas não fazem nenhum uso desse saber [...]. Comportam-se como os primitivos a quem se impôs o cristianismo e que continuam a honrar em segredo seus antigos ídolos".[4] Constatação que deveria fazer meditar aqueles que esperam da instrução sexual dispensada na escola – e por escola

---

escrever e falar francês perfeitamente"). No geral, contudo, ele aparece como uma criança viva, inteligente e dotada de uma excelente memória. Por volta dos quatro anos e meio, ele começou a fazer perguntas (sobre o nascimento, depois sobre a existência de Deus e sobre a existência em geral) e Melanie Klein refaz a história do caso acompanhando quase que exclusivamente a evolução das perguntas em termos de seu conteúdo e de seu modo.

4. "Análise terminável e interminável", 1937.

132 | Entre o sonho e a dor

entendem, não o pátio do recreio ou os banheiros, mas o lugar do magister – a propedêutica mais conveniente para garantir a futura harmonia conjugal.[5] É certo que Freud nem sempre se mostrou tão reservado quanto aos efeitos das "Luzes" em matéria de sexualidade. Observe-se contudo que o artigo, para uso externo, onde ele se declara um fervoroso partidário dela (*Zur Sexuellen Aufklärung der Kinder,* 1907) é logo seguido do artigo, propriamente psicanalítico desta vez, sobre as teorias sexuais infantis (1908),[6] "teorias" cujo caráter "típico" demonstra por si só a verdade de sua fundamentação. Não há, aliás, qualquer contradição entre essas duas asserções igualmente freudianas: deve-se, de fato, estimular os pais e educadores a não mentir para a criança, a não lhe responder com "infantilidades", ou seja, com mitos de adultos para uso das crianças, sem contudo esperar que esse saber vá ocupar o lugar do inconsciente.

No entanto, essa advertência de Freud foi mal entendida, até mesmo por muitos psicanalistas, como se alimentassem em seu foro íntimo a convicção de que as "teorias sexuais infantis" eram formações imaginárias que inevitavelmente desapareceriam uma vez confrontadas com o saber positivo. Seriam no máximo sobre-vivências anacrônicas, na medida em que seu único suporte estaria em fases, ultrapassadas, de organização pulsional. Não discordo de que o próprio Freud tenha considerado as coisas desse modo restritivo. Mas o próprio título de seu artigo – *Über infantile Se-xualtheorien* – que faz eco com seus *Drei Abhandlungen zur Sexu-altheorie,* a frequência ao longo de todo o texto de termos como "pulsão de investigar", "pulsão de saber", "desejo sexual de saber"

---

5. Acrescentemos, para uso daqueles que acusam a educação sexual dispensada atualmente de ser excessivamente normativa, que não basta alterar as cores das roupas do preceptor para ficar ao abrigo de críticas desse tipo. Alguns elogios da "perversão polimorfa" da criança roçam a perversão monomorfa do adulto. O que está em questão é o poder que o adulto se arroga de *confiscar,* "para o bem" da criança é claro, uma sexualidade que ignora para onde vai e o que quer. Todos os discursos *sobre* a criança que pretendem falar por ela a linguagem *da* criança são igualmente suspeitos.

6. Trad. fr. em *La Vie Sexuelle.* Paris: PUF, 1969. Trad. bras.: *Sobre as teorias sexuais das crianças.* Vol. IX. Rio de Janeiro: Imago, 1989.

Entre o saber e a fantasia

etc., que ligam de maneira indissolúvel a força do desejo e a atividade de pensamento, a referência edipiana implícita, enfim, mostram claramente que Freud vê nas teorias sexuais organizadores ativos irredutíveis às pulsões parciais que lhes fornecem sua "linguagem" ou às percepções fortuitas que o mundo exterior lhes proporciona.

Muito rapidamente – e qualquer um pode comprová-lo diante da criança perguntadora, mesmo quando suas perguntas são anódinas – vemo-nos arrastados para aquele lugar onde nenhum saber fornece resposta: o interdito do incesto. A fragilidade do saber sobre a sexualidade se agrava, ao mesmo tempo em que se revela sua função originária, quando ele é transmitido por aquela – a mãe – que se coloca, ao mesmo tempo, como *objeto natural* do desejo e como seu *agente interditor*. E é este justamente o caso aqui, pois Melanie Klein é, na verdade, *a mãe da* criança![7] A resposta parental falha então, necessariamente; ela se mostra incapaz de se justificar nos termos em que, contudo, o adulto convoca a criança a se situar. Donde uma inversão que a observação relatada por Melanie Klein tem como um dos méritos captar ao vivo: são as fantasias da criança que estão mais próximas do que está efetivamente em jogo e não o saber dispensado pelo adulto.

A observação comporta dois tempos e dois títulos. Primeiro título: *A influência da educação sexual e do relaxamento dos vínculos de autoridade sobre o desenvolvimento intelectual das crianças*. A segunda parte, escrita dois anos depois, intitula-se: *A resistência da criança à educação sexual*. Esses dois enunciados indicam a inversão a que acabei de aludir. Tratava-se primeiro de convencer os pais e educadores da necessidade de não manter a criança na ignorância, de responder a suas perguntas sem antecipá-las, o recalque parecia ser desencadeado por imperativos externos, pela recusa ou pelo silêncio adultos; do

---

7. A prova do que afirmo nos é dada por um outro artigo do mesmo período: "Der Familienroman in statu nascendi". *Internationale Zeitschri für Psychoanalyse*, 6, 1920, p. 151-155. Nele consta uma parte da mesma observação, mas dessa vez Melanie Klein escreve claramente: "Meu filho Eric" etc. Observe-se que esse artigo não foi incluído na edição das Obras Completas da autora: *The Writings of Melanie Klein*. Londres: Hogarth Press, 1975, 4 vols. Há alguns segredos de família que se faz questão de esconder no romance familiar analítico.

lado da criança, haveria curiosidade natural, espontânea: é o adulto que resiste. Mas eis que no segundo tempo a resistência é encontrada na criança, eis que ela se manifesta maciçamente por uma recusa de saber, ou, de maneira indireta, pelo recurso a tal ou qual atividade compulsiva. Diante de certas modificações do comportamento de Fritz, "convenci-me – escreve Melanie Klein – de que a tão intensa necessidade de investigação da criança entrara em conflito com sua igualmente intensa tendência ao recalcamento [...]. Depois de ter feito muitas e variadas perguntas, Fritz atingira um ponto em que evitava totalmente perguntar e até escutar, pois, *escutando, ele podia, sem nada pedir, obter o que se recusava a* receber".[8]

O que acontece de fato? Depois de Fritz ter sido vigorosamente desalojado de suas "falsas" crenças,[9] devidamente instruído sobre a realidade dos processos sexuais (fecundação, gravidez), e mesmo depois de esse conhecimento ter sido, ao que tudo indica, bem integrado, como comprovam em particular o desaparecimento das inibições mais chamativas e o fim das perguntas estereotipadas, há um resto: Fritz continua "agarrado (embora estivesse bem informado e apesar das reiteradas correções) à ideia de que as crianças cresciam no estômago da mãe". O estômago se torna aquilo que poderíamos chamar de um significante polivalente. Para uma criança que lhe diz: "Vem para o jardim", Fritz retruca: "Vai pro teu estômago"; para as pessoas que lhe perguntam onde se encontra determinado objeto, ele responde: "No seu estômago". Se ele quer ver a mãe nua, é para "ver seu estômago e a imagem que tem dentro dele!".

Em outras palavras, as explicações dadas ao pequeno Fritz lhe pesaram no estômago! Interpretar esse "resto" como sobrevivência de uma teoria sexual à qual ele não poderia renunciar – as crianças são feitas de comida e são idênticas às fezes – seria tomar a parte pelo todo; com efeito, insistamos, embora seja verdade que as funções corporais oral e anal e o prazer a elas vinculado fornecem elementos de figuração para a "teoria", eles não dão conta desta enquanto sua manutenção, em

8. Art. cit., p. 62 (grifos meus).
9. A família era intransigente: por ter contado para a criança a fábula da cegonha, a empregada foi despedida.

Entre o saber e a fantasia

relação e contra o saber positivo, for necessária. Avança-se certamente mais um pouco ao ver na crença do pequeno Fritz, como nos convida a fazer Melanie Klein, uma repugnância a assimilar o conhecimento do papel desempenhado pelo pai: a teoria sexual insere-se então na estrutura edipiana. Mas isso não é tudo: a teoria sexual, ou de forma mais geral, a construção fantasmática, não está apenas incluída no Édipo, ela é seu modo de articulação.

O fato de que a fantasia vem se opor em Fritz à injeção do saber adulto, na medida em que ela detém uma verdade que a realidade é incapaz de fornecer, é algo cuja indicação sensível encontramos numa espécie de lapso que surge no momento em que ocorrem jogos e fantasias de conteúdo edipiano. Fritz está brincando com bonequinhos de chumbo, dois soldados e uma enfermeira. "Ele diz que era ele mesmo, seu irmão e sua mamãe [...] – Aquele que tem uma coisa que coça, lá embaixo, sou eu – Eu (M.K.) pergunto o que tem embaixo que coça – Um piupiu – Mas um piupiu coça? – Coça, *não de brincadeira, mas na realidade*. Não, me enganei, não na realidade, mas de brincadeira".[10] Aqui, o equívoco é voz da verdade. Pois, nessa circunstância, não se poderia invocar uma dificuldade da criança em diferenciar o real do imaginário, diferenciação que se daria progressivamente e conheceria momentos de falha. A diferenciação, aliás, opera muito bem, exceto nesse campo da realidade humana que é a sexualidade. Campo ao qual não se podem designar limites: para a criança, mais que para o adulto no qual a função sexual está efetivamente em "funcionamento", nada é sexual, tudo é sexual. Exemplo: quando o pequeno Fritz pergunta como se fabrica um homem, trata-se, dirão, de curiosidade sexual. Se ele perguntar: "Quanto tempo leva para amanhã chegar?", dirão, desta vez, que ele está na idade metafísica. Contudo, as duas perguntas, as duas "concepções" vêm juntas.

A teoria sexual infantil que "se engana de maneira grotesca" (Freud) revela-se mais eficaz não só que as fábulas forjadas pelos adultos para

10. Art. cit., p. 72 (grifos meus).
   Brincar e realidade: são estes precisamente os dois termos que Winnicott, que soube reconhecer a realidade do brincar no que ela tem de constitutivo para o sujeito, associa no título de seu último livro.

uso das crianças, mas que o saber que eles lhes fornecem. É isso o que confirma o uso da linguagem que nosso pequeno perguntador faz em certo momento ("Isso se chama forno porque é um forno" etc.). Melanie Klein, um pouco rápido demais, vê nisso um progresso na aquisição do senso de realidade, um progresso que seria consecutivo às respostas verdadeiras fornecidas para as perguntas ansiosas sobre a diferença dos sexos. Fritz teria conseguido encerrar ele mesmo seus "porquês" incessantes. No entanto, nessa renúncia se afirma de maneira evidente uma clivagem entre uma ordem de realidade rigorosamente tautológica – sem diferença e que só remete a si mesma – e um lugar da fantasia que é o único onde pode se expressar e encontrar resposta à angústia de castração.

Evocamos há pouco, como estando no horizonte do desejo de saber sexual da criança – ou de seu desejo sexual de saber – o enigma do interdito do incesto. O pequeno Fritz sabe como conduzir Melanie Klein até esse ponto e a ela nada mais resta senão tropeçar. Reportemo-nos ao texto da resposta dada: é mais que uma resposta embaraçada, sua falta de fundamento salta aos olhos.[11] Tanto na evocação – se assim se pode dizer – do ato sexual ("Papai faz uma coisa com o piupiu dele, uma coisa que parece leite, faz isso como se fizesse xixi mas não tanto" etc.) como na explicação, se assim se pode dizer também, da interdição da mãe ("Cada homem tem uma única mulher. Quando você for grande, sua mãe estará velha" etc.). Na verdade, que mais se poderia dizer?

A resposta só poderia ser destituída de fundamento ao ser proposta nesse tempo da infância em que a articulação entre o desejo e o interdito – do desejo como interdito – está no momento fecundo de sua eficácia. Somente a resposta da fantasia poderia "ter fundamento", oferecer um espaço propício para essa articulação. As teorias sexuais infantis, nas quais se podem ver formas secundárias das fantasias originárias,[12] constituem uma realidade homóloga ao caráter "teórico"

---

11. Art cit., p. 66-67.

12. LAPLANCHE, J.; PONTALIS, J.-B. "Fantasme originaire, fantasmes des origines, origine du fantasme". *Les Temps modernes*, n. 215, 1964. Ed. bras.: *Fantasia originária, fantasia das origens, origem da fantasia*. Rio de Janeiro: J. Zahar, 1988.

Entre o saber e a fantasia

da lei edipiana. Lei que a "realidade", a da natureza bem como a da instituição social, é incapaz de fundar.

Será realmente, como indica Ernest Jones,[13] a destruição, ainda mais radical que a de Freud, do mito da criança inocente – mito que hoje retorna com grande vigor – que irá tornar as descrições que Melanie Klein faz do mundo interno da criança tão difíceis de aceitar? Com efeito, será que o sadismo precoce, que ela colocará em primeiro plano a partir de 1927, ou seja, alguns anos depois da observação de Fritz, num artigo que leva um título sem rodeios "As tendências criminosas nas crianças normais", é de fato para ela um dado primeiro? É certo que, em comparação com o ponto de partida, fácil de identificar no pressuposto inicial da *Aufklärung* e do "relaxamento dos vínculos de autoridade", os papéis se invertem: agora tudo parece emanar da criança entregue a seus demônios internos; seu "desenvolvimento" vai passar a depender apenas do desfecho de uma luta, totalmente interna, entre bom e mau objeto, entre Eros e Thanatos.[14] Mas reconhecer essa inversão de papéis não nos faz avançar muito, atola-nos apenas num círculo dentro do qual, de uma forma degradada, oscila a prática da análise de crianças, como se no fim das contas não houvesse outro desfecho senão culpabilizar o adulto ou culpabilizar a criança.

Ferenczi, que também reconhecia e denunciava a "confusão de línguas", fazia da criança um ser fadado a interiorizar o desejo adulto marcado pelo ódio, a culpa e o interdito.[15] Invocar aqui essa tese, já

---

13. Em sua introdução aos *Essais de psychanalyse*: "A apresentação impiedosa que Melanie Klein faz das fantasias da primeira infância nas quais se corta, rasga, transpassa, devora, pode fazer a maioria das pessoas recuar".

14. Sobre a concepção kleiniana do objeto e os problemas que ela coloca propomos ao leitor remeter-se a um capítulo de nosso *Après Freud*: "Nos débuts dans la vie selon Mélanie Klein".

15. "Confusion des langues entre les adultes et l'enfant: Le langage de la tendresse et de la passion" (1932). *Oeuvres* de Ferenczi, Payot. [Ed. bras.: "Confusão de línguas entre os adultos e a criança", *Obras completas*, vol. IV, São Paulo, Martins Fontes.]

surpreendente em si mesma na medida em que pretende revalorizar, centrando-se na sedução, uma concepção freudiana anterior à descoberta da sexualidade infantil, pode parecer paradoxal: não estaríamos assim no antípoda de Melanie Klein? Mas não nos apressemos em ver na tese de Ferenczi apenas um novo sucedâneo da velha teoria freudiana da sedução. Em primeiro lugar, seja qual for a importância atribuída por ele aos fatos de sedução, seu valor é apenas ilustrativo. Outros dados são invocados: "punições passionais" e, sobretudo, "terrorismo do sofrimento", que faz a criança suportar toda a carga dos conflitos, abertos ou secretos, dos membros da família, atribuindo-lhe como única função ser o portador e o mensageiro do inconsciente dos pais.[16] Aos olhos de Ferenczi, porém, a sedução leva ao cúmulo a confusão de línguas, o "enxerto prematuro" de uma forma de amor passional impregnado de culpa. Enxerto prematuro: guardemos a imagem e sua ressonância corporal. Por outro lado, o que Ferenczi descobre no exemplo privilegiado da sedução é um processo de muito grande alcance: a identificação ao agressor ou, melhor dizendo, sua introjeção. Com isso, ele designa uma modalidade do psiquismo muito mais fundamental do que o que, na esteira de Anna Freud, será descrito como mecanismo de defesa (o agredido que se torna agressor, o dominado, dominador). Ferenczi fala de uma submissão total, suscitada pelo terror, à vontade do agressor. A dominação do adulto, seu poder de captação não têm limites. "Mata-se uma criança", parece exclamar Ferenczi, cujo grande objetivo terapêutico consistirá em fazê-la renascer.

Para Melanie Klein, aparentemente todo ao contrário, a criança é desde o início portadora de desejos sexuais e agressivos. Observemos, contudo, que o que permite qualificá-los como tais são os *objetos* que eles visam e não um fim que lhes seria imanente. A *inveja*, por exemplo, que Melanie Klein acabará considerando a forma sensível mais primitiva da pulsão de morte (esvaziar o objeto), não é uma força "puramente" pulsional, ela não pode ser apreendida fora de sua relação com o objeto

---

16. Note-se que essa ideia, hoje proclamada por toda parte como original – a criança-sintoma dos pais – não só tem antecedentes, como, sobretudo, constitui, mais que uma resposta última, o *ponto de partida* de qualquer reflexão psicanalítica sobre o "diálogo" entre a criança e o adulto.

Entre o saber e a fantasia | 139

que a suscita. No entanto, mesmo um objeto "natural" como o seio é algo diferente do mero correlato da pulsão, aquilo que a satisfaria ou não: ele é tomado numa oposição que o define (bom/mau) e, por mais fantasmático que seja, tem a autonomia de uma "pessoa". Por fim, o próprio campo pulsional está desde já clivado em pulsões de vida e pulsões de morte e, se a causa primária e permanente da angústia é o perigo proveniente do trabalho interno da pulsão mortífera e fragmentadora, os objetos primários – seio, pênis – são aqueles que a libido investe:[17] seu poder de objetos, as equivalências simbólicas entre eles, não derivam da pulsão, mas de sua ordem própria, transindividual.

Quando se critica Melanie Klein por admitir quase que de início relações objetais complexas, pressupõe-se a existência de um tempo em que a vida da criança seria pura e simplesmente regida pela busca da satisfação, ela mesma definida como apaziguamento da tensão interna. No fundo, a criança existiria primeiro como individualidade biopsíquica, cuja prematuração tornaria certamente dependente, mas dependente de um ser de mesma natureza. Melanie Klein diz algo bem diferente: também para ela há na criança "enxerto prematuro" do adulto. Mas, enquanto Ferenczi, no que podemos chamar de seu mito de origem do encontro da criança com o adulto, imaginava um sujeito que já tinha seu mundo próprio, uma linguagem constituída – a da ternura – sobre a qual vinha efetivamente enxertar-se, por invasão violenta, a linguagem do adulto – a da "paixão" –, Melanie Klein pretende captar essa conjunção no próprio princípio da constituição de um si. E ali onde Ferenczi invocava metaforicamente a introjeção de uma linguagem, ela nos fala, numa acepção quase literal, de incorporação de objetos. O inconsciente não é mais sistema e sim corpo. A pulsão não se fixa mais sobre "representações" e sim sobre objetos ou qualidades tratadas como objetos: repetição incessante de introjeções e de projeções que só encontra um fim provisório – pois há menos desenvolvimento que oscilação – com a vitória do mais forte: o objeto bom.

---

17. Em particular, "Sur la théorie de l'angoisse et de la culpabilité". *Développements me de la psychanalyse*. Paris: PUF, 1966. Ed. bras.: "Sobre a teoria da ansiedade e da culpa". *Inveja e gratidão e outros trabalhos*. Rio de Janeiro: Imago, 1991.

Ao não se esquivar diante da criança-pergunta, ao ir ao encontro de sua vida fantasmática, Melanie Klein pensava poder atingir um tempo anterior ao que se costuma chamar tradicionalmente a divisão Inconsciente-Consciente introduzida pelo recalque. Seu pressuposto era que, remontando mais longe no tempo, iria mais fundo e que, no limite, poderia ser contemporânea de um inconsciente originário. Mais ainda: ao tentar analisar crianças muito pequenas, teria condições de participar do "nascimento" do inconsciente e, se é que se pode dizer, materná-lo.[18] Pudemos notar que, quanto mais a linguagem kleiniana se singulariza até aparecer como um sistema, mais ela se torna monótona: indício da convicção de Melanie Klein de ter chegado nos termos fundamentais cujo manejo lhe garantiria o controle das estruturas elementares da psique.

O círculo volta a se fechar: do saber à fantasia, da fantasia ao saber. A criança da psicanálise, no espaço de um instante, faz vacilar o saber da mãe, mas, no fim, a mãe-psicanalista, recuperando seu lugar, acredita ser dona da última palavra. Mas todo saber sobre o inconsciente só pode se constituir de modo eficaz se se mantiver à prova do que vem contradizê-lo de um outro lugar, sem lugar fixo atribuível: lugares, ou não lugar, do inconsciente.

2. INTRODUÇÃO A UMA REFLEXÃO SOBRE A FUNÇÃO DA TEORIA EM PSICANÁLISE

Constatação

Todos concordam em colocar como exigência de *princípio* a unidade entre teoria e prática em psicanálise. O analista que não "teoriza" teria de se remeter aos sinais transmitidos por sua "vivência", considerando que sua própria análise – supostamente sempre atual – os situa

---

18. Essa esperança, ou essa ilusão, exprime-se de forma quase direta desde o começo da carreira de Melanie Klein. Por exemplo: "É útil e necessário fazer intervir desde muito cedo a análise para estabelecer relações com o inconsciente da criança". Em: *Essais*, p. 82.

Entre o saber e a fantasia

acima de qualquer suspeita. Contudo, seria muito provável que ele fosse portador de uma fantasia, portanto de uma teoria escondida, que postula uma comunicação imediata de inconsciente para inconsciente, isso quando não tivesse por objetivo, sob a alegação de uma empatia aquém não só de qualquer teoria mas também de qualquer linguagem, atingir uma "unidade dual" com seu paciente. Inversamente, o analista que confundisse sua atividade teórica com a apropriação de um saber – mesmo que garantisse que ela nunca pode ser considerada definitiva, mesmo que remanejasse esse saber segundo as seduções do espírito da época – logo constataria, a despeito de si mesmo, que ela não consegue se apossar do que pretende ter por objeto: os processos inconscientes aos quais o analista e o analisado estão, ambos, mas não *igualmente*, submetidos. Uma teoria que não seja operatória não é nem boa nem má, é inútil para nós, ainda que enriqueça a história das ideias. E uma clínica puramente empírica que não pudesse correr o risco de ser enunciada a um interlocutor não é psicanalítica. Pois o trabalho psicanalítico, em cada um de seus tempos, é sempre um mesmo movimento: partir do que há de mais subjetivo e de mais privado em nossa experiência para criar as condições de uma intersubjetividade.

Ao mesmo tempo em que se afirma que teoria e prática devem caminhar juntas, constata-se sua distância. E dessa distância, em meu entender necessária, passa-se rapidamente para uma oposição entre "clínicos" e "teóricos". A oposição não se limita a diferenciar de maneira flexível duas orientações, dois modos de solicitação preferencial; ela se torna caricatural na primeira oportunidade que se apresente, por exemplo, naquela proporcionada pelo encontro de analistas de culturas diferentes: os ingleses – país de Hume –, simpáticos ao empirismo clínico, os franceses – país de Descartes – preocupados antes de mais nada com o rigor teórico! Como se ela não pudesse se inverter, como se não houvesse uma maneira dogmática de "falar em termos clínicos", como demonstram tantas "histórias de casos" abusivamente qualificadas de analíticas pelo simples fato de se referirem a pacientes em análise, e um método propriamente analítico de fazer falar os textos freudianos, de fazer circular o sentido para "des-construir" sem cessar a estrutura aparentemente fechada e rígida do aparato conceitual.

O que chama a atenção nessa situação é que o debate – se é que se pode chamá-lo assim, pois em geral ele permanece no nível dos humores, não é pensado – não tem nada de especificamente analítico. Poderia surgir, e de fato existe, em qualquer disciplina. Em sociologia, em história, em psicologia, por toda parte distinguem-se em grandes linhas, mesmo quando a distinção não se sustenta, os construtores de "modelos" e aqueles que pretendem se manter o mais perto possível da observação.

Os psicanalistas não têm nada a dizer sobre a teoria, na tópica e na economia de seu campo próprio? Nada a dizer, como analistas, sobre a situação que ela ali ocupa, sobre a ou as funções que cumpre para seus pacientes e para eles mesmos?

Das observações precedentes destaca-se uma dupla insatisfação. Com efeito, não podemos nos satisfazer nem com uma relação de produção espontânea, como aquela sugerida por um título recentemente proposto por Sacha Nacht ("Da prática à teoria psicanalítica"), nem com uma relação quase dedutiva que faria do tratamento uma aplicação, privilegiada até, de uma ciência. Nesse sentido, o percurso que a descoberta freudiana foi traçando é instrutivo. Mais até que de uma troca constante, dever-se-ia falar de um verdadeiro entrelaçamento em Freud entre um discurso teórico, até mesmo especulativo, e o confronto cotidiano, em sua "autoanálise" e em seus atendimentos, com o modo de ser do inconsciente. Sem qualquer paradoxo, é possível ver no *Projeto* de 1895, muitas vezes tido por uma elaboração de inspiração neurofisiológica a léguas de distância da experiência analítica nascente, uma impressionante transcrição da lógica própria a esta última. Em *Além do princípio de prazer* – esse escrito inspirado sobre o qual chegaram a dizer que Freud parece não ter outro público senão ele mesmo, tanto "sua argumentação muitas vezes contraditória adquire o aspecto próprio de uma série de associações livres"[19] – encontramos o próprio movimento de uma análise, com seus avanços e seus impactos, suas repetições, sua insistente exigência; movimento

19. M'UZAN, Michel de. "Freud et la mort". *L'Arc*, n. 34, 1968. Republicado em: *De l'art à la mort*. Paris: Gallimard, 1977.

Entre o saber e a fantasia

não linear, exigência que, no plano da obra de pensamento, equivale ao desejo que não quer renunciar. E, de forma mais geral, quem ousaria, exceto por comodidade de edição, distribuir o conjunto de escritos de Freud em rubricas: psicanálise teórica, psicanálise clínica, psicanálise aplicada? Na obra freudiana, tudo tem a *mesma* importância: o *Esboço* ou *O estranho*, as *Conferências introdutórias* ou *Um distúrbio de memória na Acrópole*, *O tema dos três escrínios* ou *O futuro de uma ilusão*. A divisão em textos marginais e textos fundamentais, seja para privilegiar uns ou outros, é inadmissível. Uma leitura de Freud atenta para suas "representações" eletivas é tão pertinente quanto uma leitura que retrace o trabalho dos conceitos.

Mas o recurso a Freud terá aqui valor de exemplo? As coisas, ou "a coisa" analítica, se apresentam hoje da mesma maneira?

Era plausível que Freud esperasse de seus primeiros discípulos que a descoberta de seus livros, do que era enunciado pela primeira vez, tivesse para eles tamanha força de revelação que sua própria análise (que podia, então, ser legitimamente qualificada de "didática") apenas desempenhasse o papel de uma confirmação, de uma experimentação *in* vivo. Rapidamente, porém, sem dúvida a partir da segunda geração de analistas, ou seja, quando a obra de Freud já podia *ocupar lugar* de referência compartilhada, foi preciso reconhecer que o conhecimento corria o grande perigo de perder sua função de abertura para vir a fortalecer a resistência.

Em certo sentido, esse estado de coisas apenas se intensificou depois, motivando, por exemplo, a reticência das "sociedades" de psicanálise a introduzir prematuramente o ensino na "formação". Essa reticência que, em certa época, chegou até a proibição de leituras psicanalíticas, estava fundamentada numa avaliação de princípios: todo recurso ao saber, ou ao que está depositado no texto, era situado do lado da intelectualização obsessiva ou da evitação fóbica ante o confronto com o isso; via-se aí no mínimo um curto-circuito do que estava se constituindo na relação transferencial (única formação do inconsciente *atual*, apreendida em seu processo e não só em seu resultado). Contudo, a solução continua sendo uma solução de compromisso: um pouco de ensino teórico, não tarde demais e não cedo demais, com a crescente sensação de que, no fundo, tudo isso não tinha muita importância.

Essa sensação crescente, agora amplamente compartilhada, não brotou nos analistas apenas da constatação da impotência para impedir a difusão da psicanálise. A difusão vai aqui muito além de um mero conhecimento: ela é apropriação e repúdio. E nessa apropriação – incorporação – da teoria psicanalítica[20] encontramos em funcionamento os próprios mecanismos que ela explicitou: resistência, recalque, deformação, deslocamento, repetição etc. Para citar apenas o exemplo mais grosseiro: cada analista, e não apenas o analista "em formação", já teve a experiência de que aquele artigo de Freud que ele tinha "esquecido", aquela formulação que não tinha "entendido" ou que era para ele letra morta, só sofrera esse tratamento de recalque porque lhe dizia respeito, a ele, leitor, num ponto particularmente sensível.

É conhecida a confidência de Freud, que, como ele mesmo nos diz, recusava-se a ler Nietzsche para não "ser perturbado na elaboração das impressões psicológicas por nenhum tipo de representação de expectativa".[21] Em nosso caso, porém, será que podemos, na cara dura, ter a pretensão de explorar o continente inominado tal como fez Freud, nós que às vezes estamos atulhados de representações de expectativa como se fossem bagagens ou que estamos atados ao edifício psicanalítico – teórico e institucional, corpo de doutrina e corpo de prédio – como o moderno astronauta, mais conectado a seus aparelhos do que avançando para o desconhecido?

É de bom tom, no meio analítico, fazer cara feia para trabalhos ditos de psicanálise aplicada: tudo o que não for puro produto da situação analítica seria extrapolação abusiva e sem controle. Mas pouca gente percebe que a questão da psicanálise aplicada se coloca na própria prática analítica. É fácil ironizar o discípulo, "aplicado" justamente, que se dedica com zelo a encontrar em determinada obra literária ou em determinada cultura as

---

20. Dizemos: *a* teoria, embora hoje se possa constatar a existência de uma pluralidade de teorias psicanalíticas – kleiniana, hartmanniana, winnicottiana, lacaniana... –, pluralidade que muitas vezes faz as discussões entre analistas se aproximarem do babelismo. E dizemos *a* teoria não só porque todas elas derivam de Freud, mas porque só são inteligíveis, seja qual for sua própria coerência interna, em função da inflexão que dão ao texto fundador.

21. "Sur l'histoire du mouvement psychanalytique". *S. E.*, XIV, 1914, p. 15-16. Ed. bras.: "A história do movimento psicanalítico", vol. XIV.

Entre o saber e a fantasia | 145

modalidades do complexo de Édipo ou a imago da mãe má; também é comum criticarem o analista – iniciante, é claro... – que se apressa a fazer uma tradução simultânea do dizer de seu paciente para a vulgata kleiniana ou lacaniana. Mas a *aplicação* não começa nesse nível: começa quando o analista se identifica com uma posição de analista e o analisado com a de analisado. A *situação* passou a substituir o *processo* e corre o risco, a exemplo da situação anterior da infância, de reforçar o recalque em vez de provocar sua eliminação. O interdito supostamente pronunciado pelo pai de fato protege o menininho de sua impotência; a mãe, seja ela fria ou sedutora, nada mais pode senão enterrar ou travestir a sexualidade atuante entre ela e o filho. Nesse mesmo sentido, o analista identificado como tal, limitado a sua função, e a análise equiparada a um trabalho a ser realizado sobre um material considerado próprio da análise, podem ser utilizados pelas duas partes em presença para circunscrever uma experiência cujos limites estão longe de estarem garantidos. Existem análises onde nada de vivo acontece, onde apenas giram máquinas; máquinas de sonhar, de associar, de fantasiar, de interpretar.[22] Proteção mútua contra a atualização do amor e do ódio, que a fórmula *working alliance*, hoje em dia consagrada nos Estados Unidos, apenas justifica conceitualmente. Uma aliança é sempre *contra*. E, então, indagamos: contra o quê?

Invocar os limites da situação analítica, prejulgar as cenas e o lugar que ela representa, só serve para defender analista e analisado contra o que uma relação sempre inédita pode lhes revelar de seus próprios limites. Há uma maneira de *estar em análise* que permite não avaliar a extensão das próprias renúncias.

Proposições

Uma vez formulados esses pontos de interrogação, talvez estejamos em melhor posição para indicar os eixos que deveriam orientar uma avaliação da função da teoria em psicanálise.

22. Chego a pensar que um médico de bairro que vamos procurar porque "não estamos bem" ou que o dono do boteco de um vilarejo com quem conversamos sobre as coisas da vida estão numa posição mais analítica do que o analista de carteirinha que o "candidato" começa seduzindo com: "meu pai... minha mãe... a análise..." etc.

146 | Entre o sonho e a dor

1. Toda teoria que toma o homem como objeto não espera o estabelecimento de hipóteses, de procedimentos, de conceitos e de uma linguagem específicos para ser operante. Por exemplo, cada um decide, numa concepção espontânea geralmente peremptória, quem é o agente da História: grandes homens, grandes potências, classe social, "eles" anônimos. Quando se trata de si mesmo ou de seu semelhante, isso fica ainda mais evidente: cada um é, então, portador de representações explícitas ou latentes de sua história pessoal. Um neurótico tem ideias sobre sua neurose, atribui-lhe origens, procura explicações para ela. Mas esse "modelo" mais ou menos elaborado que constrói para si faz parte de seu funcionamento, é ele mesmo sintoma. Um obsessivo privilegiará a procura de uma cena traumática realmente ocorrida em sua infância a fim de, a um só tempo, deslocar para ela o lugar de sua angústia, poder acrescentar-lhe indefinidamente algum detalhe e contestar a exatidão do relato e também satisfazer assim o encontro impossível com o objeto perdido. Se Rousseau literalmente inventou a psicologia genética, foi para melhor encobrir, por meio da certeza de sua inocência, o que seu desejo o leva a fazer: "Empenho-me em desenvolver bem e por toda parte as primeiras causas para que se perceba o encadeamento dos efeitos".[23]

A ambiguidade do termo psicologia é reveladora a esse respeito. Designa tanto o objetivo da disciplina em questão – psicologia do comportamento, psicologia psicanalítica – quanto seu objeto: "A psicologia de A. é realmente complicada, a de B. não poderia ser mais elementar". Dizer que toda psique secreta sua própria psicologia é dizer pouco. Ela é psicologia, já que sua função é representar-se a si mesma no que ela deixou de ser: um corpo. O "aparelho psíquico" não é aparelho de produção, e sim de reprodução.

Se psicanalisar não consiste em propor uma nova *representação* do indivíduo, ainda que mais "completa", mais "profunda" que as precedentes, é porque não existe psicologia que não seja "ficção" (a palavra é de Freud e vale tanto para a segunda como para a primeira tópica). A psicanálise se separa da psicologia na medida em que leva em conta não só as operações da psique, cognitivas e afetivas, mas, em

---

23. *Confessions*, livro IV, Pléiade, p. 175. Cf. *infra*, a respeito de Rousseau, "Lugares e separação".

Entre o saber e a fantasia

cada operação, o trabalho que constitui o acontecimento psíquico. Em cada operação e na psique enquanto tal, na medida em que esta acaba por se diferenciar. Pois uma psique nunca é outra coisa senão a metáfora de um corpo, uma transferência de um lugar para outro, e o que o processo analítico recoloca em andamento é o trajeto da metáfora. Nesse sentido, a constituição progressiva de um campo do psíquico relativamente autônomo, com sua lógica própria, já é trabalho teórico.

2. *Theoria*: fato de observar e em seguida ver uma festa, um espetáculo; por deslizamento metonímico, pode designar o próprio espetáculo, em seguida a embaixada delegada para as festas; enfim, a contemplação do espírito. Quanto ao sentido moderno, um dicionário muito usado define-a assim: "Conjunto sistematizado de conhecimentos que fornecem a explicação completa de certo número de fatos". O último sentido indicado: "Aula de instrução militar".

O psicanalista não encontra nessa série de deslocamentos os diversos tempos de seu próprio proceder? Nascido do desejo de observar, substituindo essa ardente curiosidade sobre as origens por representantes mais apresentáveis, antes de se contemplar como num espelho que lhe dá a ilusão do controle e da completude. Para terminar, a doutrinação dos pacientes-alunos-discípulos, transformando uma fala singular, que para encontrar tem de se perder, na arrogância de um saber que passa a refletir apenas sua própria suficiência. Morte de Édipo: triunfo de Narciso.

A psicanálise revelou o estreito vínculo entre a investigação sexual da criança e a constituição de teorias, seja no gênio de Leonardo perscrutado por Freud ou no pequeno Fritz que Melanie Klein, em sua primeiríssima observação, conseguiu captar no auge de sua idade metafísica. Assim como a investigação da criança, a investigação psicanalítica é indissoluvelmente desejo de saber sexual e desejo sexual de saber; como a posse de um segredo, cada vez mais originário e mais oculto, é isso o que a anima; mas como as teorias sexuais edificadas pela criança, as teorias psicanalíticas sempre correm o risco de querer dar o que Freud, a respeito das primeiras, chamava, não sem certo humor, de "soluções geniais".[24]

24. "As teorias sexuais das crianças", art. cit.

148 | Entre o sonho e a dor

Um indício desse estreito vínculo entre uma das funções da teoria psicanalítica e a sexualidade pode ser encontrado no paralelismo da evolução da concepção delas na obra freudiana. A sexualidade descrita inicialmente como "inconciliável", "incompatível" com as exigências do eu, transforma-se, com a "virada" de 1920, num princípio de ligação, de união, a invocação de Eros significando então, ao contrário do inconciliável, a reconciliação ameaçada pela pulsão de morte disruptiva. Paralelamente, com a segunda tópica, a teoria corre o risco de reduzir-se a uma maquinaria – não afirmo que isso esteja em sua estrutura, e sim no uso que se pode estar tentado a fazer dela. Mas o que permitiu a viragem foi a concepção do narcisismo, de uma libido que toma o eu, como imagem, por objeto, viragem que, por sua vez, apenas transcreve, no plano teórico, a viragem, efetiva desta vez, do autoerotismo – onde a sexualidade emerge destacando-se do objeto natural para se devotar à fantasia – para o narcisismo.

Donde a seguinte proposição: a função da teoria em psicanálise conhece uma bipolaridade análoga, uma espécie de duplicidade. Fascina como "bela totalidade", cada vez mais abrangente, homogênea, alienante, sustentada pelo reasseguramento de um saber dominado. Seduz como investigação sustentada pela fantasia de *ver* cada vez mais longe.

3. Uma terceira abordagem consiste em situar a teoria em relação à interpretação e à construção, as duas coordenadas do método e do objeto psicanalíticos.

Interpretação e construção: fica-se tentado a diferenciá-las claramente, até a opô-las entre si, como, aliás, Freud nos convida a fazer no artigo que dedica às "construções na análise". Retomando a comparação, que faz parte de seu léxico particular, entre a pesquisa analítica e a investigação arqueológica, reconhece como tarefa do analista edificar uma construção do passado a partir de indícios transferenciais para suprir a rememoração impossível. A comunicação dessa construção, que, na forma patente invocada por Freud, incide sobre um período da história do sujeito, é explicitamente diferenciada

Entre o saber e a fantasia

da de uma interpretação que, por sua vez, incide sobre elementos do discurso associativo, elementos que podem ser reduzidos à palavra ou ao fonema.

Deve-se então considerar a construção um último recurso, com função de suplência? Somente a interpretação ficaria na cola do desejo, seguiria seu rastro, acabaria delimitando-o pela intersecção dos rastros deixados por ele, ao passo que com a construção o analista estaria no conjuntural, nunca certo de sua validade e na verdade traindo seu próprio sistema, sua própria forma mental.

Contudo, o que é enunciado nesse texto escrito quase no fim da experiência freudiana (está datado de 1937 e não devemos esquecer disso) é algo bem diferente: é a necessidade que o analista tem de construir se quiser encontrar a fantasia inconsciente. Ou, para dizê-lo de outra forma e de forma mais abrupta: a interpretação é para o desejo o que a construção é para a fantasia.[25] Toda formação do inconsciente – baseada no modelo do sonho – só é interpretável porque já é uma interpretação. A fantasia inconsciente só pode ser reconstruída porque já é uma construção, uma composição do inconsciente.

Por essa via, poderíamos apreciar de outra maneira a função da teoria em psicanálise: não mais como algo que vem no fim, para garantir a conservação do edifício, mas como estando na própria origem do processo, núcleo de verdade, como diz Freud a propósito da construção delirante, onde ele não hesita em ver certa equivalência com as construções analíticas. A teoria estaria nas duas pontas da corrente, o mais próximo possível da lógica própria ao inconsciente e o mais distante dela, quando pretende perseverar no ser de um "corpo teórico", destinado mais a uma "sobremorte" do que à sobrevida.

O trabalho teórico deveria ser tão somente a retomada pelo pensamento das forças que operam na psique onde o que a excita já é "trabalhado" e "teorizado". E, como para qualquer aparelho, é bom para o aparelho teórico não trabalhar bem demais.

---

25. ROSOLATO, G. "Interprétation et construction". *Essais sur le symbolique.* Paris: Gallimard, 1969.

LUGARES E SEPARAÇÃO

Reler mais uma vez, e pela primeira vez, as *Confissões* de Rousseau: tanto para seu autor como para nós, esse livro é primeiramente um ato. Confissões, não memórias, ainda que a escansão do relato se apoie numa trama cronológica; apelo ao outro, apelo sedutor e patético, que suscita alternadamente no leitor intimidade cúmplice e distanciamento irritado, não uma busca do tempo perdido; apologia e não balanço; discurso apaixonado onde a subjetividade se afirma em seus direitos e em sua errância sem limites, e não calmo "ensaio" sobre si mesmo do homem de gabinete que encontra em seu retiro o lugar seguro de uma reflexão distanciada; representação de si, num movimento que procede da aparência exterior para dentro *(intus et in cute)* e não retrato que define os traços. Mais ainda, é um ato *fundador* e cabe a nós ratificar as primeiras palavras da orgulhosa declaração liminar: "Dei início a um trabalho sem precedentes", para poder pôr em questão as segundas: "e cuja execução não terá imitador".

É somente quando a decisão de "dizer tudo" – decisão sobre a qual se funda uma psicanálise – é tomada com bastante resolução que o não dito pode aparecer no próprio discurso, por meio de seus paradoxos, suas hesitações, as mudanças de tom; é somente quando a afirmação do desejo de se conhecer, ou melhor, de se dar a conhecer e a ver, é bastante imperiosa que o desconhecimento de si pode se revelar paralelamente. Enfim, é preciso que o eu seja exaltado, nem que seja na confissão de suas desorientações, de suas intermitências e de sua falha íntima, para que venha a se operar sua transformação num outro, ao passo que, num movimento inverso, nós, leitores-testemunhas-juízes- -cúmplices, nos encontramos, geração após geração, nesse irmão, nesse semelhante que, sem tê-lo imposto, se deixa chamar Jean-Jacques para melhor nos garantir que ele é o *único* Rousseau.

Circunscrevamos primeiro o alcance do título. Os manuais de literatura nos ensinam que foi depois da publicação de um libelo revelando ao público que o autor de *Emílio* tinha abandonado seus próprios filhos que Rousseau se pôs a trabalhar nas *Confissões*.[1] Tudo indica que o libelo teve apenas um papel desencadeante; o exame dos diversos fragmentos autobiográficos,[2] a correspondência com o editor Rey, atestam a longa anterioridade de um projeto sobre o qual poder-se-ia até afirmar, pela maneira como ele acompanha e ao mesmo tempo corrige a existência de Rousseau, que ele está correlacionado com essa vida atravessada de ponta a ponta pelo desejo, não tanto de se conhecer, mas de ser *reconhecido*. Se uma circunstância real tem tamanho efeito precipitante é sinal de que topou, de que colidiu com um conflito subjetivo. Ao trazer a público o fato, até então não propriamente secreto mas que permanecia nos limites de um círculo íntimo, de que Rousseau tinha colocado os filhos no orfanato (em certo sentido, não os tinha *reconhecido),* Voltaire, essa velha raposa, acerta na mosca. Não tanto por ter atingido dessa forma a culpa manifesta de Rousseau, que já tem argumentos prontos para se justificar, quando não para se inocentar, mas porque, sem saber, toca em toda uma cadeia de acontecimentos que balizam a história e até a pré-história de Rousseau; acontecimentos com temáticas muito diversas e que, então, retroativamente, vão se inscrever sob o signo único do abandono e da rejeição. Não é Rousseau em sua paternidade que o acusador público denuncia; não são os filhos de Rousseau, mas é o Rousseau criança, ou seja, Rousseau todo, que ele aponta com o dedo. Calar-se é gradativamente dar razão a todos aqueles que o expulsaram, perseguiram, condenaram, apedrejaram, puseram seus livros na fogueira.

---

1. *Sentiment des citoyens,* de Voltaire, publicado anonimamente em 27 de dezembro de 1765. Rousseau iniciou imediatamente a redação das *Confissões*.

2. Eles se encontram reunidos com esse título na edição da Pléiade, *Oeuvres complètes,* tomo 1. Cf., particularmente, as admiráveis cartas a Malesherbes e o dossiê intitulado "Mon portrait".

Como bem se sabe, não é preciso muito para que todos os atos de uma vida se voltem contra você. Basta ser acusado! Nesse caso, qualquer concessão feita à acusação – partindo-se da base de que ela se apoia num fato incontestável – faz tudo se inverter e conspirar para prejudicá-lo: torna-se muito fácil estabelecer que o doce, o infeliz, o sonhador Rousseau nada mais fez senão trair o tempo todo, às vezes até mesmo de forma calculada, a generosidade e a confiança de seus amigos e benfeitores! Qualquer episódio pode prová-lo. Para terminar e dar o arremate final, o "ele perdeu a mãe assim que nasceu" se transformará, pela voz suave de um psicanalista, num "é como se (ah! esses insidiosos como se...) você tivesse precisado matar sua mãe para nascer...".

Vítima da má sorte ou de sua própria maldade? Mau porque a vida o fez assim ou por nascimento? Eterno excluído que anuncia a figura do "maldito" ou carrasco de si mesmo e, indiretamente, dos outros?[3] Perseguido ou perseguidor? Se nos prendêssemos a essas alternativas, ficaríamos prisioneiros delas para sempre. O próprio Rousseau ameaça constantemente fechar-nos nelas; mas ao mesmo tempo nos dá os meios de escapar. Esse é um dos motivos da admirável tensão de seu livro: tensão entre o polo da sorte contrária, dilacerante, e o do acordo, por certo precário, mas infalível, consigo mesmo e com o mundo exterior, que pode abarcar os seres humanos caso consigam não se separar da ordem da natureza; oscilação permanente entre a transparência e o obstáculo. Sabemos que é em torno desse par contrastante, considerado fundamental, que Jean Starobinski organiza sua leitura de conjunto da obra de Rousseau, mas notemos que não se trata propriamente de uma estrita oposição que, nesse caso, agruparia opacidade e transparência. O obstáculo, diferentemente da opacidade, está fora. Com efeito, em Rousseau a bipartição se dá entre um fora e um dentro, e as *Confissões* instituem por meio da escrita um espaço transicional entre um e outro.

Acusado, nem por isso Rousseau adotará a tática do "jamais confesse"; tampouco tentará atenuar sua culpa. Ao contrário, não dissimulará nada, entrega tudo e se entrega por inteiro a seus juízes imaginários.

---

3. A hipótese de um Rousseau masoquista apenas reforça essa proposição. Não há tirano mais constante, mais incansável que o masoquista.

154 | Entre o sonho e a dor

Abandona-se a eles não só para que avaliem suas faltas, mas para que determinem seu ser. Essa submissão a um leitor confundido com o soberano juiz, essa confiança vai muito longe: o que é solicitado em nós é até mais que um pesador de almas, na falta de Deus. Escreve Rousseau: "Gostaria, de alguma maneira, de tornar minha alma transparente para o leitor... para que ele possa julgar por si mesmo o princípio que a produz". A resposta a seu próprio "quem sou?" lhe estaria recusada; caberia a nós fornecê-la. Poder-se-ia pedir mais? Na verdade, não, exceto pelo fato de que, no mesmo movimento, Rousseau tende a contestar a capacidade dos leitores que, imprudentes, caíram na armadilha que ele lhes monta.

Antes da redação das *Confissões,* o projeto já está definido e revela toda a sua ambiguidade. Ao confessar bem mais do que qualquer um poderia saber, por exemplo, das faltas ou mentiras de menino que ele relatará, enegrecendo-as, como crimes inexpiáveis, Rousseau desarma o suposto adversário, fazendo uso de um procedimento bem conhecido dos penitentes; também desvia sua atenção. Mas, sobretudo – o que é bem mais que um ardil inconsciente: uma convicção inabalável, embora nem sempre enunciada com esse orgulho cândido: "Preferiria ser esquecido por todo o gênero humano a ser visto como um homem comum" – Rousseau se define, por antecipação, inatingível por qualquer juízo: a consciência que tem de sua singularidade absoluta, consciência que se exacerba quando é posto para fora do Ermitage em dezembro de 1757, certifica-o de que, por posição, o outro está fadado a desconhecê-la. "Peçam para vários pintores retratarem o mesmo rosto e não haverá quase nenhuma relação entre todos esses retratos." A proximidade do "pintor" não resolve nada, muito pelo contrário; ela acentua a ignorância e a incompreensão dos *verdadeiros motivos*: "Percebo que as pessoas que me são mais íntimas não me conhecem". Em suma, esse outro que se arrogaria abusivamente o direito de olhar e de avaliar seria, por princípio, suspeito pelo fato de não se ter submetido à prova que, precisamente, tem de continuar sem precedente e sem descendência, ou seja, as *Confissões.*

A satisfação encontrada na posição do culpado convicto não escapa a Rousseau,[4] e tampouco o que ela comporta de contrapartida agressiva.

---

4. Ao menos nem sempre, e mais antes de se pôr a escrever as *Confissões* do que durante sua redação.

Lugares e separação

"Não pretendo conceder mais graça aos outros que a mim; pois, não podendo retratar-me ao natural sem retratá-los, farei, digamos assim, como os devotos católicos, confessar-me-ei por eles e por mim".[5] O desvelamento de si é também desmascaramento do outro; a confissão, acusação. Não nos deixemos enganar; nesse mesmo texto, a intenção maliciosa, aqui identificada com humor, opera igualmente como mecanismo quase automático, e de maneira tão exemplar, tão ingênua, que me deterei nela por um instante.

Todos conhecem a frase, famosa por seus efeitos, já que provocou a ruptura "oficial" entre os dois amigos, que Diderot coloca na boca de um dos personagens de seu *Filho natural* e que, com razão, Rousseau podia entender como destinada a ele: "Vós, renunciai à sociedade! Faço apelo a vosso coração, interrogai-o e ele vos dirá que o homem de bem está na sociedade e só os maus vivem sós". Frase insuportável que coloca Rousseau literalmente fora de si e, como não se pode viver por muito tempo fora de si, força-o a expulsar Diderot para longe de si, primeiro Diderot, depois, tantos outros. Passado o choque, Rousseau inverte a máxima nestes termos: "O inferno do homem mau é ser obrigado a viver só consigo mesmo, mas é o paraíso para o homem de bem, e não há para ele espetáculo mais agradável que o de sua própria consciência". A retorção – a volta contra o emissor – se conjuga com a autoglorificação. É incontestável que aqui a bela alma, tal como Hegel a definiu, enuncia sem rodeios a "lei de seu coração". O que assim se esclarece não é apenas o projeto que anima as *Confissões*, mas a própria obra.

Pois, esse "espetáculo de sua própria consciência", Rousseau vai oferecer para si e para nós no ato de escrever. Entendamos aqui *consciência* em sua dupla acepção, psicológica (ou espiritual, Rousseau oscilando da angústia ao êxtase...) e moral. Ao tentar recuperar o gozo passado dos momentos deliciosos – sobretudo aqueles, esparsos mas tão vivos, da infância e da adolescência – o autor os atualiza na densa limpidez do estilo: "Ao me dizer: gozei, gozo ainda".[6] *Ainda* ou *verdadeiramente?* Como se só o trabalho metafórico da memória conferisse

---

5. Este fragmento, assim como as outras passagens citadas nesta página, foi extraído de "Mon portrait" (Pleiade, p. 1123 e ss.).
6. *Art de jouir et autres fragments,* Pleiade, p. 1174.

o gozo, naturalmente negado: "Gozar? É essa uma sorte concedida ao homem?". "Não, a natureza não me fez para gozar."

Se apenas a preocupação da desculpação fizesse vibrar as *Confissões*, há muito teríamos deixado de lê-las. Por que sublinhar desde já, tal como o fiz, a intenção apologética?

Uma primeira observação, que concerne à distribuição das *Confissões* em duas partes: dizem com frequência que a diferença entre elas é tão evidente que se deveria falar de duas obras e considerar o tênue corte no tempo que separa sua redação uma clivagem: a primeira parte seria testemunha da transparência sempre possível, embora sempre comprometida. A segunda estaria marcada de forma crescente, sob a dominação dos temas persecutórios, pelo enfrentamento com o obstáculo. Seu tom é às vezes difícil de suportar para o leitor que, depois de estar sob o encantamento, vê-se convocado a defender uma causa: entregam-lhe maços de papéis, cartas, encarregam-no de um dossiê.

Contudo, não me parece que uma clara oposição entre as duas partes seja sustentável; lemos, ao menos retroativamente, a primeira como prefiguração da segunda. Mesmo as passagens mais "encantadoras", puros reflexos de um coração sensível, estarão elas realmente acima de qualquer suspeita? Assim, ao falar de um homem para quem a toalete era um "assunto de grande importância" e que "punha base" no rosto ao mesmo tempo em que não se picava de "nada tanto quanto de sensibilidade de alma e força do sentimento", Rousseau exclama: "Ah, meu Deus! Aquele que sente o coração inflamar-se com esse fogo celeste procura exalá-lo e quer mostrar seu interior. Gostaria de pôr no rosto o coração; jamais imaginaria outra maquiagem". Não há dúvida de que com isso Rousseau evoca a si mesmo e o projeto das *Confissões*: "mostrar o interior". Mas que confissão involuntária! Pôr o coração no rosto é uma maquiagem... Até as páginas mais aptas a reforçar o mito de uma infância inocente, ou inocentemente perversa, adquirem outro sentido na medida em que são escritas por um homem habitado por uma obsessão pessoal e teórica. O autor do *Discurso sobre a origem da desigualdade,* que denuncia a sociedade malfeitora, é o mesmo que aquele, esfolado pelo sofrimento das *Confissões*. A força das *Confissões* não decorre, em grande parte, dessa impregnação mútua do "sistema" e

Lugares e separação

do "vivido"? Os *Discursos* são testemunhos autobiográficos e a autobiografia é discurso. A palavra inter-relação ainda é fraca, fusão conviria melhor. Pensemos, por exemplo, na famosa iluminação de Vincennes, tão próxima da experiência mística ou do arrebatamento sensual, quando Rousseau, folheando o *Mercure de France,* topa com a questão da Academia de Dijon: *Se o progresso das ciências e das artes contribuiu para corromper ou para depurar os costumes.* "Uma violenta palpitação me oprime, ergue meu peito; já não conseguindo mais respirar ao andar, deixo-me cair sob uma das árvores da avenida e ali passo uma meia hora em tamanha agitação que ao voltar a me levantar notei toda a frente de minha veste molhada das lágrimas que nem senti verter."[7]

Além disso – segunda observação –, ao valorizarem a diferença entre ambas as partes, parecem esquecer que a influência da perseguição já é antiga quando Rousseau começa a redigir suas *Confissões.* Estranho paradoxo, e bastante revelador de sua pessoa e de sua arte: Rousseau acaba confundindo, e *o leitor com ele,* o momento atual em que escreve e o período evocado. Autor e leitor caem igualmente sob o encanto. Mas, como já se notou várias vezes sem tirar disso todas as consequências, quando Rousseau dá corpo a seu projeto autobiográfico, ele já está dominado pela ideia de complô, a interpretação abusiva dos sinais tomou conta dele. Se nós, leitores, conseguimos esquecer a intenção justificadora ativa ao longo de todas as *Confissões,* é porque o narrador – justamente porque ele não se permite os privilégios de uma narração que sobrevoasse uma vida, ela mesma já destinada ao relato – se situa no tempo que sua escrita torna presente. Rousseau e seu leitor são contemporâneos um do outro e contemporâneos do que ele evoca. O motivo da discordância entre as duas partes das *Confissões* não deve, portanto, ser buscado num agravamento do "delírio" do escritor, mas na organização interna da obra. Não é certo que a realidade interior de Jean-Jacques e o mundo exterior tenham-se alterado radicalmente; a posição narcísica continua imutável, o que muda é a orientação do vetor. Primeiro tempo: Rousseau remete a si o mundo ambiente; é o tempo

---

7. Segunda carta a M. de Malesherbes. O episódio é relatado num tom mais seco no livro VIII das *Confissões.*

do sentir, do evocado, da mania ambulante, onde a ilusão, a vergonha, a miséria, até o sofrimento lhe pertencem; os personagens reais transformam-se imediatamente em figuras pessoais e é por isso que até mesmo os personagens mais anódinos estão carregados para nós, leitores, de um caráter romanesco. Segundo tempo: Rousseau se protege do mundo ambiente, que não consegue mais reconhecer como *seu;* recusa-se até a se assimilar a sua própria existência, pois sente-se como que *coagido* a levá-la adiante: ela lhe é confiscada; ele se defende e contra-ataca para manter à distância o intruso, equivalente do agressor. Raramente o duplo sentido, psicológico e social, da palavra alienação verificou-se de maneira tão clara. Mas, em ambos os tempos, o que está sempre em questão é o espaço de seu próprio eu: espaço inicialmente dilatado, sem fronteiras, chegando a englobar toda a natureza; depois espaço retraído, ameaçado, próximo do pesadelo em que o fora invade o dentro...

Se a maioria dos leitores prefere os primeiros livros é porque seu prazer está garantido pelo lugar especial que lhes atribui o autor (lugar que se torna muito desconfortável na segunda parte... Será que já se pensou o suficiente no fato de que o prazer do leitor provém da maneira como é tratado?). O que se entrevê de apologia, de exibição e de desculpação mescladas – aqui está meu coração aberto, aqui está meu livro aberto, leiam e me julguem – jamais esmaga, nos primeiros livros, o puro relato. Inesgotável encantamento dessas páginas... não, não as qualifiquemos. Perguntemo-nos apenas como esse milagre do estilo pôde realizar-se, e se perder. Os momentos "curtos mas deliciosos em todos os sentidos" também o são para nós. Tenham eles sido vividos ou rememorados enquanto tais por Rousseau pouco importa, o jogo da memória apenas multiplicando seus efeitos como num espelho. O aqueduto, a colheita das cerejas, as intimidades do mouro de Turim e a teta sem mamilo da cortesã de Veneza, o copo derramado sobre a Srta. de Breil e a fonte de Heron, o espelho da Sra. Basile e a esteira a seus pés, todos esses fiascos e essas proezas, todos esses "transportes" e esses "arrebatamentos" mais prezados que as grandes circunstâncias, nós os conhecemos de coração; são os sinais sensíveis do livro, cadeia de elementos discretos mais eloquentes que a cadeia, maciça, das infelicidades. Para Rousseau, em certo sentido, todo acontecimento transforma-se em infelicidade, pois vem de fora; e todo sinal sensível,

Lugares e separação

em promessa de felicidade, pois se inscreve em seu próprio espaço. Isso porque o relato é essencialmente sucessão de epifanias, de aparições: eclosão renovada da lembrança; e o prazer, manifesto, de escrever ou de ler, é aqui fomentado pelo de animar, numa suspensão à qual a escrita consegue conferir uma frágil imobilidade, uma outra e paralela eclosão: a do desejo. Se Rousseau se desdobra e se demora na evocação de seus jovens anos, não será por ser este o tempo, não do gozo da posse, mas do gozo do desejo – e até do desejo do desejo?

Caso definíssemos a autobiografia como o relato da própria vida, então, em certo sentido, não haveria nada de menos autobiográfico que as *Confissões*! Pois falta-lhe o essencial do gênero, que é o movimento para a frente, a continuidade, a história de uma vida (toda narração histórica, tendo por eixo o tempo, acentua esses aspectos, fazendo-os aparecer como necessários: raramente escapa das categorias biológicas). O leitor das *Confissões* se lembra de momentos e de lugares, de partidas e de estadas (Genebra, Les Charmettes, o Hermitage etc.), mas nunca tem a possibilidade de acompanhar um percurso. Assistimos, às vezes aderimos, a uma existência em processo, não nos identificamos ao processo de uma vida. Um crítico notou-o com precisão: "Para a maioria de seus leitores, a biografia de Rousseau é apenas uma coleção de aventuras distintas".[8] Deveríamos acrescentar: para Rousseau *também*, caso lhe agarrasse a vontade – e quem não o experimenta num momento ou noutro? – de *ler a própria vida*, de encontrar em seu desenho figura e direção. E, nesse sentido, as *Confissões* são de fato o modelo da autobiografia em sua intenção primeira: foi precisamente – para além do projeto manifesto de ser absolvido por meio da confissão – por não ter tido biografia, por não ter podido encontrar sua identidade através do que lhe aconteceu e do que fez, que Rousseau se vê como que necessariamente levado a se escrever para *criar* sua vida.

Rousseau não poderia realizar essa busca de uma identidade numa história com o que esta implica de maturação progressiva. Embora o jovem Rousseau nos relate todo tipo de aprendizagens – de gravura, de música,

---

8. MAY, Georges May. *Rousseau par lui-même*. Paris: Editions du Seuil, 1974.

de botânica, do amor – não há nada mais distante dos chamados romances de formação ou de "anos de aprendizagem" onde o indivíduo, através da diversidade dos meios sociais, das profissões, dos encontros, acaba identificando-se a si mesmo e se situando no mundo social ao encontrar um *estado*. A *Bildung* é a um só tempo "formação" de si e "socialização". Mas é o que Rousseau sente como uma contradição, adivinhando confusamente desde muito cedo que ao se situar ele se perderia, que então operaria em si a fatal separação entre Natureza e Sociedade. Se não nos remetêssemos a uma cronologia, teríamos muitas vezes dificuldades, em toda a primeira parte das *Confissões*, de discernir a idade de Rousseau nessa ou naquela circunstância. É porque suas aventuras são igualmente repetição cíclica e eterno recomeço. Para nós, leitores, podem aparecer como repetição de uma partida-retorno que encontraria seu modelo definitivo na estada encontrada, abandonada, reencontrada, novamente perdida ao lado da Sra. de Warens; mas não contamos as passagens onde ele indica que, para ele, há aí um acontecimento *decisivo* a partir do qual todo o curso de sua existência, ou mesmo a essência de seu caráter, teria sido definitivamente *alterado*: ele não seria mais ele mesmo. Exemplos entre mil outros: "Essa época de minha vida decidiu meu caráter". "Esse primeiro momento foi decisivo para minha vida e produziu, por um encadeamento inevitável, o destino do resto de meus dias." "Com este [trata-se do livro VIII] começa, em sua primeira origem, a longa cadeia de minhas infelicidades." E ainda (ele tem 42 anos): "a primeira experiência que afetou a natureza plenamente confiante com que nasci".

A que corresponde essa convicção que liga, como numa espécie de "colagem afetiva", primeira vez, cadeia de acontecimentos desafortunados, consumação de uma ruptura, a um antes que nunca se deixa apreender? Pois, desde as primeiras linhas, somos advertidos: a origem de suas infelicidades é contemporânea de sua vinda ao mundo. A meu ver, o sentimento da nostalgia não pode estar presente em Rousseau, ainda que ele o suscite em seu leitor. O *antes* só é invocado para situar o momento, exaltado, da ruptura. Sabe-se da importância da "fantasia das origens" em Rousseau: ela opera para além de sua história pessoal: origem da sociedade, das línguas, da educação. Mas será o caso de relacioná-la com coordenadas temporais? Separação, invasão, intrusão: é o modelo imaginário do trauma. O eu, em Rousseau, é um lugar, não um agente; é espaço mais que tempo.

Lugares e separação | 161

A separação logo se transforma em sinal do destino. Por exemplo, no episódio em que o pequeno Rousseau, voltando de uma de suas andanças, encontra as portas da cidade de Genebra fechadas. Pelo bom senso, ele poderia esperar sua reabertura pela manhã, solução que, aliás, seus companheiros adotam. Mas, e Rousseau? "Tremi ao ver aqueles terríveis cornos alçando-se no ar, sinistro e fatal augúrio do inevitável destino que naquele momento começava para mim." Decide abandonar Genebra na mesma hora: portanto, separação desejada, até mesmo buscada. Gosto irresistível pela liberdade vagabunda, recusa insolente (ele tem dezesseis anos) de se estabelecer (como artesão)? Sem dúvida, mas será que podemos desconsiderar o que desencadeia a fuga? Portas fechadas. Ele é, literalmente, posto da porta para fora.[9] Imediatamente, a inversão se dá: é *ele* que vai embora, antecipando e como que conjurando qualquer rejeição. A identificação heróica fica patente aqui e parece justificada: esse rapaz precisava de muita coragem. Mas o mesmo mecanismo, o mesmo orgulho aparecem em circunstâncias em que Rousseau acaba por ser expulso de seu emprego (embaixada de Veneza, por exemplo) ou de sua residência. Toda a sua vida está balizada por demissões e negativas, por separações e exclusões.

Mas falar de exclusão não é se referir implicitamente a lugares privilegiados, a um território que seria meu? Encontramos em nós mesmos a prova da importância dos lugares para Rousseau já que, dois séculos depois, percebemo-los como lugares ao mesmo tempo reais e fictícios, lugares de literatura e lugares geográficos, lugares de memória e lugares de retiro – les Charmettes, o Hermitage, a ilha de Saint-Pierre. Não zombemos daqueles que reconstituem

---

9. Também chamam nossa atenção as palavras (sublinhadas por mim) que aparecem sob a pena de Rousseau ao comentar num momento posterior sua decisão. "Esse estado [de gravador] [...] teria *limitado* minha ambição para o resto de meus dias [...] ter-me-ia mantido dentro de *minha esfera* sem me oferecer nenhum *meio de sair dela*. Dotado de uma imaginação fértil o suficiente para ornar com suas quimeras todos os estados, poderosa o suficiente para me *transportar,* por assim dizer, a meu bel-prazer *de um para o outro,* na verdade pouco importava em qual eu estivesse" (Livro Primeiro, p. 77).

escrupulosamente os itinerários de suas viagens a pé, visitam os lugares onde ele viveu etc. Embora todo autor possa suscitar incontáveis glosas, raros são aqueles que geram peregrinos; é necessário um singular poder de evocação, de identificação sensível.

A natureza desses lugares exige ser precisada. Eles não me parecem marcados pela contenção, como muitas vezes acontece com as casas, os jardins, os celeiros da infância, lugares então impregnados de nostalgia. Tampouco servem para suspender o tempo, não são valorizados porque resistiriam à erosão da existência. E tampouco devemos evocar de forma precipitada a mãe ausente para ver neles substitutos do lugar materno; é difícil não perceber uma intenção um tanto zombeteira na denominação de "mamãe" complacentemente dada à sra. de Warens.[10]

Vamos encontrar no próprio Rousseau várias indicações sobre o que ele chama de *memória local*. Assim, ele refere "certos estados anímicos que não estão relacionados apenas com os acontecimentos de minha vida, mas com os objetos que me foram mais familiares durante esses acontecimentos". O acontecimento conta menos que a familiaridade, a única capaz, com o arrebatamento, de apagar a fronteira entre mim e o exterior; eu *me* encontro nessa paisagem, nesse cheiro, nessa música; ou melhor, o acontecimento só conta se introduz ou rompe essa familiaridade. Para Rousseau, os lugares são figuras dele mesmo. Pode torná-los tão extraordinariamente presentes enquanto não se sentir ameaçado. O que é uma maneira de dizer que se não houvesse intrusão (e, portanto, ataque) do outro – em nossos termos, se também os outros não fossem movidos por seus próprios desejos –, que se ele, Rousseau, tivesse tido o direito de determinar seu modo de existência, teria podido viver em harmonia, dada a simplicidade de suas exigências. Ele não pede nada, imagina-se passivo.

Objetarão: você faz de Rousseau um sedentário, quando na verdade ele nunca parou em lugar nenhum, por imposição ou por vontade própria. Sua vida certamente foi aventurosa, sem por isso ser a de um aventureiro, vagabundo, errante. Mas foi igualmente

---

10. Denominação, aliás, corrente na época para designar a companheira ou a amante.

Lugares e separação | 163

sedentária. Se ele se mexe, é para fugir de um lugar que ameaça aprisioná-lo, e toda forma de vida, toda profissão, a começar pela de escritor, todo estado, depois de certo tempo, suscitam nele esse sentimento. Portanto, tem de se refugiar em outro lugar, mas eis que o lugar de refúgio também se transforma inevitavelmente em prisão. Tem de escapar. Fala-se das viagens do jovem Rousseau, mas, relendo-as, chamou minha atenção o quanto elas diferem de nossa ideia do viajante, preocupado com miudezas, apaixonado pela mudança, aficionado por encontros e experiências novas. Com Rousseau é diferente, ele *se* viaja; paradoxalmente, suas idas e vindas são menos busca de outros seres humanos cuja estranheza, cuja diferença, acentuariam a alteridade, do que oportunidade de vida imediata, colocação à distância desse outrem que ameaça apossar-se dele, instalando ao mesmo tempo a divisão.

Por isso, ao longo de todos os seus anos de juventude, vemo-lo não deliberadamente instável, por assim dizer, mas deixando-se levar pelos acontecimentos: vida indeterminada, jogada de uma profissão, de uma cidade, de um objeto para outro – vertente picaresca –, mas que também poderíamos descrever – vertente stendhaliana – como muito preocupada com os "meios de conseguir" (muitos fatos o comprovam). O único projeto que, dentre tantos outros abortados ou fadados ao fracasso rápido, mantém alguma consistência é o da notação musical cifrada, e a única competência que Rousseau irá querer, não sem certa ostentação, reconhecer como sua é aquela, a mais ostensivamente humilde, de copista. O que fez com que ele não fosse um vacilante? A ferrenha obstinação de ser apenas ele mesmo. Na "marginalidade" e depois na oposição de Rousseau à ordem das coisas (= às regras do jogo social) – lembremos que essa oposição se afirma com o máximo de rigor no momento em que ele conhece o sucesso, momento em que recusa uma pensão do rei e em que termina sua "reforma" –, ele põe uma força que, ainda que se nutra de sua enfatuação, é bastante irredutível: num movimento de desafiar o mundo, reivindicou o qualificativo de "bárbaro".

Busca apaixonada da unidade, instauração de uma comunicação imediata, que os humanos vedam a si mesmos, procura de uma identidade que a obra não bastaria para garantir,[11] essas intenções tão próximas entre si parecem tender a negar qualquer conflito irredutível. Talvez o trágico da existência de Rousseau decorra de que ele não reconhece traço desse conflito *nele mesmo*: o conflito se situa entre ele e os outros; mas o que ele percebe em si não é o conflituoso – entre forças contrárias –, é o *dissemelhante*. Em algum lugar ele escreve: "Nada é tão dissemelhante a mim quanto eu mesmo". Formulação que seria banal sob a pena de um outro, mas cuja contradição devemos ressaltar em se tratando de Rousseau: o dissemelhante a mim sou eu mesmo. Acrescentemos: *tem de* ser eu mesmo para que em meu espaço privado haja, como numa paisagem bem feita que não se sabe se é obra do jardineiro ou de um arranjo natural, bastante disparidade para me pôr em movimento e a proteção suficiente para manter afastada a violência selvagem do fora, radical alteridade. O eu *mesmo* tem de permanecer, e o fato é que nessa multiplicidade de estadas e de fugas, de empregos e de encontros, de amizades e de brigas, de loucuras fugazes e de ardentes delírios que é o relato das *Confissões*, o fato é que nessa extraordinária sucessão, Rousseau continua estranhamente o mesmo. Essa dupla confissão do semelhante e do dissemelhante deve absolvê-lo tanto a seus olhos como aos nossos. Dissemelhante: ele não poderia estar inteiramente presente no conjunto de suas ações (elas às vezes o surpreendem na posição de espectador); mas semelhante implica que para além dos acidentes da existência, ele reivindica uma essência, essência esta que é virtude inata.

A esse agudo senso da dissemelhança no âmago de si, Rousseau dá, de passagem, uma formulação mais enigmática do que parece (é sempre assim em Rousseau: a profundidade está na superfície, não há névoa em suas paisagens). Ao falar a respeito de sua relação com

---

11. M. Raymond e B. Gagnebin nos lembram, em sua introdução às *Confissões*, que Rousseau, ao sair de sua crise de 1757 (separação da sra. d'Houdetot, briga com Grimm e Diderot, partida do Hermitage), acreditou encontrar a salvação na criação de seus grandes livros. *A Nova Heloísa, Emílio, O Contrato social* serão publicados quase um depois do outro (em 61 e 62). Embora Rousseau tenha consciência de seu gênio, para ele o escritor não é o homem.

Lugares e separação

Thérèse Le Vasseur – no fim, a única relação estável que conseguiu manter –, de sua necessidade inextinguível "de uma sociedade íntima e tão íntima quanto pudesse ser", esclarece numa confissão que nos aproxima de seu segredo: "Essa necessidade singular era tal que a mais estreita união dos corpos ainda não bastava: teria precisado de duas almas no mesmo corpo; sem isso sentia sempre um vazio".[12] *Duas almas no mesmo corpo*, o dele; desejo impossível, cuja realização seria a única possibilidade de reduzir o vazio interior, de garantir a completude; fantasia de um ser dual, homem e mulher, sem dúvida subjacente ao que podemos presumir ter sido a vida sexual de Rousseau;[13] certamente pobre, devaneio do caminhante solitário que autoriza todos os papéis e encontra em situações triangulares a ocasião privilegiada para sua encenação (entre várias outras: com Claude Anet e a sra. de Warens, com a sra. d'Houdetot e seu amante, mas também com Thérèse e sua mãe).

Inúmeros comentadores empenham-se em tentar retificar o relato das "brigas" de Rousseau: a versão dele é a correta? Em que medida ele deforma os fatos? É uma preocupação que não concerne apenas aos assuntos litigiosos; no limite, ela se estende a todos os fatos relatados nas *Confissões,* como se o leitor se sentisse obrigado a ir verificar, pela investigação no "real", o que Rousseau diz. Tentação à qual nunca se resiste completamente, sobretudo quando o clima de litígio começa a se intensificar e o próprio autor – ver, por exemplo, o caso do Hermitage – fornece *provas materiais.* Como, então, não consultar as provas do adversário? Mas como não perceber também a inutilidade dessa investigação? Primeiro, a dois séculos de distância das disputas e de seus móveis, de que lugar ideal poderíamos avaliar os argumentos a favor e contra? E, sobretudo, isso equivaleria a ignorar radicalmente a

---

12. Liv. IX, p. 414. Fórmulas muito parecidas poderiam ser encontradas sob a pena de Diderot. Por exemplo: "Faz vinte anos que acredito ser um em duas pessoas" (Carta a Grimm de 15 de maio de 1772). O funcionamento do *casal* Rousseau-Diderot – amizade apaixonada como atualização dessa dualidade – mereceria um estudo à parte.

13. O texto das *Confissões* oferecerá ao leitor interessado nesse tema várias indicações diretas ou indiretas.

potência própria do delírio de Rousseau. Seus contemporâneos, aqueles que o cercavam, sentiram-na como se só lhes restasse a seguinte alternativa: ou confirmar o delírio encarnando o papel do hipócrita e do mau ou então refutá-lo como produção de um doente e rejeitar ao mesmo tempo seu autor.

Formular o diagnóstico de paranoia serviria apenas para reforçar a ilusão inerente à posição de terceiro objetivo: o que o paranoico detecta é geralmente a verdade latente do outro. Isso porque ele demonstra tanta clarividência no que concerne ao outro quanto cegueira no que concerne a si próprio e não há nada mais ineficaz do que pretender ordenar as "projeções" desse cego hiper-lúcido como se fossem percepções equivocadas. Além disso, em definitivo, a realidade sempre confirma sua convicção: o comportamento de Grimm e de Hume, ou mesmo o de Diderot, não acabam justificando a desconfiança de Rousseau? Inversamente, contudo, não poderíamos concluir do fato de que Rousseau foi *efetivamente* perseguido – o que é evidente – que ele não fosse tão "persecutório" como se imaginou.

O leitor da segunda parte das *Confissões* ficaria nesse círculo se se obstinasse em querer desemaranhar esse ou aquele "caso", ora como advogado de defesa, ora como advogado de acusação; mas sairia dele se consentisse em ouvir nos diferentes tempos da obra as modulações de uma mesma voz, se também se fiasse no quanto de proximidade e de distância ela suscita nele, alternada ou simultaneamente.

Ao evocar os "ardentes êxtases" que viveu enquanto escrevia *A Nova Heloísa,* Rousseau constata com lucidez: "As pessoas nem imaginavam a que ponto seres imaginários podem me inflamar".[14] Esse "as pessoas" certamente não é o leitor das *Confissões*: do verde paraíso dos amores infantis ao negro inferno das paixões tardias, na gama dos movimentos da alma e das emoções, a começar pela deliciosa vergonha, o imaginário não cessa de "queimar". Mas o que Rousseau ignora, ao mesmo tempo em que faz de nós testemunhas, é a outra vertente, ou seja, seu modo de relação com os seres reais: necessidade compulsiva de apego, rapidamente seguida de uma rejeição não menos apaixonada que rompe todo

---

14. *Confessions,* tomo II, p. 316.

Lugares e separação | 167

vínculo; ciclo constante que o torna cada vez mais *só* (e desolado), mas também cada vez mais *único* (e triunfante). Ele precisa ser *proscrito* do espaço social – o espaço dos outros – para poder circunscrever o seu próprio. Nada demonstra isso melhor que as admiráveis linhas que abrem a *Primeira caminhada*: "Eis-me, portanto, só sobre a terra, sem outro irmão, próximo, amigo, sociedade além de mim mesmo [...]. Ei-los portanto, estrangeiros, desconhecidos, nulos enfim para mim porque assim quiseram. Mas eu, separado deles e de tudo, que sou eu mesmo?". Para que a questão fundamental da identidade pudesse ressurgir, nua, foi preciso que Rousseau acertasse suas contas, com seus contemporâneos e consigo mesmo, nas *Confissões*.

Dizer que Rousseau *quis* seu isolamento seria desconsiderar de forma escandalosa o preço que teve de pagar em mortificações e sofrimentos. Não esqueceremos, porém, que em meio aos anos "felizes", é nos movimentos de sua alma, em seu devaneio solitário – como em circuito fechado – que ele *se reconhece*: acordo consigo mesmo que reserva para as pessoas reais apenas uma função de oportunidade estimulante para um prazer psíquico obtido em vaso fechado.[15] O fato de ser rejeitado por uma delas ou de que ele a abandone não tem efeito profundo: Rousseau nunca tem de *fazer seu luto* do objeto perdido, pois o objeto-pessoa/ninguém é para ele, acima de tudo, figura de

---

15. Tomo estes últimos termos emprestados de Christian David que tentou definir, sob o nome de "perversão afetiva", um tipo particular de funcionamento psíquico (em *La Sexualité perverse*. Paris: Payot, 1972). A maioria dos pontos de sua descrição esclarecem singularmente a personalidade de Rousseau, embora a ele não se faça referência: fetichismo interno, intensificação do prazer psíquico correlacionado com um enfraquecimento, até mesmo um impedimento, do orgasmo, contraste entre a pobreza da vida sexual e a intensidade da riqueza emocional; relação dessa "autodestinação engenhosa e refinada da sensibilidade" com o narcisismo e o masoquismo. No conjunto desses traços, deve-se ver manifestações de um "deleite de essência perversa, na medida em que a contemplação à distância e o jogo do devaneio não só se tornam preferíveis à concretização do prazer e à posse efetiva do objeto do desejo, como são intensamente sentidos como tais". Se nossa intenção tivesse sido a de analisar o caso Rousseau, teríamos incontestavelmente encontrado nessas indicações referências seguras.

uma relação que possa estar a serviço de seu próprio funcionamento. Vejam como ele motiva – ou justifica – sua escolha de Thérèse: "Numa palavra, era preciso conseguir um sucessor para Mamãe; já que não podia mais viver com ela, precisava de alguém que vivesse com seu aluno, e em quem encontrasse a simplicidade, o coração dócil que ela encontrara em mim". Não poderia haver melhor forma de expressá-lo: nas duas pontas da corrente, é seu "eu" que Rousseau encontra, os outros tendo apenas valor de elo. Eles também têm de ser capazes de encarnar um *habitat*: a série dos "protetores", incluindo a sra. de Warens, inexistente fora da casa de Annecy ou des Charmettes, está intimamente associada aos territórios, ao asilo que ofereceram a Rousseau. Ocasião, elo, lugar, o outro é na verdade sutilmente negado em sua própria realidade e fica-se tentado a reconhecer no progressivo banimento da pessoa de Rousseau, que por sua vez o negava, uma formidável e maciça retorção: Rousseau – esse autodidata, lembremos – encontrava cada vez mais justificações para confiar apenas em si mesmo, para "nutrir-se apenas de sua própria substância".[16] Há nele como que uma compulsão a negar o que deve aos outros, há nele uma obrigação imperiosa, um dever de ingratidão.

Mas a nós, leitores de suas *Confissões*, não cabe nem absolvê-lo nem examinar suas entranhas e seu coração (forma moderna da perseguição). Nem invadir seu espaço, nem se manter a uma prudente distância dele: cabe-nos, antes, abrirmo-nos para o seu a fim de expandir o nosso. Podemos oferecer a *nós* mesmos o que o destino ou ele mesmo lhe recusaram: permanecer, ao longo de toda a sua andança exaltada e de suas paradas sem descanso, seu companheiro próximo. Pois, reconhecer Rousseau em sua diferença é também uma chance de nascermos para nós mesmos. Sim, com ele é efetivamente sempre, mais uma vez, a primeira vez... Rousseau, ou a *repetição* do *começo*.

16. São estes os termos precisos de uma de suas cartas.

NASCIMENTO E RECONHECIMENTO DO *SELF*

INTRODUÇÃO AO ESPAÇO POTENCIAL

Ele me fala de Narcisismo, retruco-lhe que se trata de minha vida. Cultuo não o eu, mas a carne, no sentido sensível da palavra carne. Todas as coisas só me tocam na medida em que afetem minha carne, em que coincidam com ela, e exatamente no ponto em que a abalam, não além disso. Só me toca, só me interessa o que se dirige diretamente a minha carne. E nesse momento ele me fala do Si. Retruco-lhe que o Eu e o Si são dois termos distintos que não devem ser confundidos, e são exatamente os dois termos que se contrabalançam pelo equilíbrio da carne.

Antonin Artaud,
Fragmentos de um diário do inferno

Um dos traços marcantes da literatura psicanalítica anglo-saxã destes últimos vinte anos é a ênfase colocada no *self*. Dizemos anglo-saxã, dizemos *self* e hesitamos em traduzir por "si mesmo" [*soi*]. Obstáculo linguístico que é também um obstáculo epistemológico. Diferença cultural sobre a qual cabe indagar se ela também não encobre uma divergência de ideologia ou de filosofia espontânea. E sabemos a intensidade do impacto da cultura ambiente sobre os conceitos psicológicos e psicanalíticos. Mas também sabemos que não existe nada mais difícil do que avaliar esse impacto. Por isso, devemos começar pela pergunta: o *self* é exportável? E entendê-la em seu duplo sentido: exportável de uma cultura para outra, de um indivíduo para outro.

Um amigo inglês lhe diz: *Take care of yourself*. Você pode receber sua frase simplesmente como um "Te cuida", ou, de uma maneira mais sutil, que já acusa uma brecha na pessoa: "Cuida bem de ti mesmo". Se a cena se passa na plataforma de uma estação, na partida para uma viagem, você verá nela uma prova de atenção. Mas, suponhamos que o amigo seja médico e que você acabou de cruzar com ele na rua, aí a coisa fica mais inquietante. Avançando um pouco mais na mesma direção: se você separar o *your* do *self*, a frase transforma-se em: "Cuida bem de teu *self*". Nesse, caso, o que está implicado é que esse *self* não é algo imediatamente visível, mas escondido, secreto até, que ele pode ser ignorado, negligenciado, esquecido até, ou perdido. No limite, posso escutar o banal *Take care of yourself* como: "Qual é minha identidade? Que sou? Será que sou?". Hamlet se avizinha...

Consultem o dicionário *Harraps*. Ali, entre centenas de outras, encontrarão, por exemplo, a seguinte expressão, que faz divagar um ouvido francês: *He is quite his old self again*, traduzido, de maneira bastante aproximada, por: "Ele se restabeleceu completamente".

Abram agora o livro de um psicanalista impregnado de fenomenologia, Harry Guntrip, que centrou sua obra no *self*. Ali, quando o autor procura tornar palpável o que é para ele a significação fundamental do *self*, encontrarão sugerida uma analogia com o exército britânico de 1940, que, com sua retirada de Dunkerque, conseguiu primeiro evitar uma derrota aniquiladora e depois recuperar forças no solo natal, insular, matricial: *a safe place*, escreve Guntrip, ou seja, um lugar a um só tempo intacto, seguro e assegurador.

Não seria inútil multiplicar os exemplos: eles fariam aparecer uma rede de imagens que merecem ser exploradas; mostrariam como o *self* pode ser parte integrante de uma experiência linguística, social, privada, de cada dia; tornariam perceptível para nós, melhor que por uma definição conceitual, a distância entre o registro do *self* e aquele de nosso si mesmo. Permanecendo por mais um instante na ordem da imagem, diremos que o primeiro evoca um espaço pessoal, ou melhor, a *vivência* desse espaço psíquico próprio (assim como se diz o corpo próprio), o segundo, o de uma ancoragem numa referência fixa, marcada por um "quanto a si", por um foro/forte íntimo. Se quisermos traduzir a *selfhood*, a *selfness* – o sentimento de que isso é verdadei-

Nascimento e reconhecimento do *self* | 171

ramente meu, me pertence – somos condenados a recorrer ao termo culto, derivado do latim, de ipseidade.

Portanto, o psicanalista francês fica logo de início desconcertado ante a proposição da noção de *self*. Mais do que uma noção nova que sua teoria e sua experiência teriam abusivamente negligenciado e que por isso retornaria, a exemplo do recalcado, sua primeira tentação é ver nela a ressurgência de uma concepção que, a seu ver, a psicanálise tinha definitivamente desmantelado. Concepção, que ele considera pré-analítica, de um sujeito unificado e unificante, de um sujeito que pode se reconhecer como *si-mesmo*, como si e mesmo, isto é, como unidade e continuidade, por certo precária, lábil, alterável, mas capaz de escapar em seu ser à *irredutibilidade* do conflito, à *alteridade* do inconsciente, à *inconciliabilidade* das representações, à *parcialidade* das pulsões, à *multiplicidade* disparatada das identificações. Da descoberta da "personalidade múltipla" que marca o advento da psicanálise à noção de *Ichspaltung* (clivagem do eu [do *je* ou *moi**], voltaremos a falar dessa ambiguidade) que constitui o fecho da obra freudiana, é legítimo afirmar que três quartos de século de experiência analítica minam a ilusão de um sujeito monádico, de uma pessoa total certa de *se pertencer*. Mas, para isso, será preciso invocar Freud? Bastam as intermitências proustianas, ou as *Confissões* de Rousseau, procurando em vão sua unidade, ou mesmo Montaigne: "Não pinto o ser, pinto a passagem".

Mais que de retorno do recalcado, é de retorno do *recalcante* que se deveria então falar, retorno marcado de nostalgia, reencontrar aquele bom velho si mesmo que um excesso de análise nos teria feito perder: *He is quite his old self again.*

Contudo, por mais bem fundamentado que pareça, algo me impede de adotar plenamente esse ponto de vista. Nos argumentos de certas pessoas contra a introdução do *self* em análise,[1] há muitas vezes um tom que, paradoxalmente, lembra aquele da tradição filosófica recente contrária ao inconsciente freudiano: convenhamos, isso é impensável!

---

* Vide abaixo, p. 210. [N. da T.]

1. Emprego essa formulação ecoando o título de Freud: *Introdução ao narcisismo*.

O que vem em seguida é bem conhecido. E a resposta de bom tom: talvez, mas nada impede que exista.

Portanto, melhor seria colocar-se primeiro num plano que não seja puramente teórico e não se prevalecer da ortodoxia freudiana para declarar incontestável, ou manter sob legítima suspeita, uma noção que efetivamente não pertence a seu aparelho conceitual. Não esqueçamos um dado bastante simples: se psicanalistas de orientações tão diversas como Édith Jacobson ou René Spitz, Winnicott ou Guntrip empregaram o *self* em sua teorização, foi para tentar responder a problemas suscitados pela análise de alguns de seus pacientes e não para demonstrar a insuficiência ou a carência da metapsicologia freudiana.

1. O QUESTIONAMENTO CLÍNICO

Portanto, é dos fatos clínicos que se deve partir. Por comodidade, selecionarei dois tipos de dados da clínica psicanalítica, diferenciando, o que não deixa de ser um tanto arbitrário: *a)* certos tipos de personalidades, *b)* certos mecanismos psíquicos, que, ambos, parecem colocar em dificuldades, ou em xeque, a teoria clássica. Os primeiros porque não se encaixam, ao menos numa primeira análise, no quadro da nosografia clássica; os segundos porque a prevalência deles faz mais do que colocar problemas de manejo técnico do tratamento e leva a se perguntar sobre o funcionamento e a gênese do aparelho psíquico. Quero esclarecer também que ficarei, deliberadamente, o mais perto possível do descritivo, o mais perto possível do que os clínicos em questão identificaram, já que meu propósito é mais o de delimitar um campo de experiência do que de pôr à prova da crítica teórica a validade de um conceito.

A personalidade "como se"

No tocante ao problema que nos interessa, acho que o pontapé inicial foi dado pelo quadro que Helen Deutsch propôs, em 1942,

Nascimento e reconhecimento do *self* | 173

do que ela denominou personalidades *as if* (como se).[2] Comparado com o das neuroses clássicas (neurose obsessiva, histeria, neurose fóbica), o quadro clínico que ela descreve é necessariamente impreciso: ausência de sintomas psiconeuróticos, ausência de traços de caráter declaradamente patológicos, comportamento geralmente bem adaptado às exigências do meio. Mas a formação sintomática, ao mesmo tempo em que comprova, até mesmo aos olhos do sujeito, a existência atual do conflito psíquico, constitui uma tentativa de solução desse conflito, tentativa marcada pelo sofrimento. No caso das personalidades *as if*, o que chama a atenção do observador é, ao contrário, a conjunção de uma aparente normalidade – aparente, pois é sobretudo passividade, "submissão" em relação ao meio – e de uma falta de autenticidade e de calor: parecem, diz Helen Deutsch, atores muito tarimbados, destinados a fazer de conta. O mal-estar, a angústia, são sentidos pelo outro. É ele que, passado certo tempo, se pergunta: "Que é que está errado?". Algo falta...

O interessante nessa descrição é que aquilo que ela tem de vago não é imputável ao observador; o interessante é que ela emana de uma psicanálise particularmente habituada a dissecar a personalidade, a identificar o jogo das instâncias. Aqui, esse jogo falta. Fica-se então tentado, indo um pouco além da descrição da autora, a propor a seguinte hipótese: para que o jogo das instâncias possa funcionar, para que esses conflitos intersistêmicos e intrasistêmicos ganhem forma, não é necessária a organização de um espaço psíquico já diferenciado? A tópica subjetiva não é um dado de fato, ela tem sua gênese.

Na observação de Helen Deutsch, um termo, que reaparece sem que a autora o sublinhe, deve ser destacado: *vazio*. Ao falar de uma paciente do tipo que ela tenta definir, escreve: "Ela não diferenciava suas formas vazias daquelas que os outros efetivamente

---

2. "Some Forms of Emotional Disturbance and their Relationship to Schizophrenia". *Psychoanalytic Quarterly*, (11): 301-321, 1942; retomado em *Neuroses and Character Types*. Londres: Hogarth Press, 1965. Uma primeira versão desse artigo fora publicada em 1934 em *Internationale Zeitschrift für Psychoanalyse* sob o título "Über einen Typus der Pseudo-affectivität (*als ob*)".

experimentam". Ao se referir às fantasias que, na infância, a paciente tinha em relação a seus pais, esclarece que também se constituíra um mito parental, a sombra "fantasística" de uma situação edipiana que não passava de uma forma vazia; a única função dessas produções imaginárias era proporcionar uma satisfação narcísica. E, a propósito de outro paciente: "A análise era extremamente rica em material, mas se desenrolava num vazio emocional".

Espaço psíquico vazio. É apenas uma metáfora, que, no entanto, permite situar-se no quadro clínico, desconcertante por sua banalidade, que nos é dado. Quadro que parece existir sobretudo, digamos assim, *em negativo,* sendo a autora obrigada a proceder por constantes demarcações. A ausência de afeto evoca a frieza do *obsessivo* – mas neste o afeto só é suprimido devido a sua violência escondida, que ressurge no ato compulsivo, na crueldade da exigência superegóica, ao passo que no caso do *as if,* o afeto não é perceptível porque não há investimento de objeto que se possa designar. A labilidade e a fragilidade das identificações (que leva a falar de "pseudo-identificações"), a tendência ao agir, a sugestionabilidade lembram o *histérico,* mas no histérico, a encenação remete ao "teatro privado", a dramatização a um conflito infantil carregado de angústia que o agir repetido visa a ab-reagir, ao passo que no *as if,* o mundo exterior, longe de ser "teatralizado", de ser puro pretexto para a expressão da fantasia composta, é afirmado como tal: resta apenas submeter-se a ele; a realidade, ou melhor, um segmento de realidade, desempenha, digamos assim, função de supereu; consequentemente, o conflito ocorre sempre entre o indivíduo e o exterior. A pobreza da vida emocional e das relações objetais, a prevalência do narcisismo, evocam uma condição *pré--psicótica,* mas uma diferença fundamental persiste, sublinha Helen Deutsch: "a personalidade *as if* tenta *simular* a experiência afetiva" (pseudo-afetividade). Contudo, é aos esquizoides que Helen Deutsch – a meu ver de maneira discutível – vincula as personalidades "como se", correndo o risco de enfraquecer aquilo que constitui o valor de sua descrição clínica: pois, embora o *comportamento* do pré-psicótico – do pré-esquizofrênico, em particular – não deixa de lembrar o *as if,* entre o vazio do espaço psíquico do segundo e o cheio demais do espaço interior do primeiro, tal como revela a investigação analítica, há uma enorme distância.

A exteriorização

Esquematizando, poderíamos dizer que a personalidade "como se" nos confronta com a possibilidade de uma ausência de *self* (próxima do que Winnicott chamará de "falso *self*"), ao passo que o psicótico não nos confronta de forma alguma com essa ausência e sim com um *self* dissociado, despedaçado até. No primeiro caso, temos a sensação de que o espaço psíquico não se constituiu, que é apenas um envoltório vazio, no segundo, de que ele se confunde com o espaço *interno* e está atravessado por linhas de clivagem: espaço *cheio demais* dessa vez, como se a barreira protetora contra a excitação interna estivesse sempre prestes a se romper, o envoltório da vesícula eu-corpo, prestes a explodir. A relação com a realidade encontra-se radicalmente modificada. Edith Jacobson, em seu pequeno livro *Psychotic Conflict and Reality* (Hogarth Press, 1967), mostrou de forma notável, com base numa observação, como o psicótico *utilizava* o outro e precisava dele para tentar enfrentar seus conflitos e manter seu equilíbrio interno sempre ameaçado; o mecanismo em jogo é a exteriorização, o benefício esperado e muitas vezes conseguido é garantir um controle, se possível onipotente (defesa maníaca), ou, ao menos, um domínio sobre partes de si objetivadas já que não podem ser integradas no espaço interior.[3] A escola kleiniana, com a noção de identificação projetiva, recorre sistematicamente a esse mecanismo de exteriorização, e o analista se guia na transferência pelas

---

3. O psicótico – como se sabe – pode dar provas de uma extraordinária lucidez, de uma extra-lucidez que parece curto-circuitar o trabalho analítico no que se refere a esse espaço interior, lucidez bem superior à do neurótico. Daí a conclusão apressada de que, nele, o inconsciente é consciente. Mas isso é confundir sua proximidade de seus objetos internos com o conhecimento de si. O que permanece ignorado é a resposta à angústia por meio do *acting out*. Os "conteúdos" podem ser apreendidos até mesmo em sua significação simbólica, mas o funcionamento psíquico continua inconsciente. Mais forte que o sujeito, ele impõe sua lei.

respostas à pergunta: que parte de seu *self* o paciente está atualmente projetando em mim?

Introjeção-projeção: o limite entre o dentro e o fora passa então a ser determinante. É onde vemos tudo o que separa o tipo de paciente observado por Helen Deutsch e o de Edith Jacobson. No paciente desta última, poderíamos dizer que é o limite enquanto tal que é investido: para prevenir uma ameaça de destruição interna (a psicose declarada), trata-se de pôr fora, fora de si, os objetos internos perigosos, de utilizar a realidade para manter as "fronteiras do eu" (Federn); se o paciente que E. Jacobson descreve se lança com tudo em seu trabalho profissional, dispende uma energia considerável e, aliás, eficaz na defesa de causas, políticas e depois judiciárias, é para tentar prevenir o caos. O tratamento da realidade é bem diferente no caso dos "como se": eles a *utilizam* também, como, aliás, qualquer um de nós, mas para suprir o vazio de seu espaço interior; não expulsam o dentro para fora, como o psicótico, num processo eminentemente defensivo de projeção, de recusa e de onipotência; não põem em cena, como o histérico, um roteiro já organizado na forma de cena fantasmática. Diríamos, antes, que encontram sua cena psíquica no mundo exterior, precisam de um diretor de teatro para sentir que existem.

Agora, uma pausa e uma hipótese.

A "ficção" do aparelho psíquico

Costuma-se considerar uma conquista da clínica psicanalítica[4] o fato de ter estabelecido que a linha de separação entre neurose e psicose não é apenas nosográfica. A análise reconheceu a existência de mecanismos psicóticos, até mesmo de um "núcleo" psicótico, atuantes mesmo no indivíduo normal; inversamente, reconheceu a existência de uma parte neurótica e mesmo de funções normais no

---

4. Digo "clínica psicanalítica" para diferenciá-la ao mesmo tempo da clínica *psiquiátrica* e do *tratamento* psicanalítico. A escassez dos resultados obtidos pela psicanálise no campo das psicoses não diminui o interesse de sua contribuição para a determinação, quando não o determinismo, dos mecanismos psicóticos.

Nascimento e reconhecimento do *self* 177

psicótico; enfim, deparou cada vez mais – e, aqui, fatores culturais deveriam ser levados em consideração – com o que denominou, de maneira bastante aproximativa, as neuroses mistas, os casos-limites, as neuroses de caráter, as personalidades narcísicas etc.

A consequência dessa extensão[5] não é essencialmente de ordem nosográfica; não poderia ser reduzida ao projeto de uma nosografia cada vez mais refinada, nem a uma tipologia diversificada das personalidades ou das organizações psíquicas. A descrição de quadros clínicos – que, notemos, só são qualificados de mistos por referência aos "modelos" das grandes neuroses clássicas, estruturas psicopatológicas mais fáceis de delimitar e onde o conflito intrapsíquico é patente – deveria, a nosso ver, servir em primeiro lugar para renovar a concepção da tópica freudiana.

Antes de mais nada é preciso manter presente e viva em nós a intuição que funda essa "tópica" (por deslocamento da teoria anatômica das localizações): a de lugares psíquicos. O "sujeito" freudiano define-se como uma série de lugares, funcionalmente especializados: na primeira tópica (que diferencia os três sistemas Ics, Pcs, Cs), essa especialização é concebida como uma *sucessão,* com a energia seguindo certo *percurso* temporal, progressivo ou regressivo, segundo a *ordem* de sistemas; na segunda, é concebida conforme o que poderíamos chamar um *encaixamento* (o eu se diferenciando do isso, o supereu enraizando-se no isso ao mesmo tempo em que se diferencia do eu etc.). Os modelos de referência são muito diferentes: fazem-nos passar de um registro ao outro como se fossem metáforas. Mas têm ao menos algo em comum – a "ficção" (o termo é de Freud) de um aparelho psíquico.[6] Como o objeto da ciência psicanalítica é para Freud o estudo do aparelho, a finalidade da tópica é a seguinte: "Tornar compreensível a complicação do

---

5. Extensão que nada tem a ver com uma extensão dos poderes da análise, muito pelo contrário. O problema da *analisabilidade* coloca-se hoje de maneira mais aguda que nos primeiros tempos da psicanálise. Cf. *infra* "Bordas ou confins?".
6. O fato de Freud aparentemente falar de maneira indiferente de *psychischer* ou de *seelischer Apparat* demonstra, com uma nuança provocativa, seu anti-espiritualismo: a alma é um aparelho.

funcionamento psíquico dividindo esse funcionamento e atribuindo cada função particular a uma parte constitutiva do aparelho".[7]

Na medida em que o esforço inicial de Freud voltava-se – por exigência dos dados da psicopatologia[8] – para uma desintrincação entre sujeito e consciência, ele efetivamente diferenciou, separou quanto a sua *função,* quanto aos *mecanismos* que as regem e ao *processo* que nelas se efetua, as "partes constitutivas do aparelho". Mas, em certo sentido, ele se dá, ele constrói esse aparelho. É certo que a preocupação com sua gênese não está ausente: hipótese do recalcamento originário que constitui o inconsciente na primeira tópica, hipótese da diferenciação progressiva do isso na segunda. Apesar disso, o aparelho psíquico enquanto tal parece estar pressuposto desde o começo. Prova disso é toda a ambiguidade da noção de pulsão – a meio caminho entre o somático e o psíquico; toda a nossa dificuldade de situar a noção de excitação pulsional, a um só tempo interna e externa a esse aparelho, também o demonstra.

Parecemos estar nos afastando do *self.* Mas esse desvio necessário nos leva a levantar a hipótese de que o que esse termo nascido ou renascido da clínica psicanalítica visa, de maneira incontestavelmente confusa, é o que sustenta esse aparelho, ou, em termos energéticos, a energia que o faz funcionar, ou ainda, o que faz desse aparelho algo diferente de um *derivado* mental do organismo, de uma representação psíquica: uma realidade *viva.*

Dissemos: de maneira incontestavelmente confusa. Portanto, antes de desenvolver essa hipótese e fundamentá-la para lhe dar um sentido, devemos tentar dissipar a confusão, ou melhor, esclarecer os motivos desta. Temos, portanto, de falar de conceitos. Por uma questão de comodidade, distinguiremos, no tocante à noção de *self,* duas posições.

---

7. FREUD, *G. W.*, II-III, p. 541.

8. Dados reconhecidos antes da psicanálise por expressões como "dupla personalidade", "grupos psíquicos separados", "dupla consciência alternada" etc.

2. O EU E/OU O *SELF*

1. Uma primeira posição consiste em assimilar o *self* à pessoa total. Por um lado, essa assimilação é em geral implícita, pois evidentemente contraria o que há de mais irrecusável na experiência analítica; por outro, ela é, por assim dizer, reativa, visa a reagir ao excesso de objetivação justificada por uma maquinaria metapsicológica onde o sujeito se apaga, desaparece na manipulação das instâncias.[9] O *self* viria – com tudo o que isso comporta de anseio e de fantasia – "preencher um buraco".

Naqueles que fazem dele uma noção referencial, muitas vezes reconhecemos as sequelas de uma fenomenologia inconsistente, da proclamação de uma ideologia personalista, bergsoniana até. Cito Guntrip: "O que há de mais profundo em todo ser humano é um elã vital, uma vontade de viver dinâmica, que se exprime no que a psicanálise denominou a libido. Essa libido é concebida de forma excessivamente estreita se se limitar a conotar a libido sexual, que é apenas um aspecto do todo vivo da pessoa".[10]

Esse autor filia-se à concepção de Fairbairn, que define a libido como *object-seeking* e não como *pleasure-seeking* (busca do objeto, não do prazer) e, por uma série de deslizamentos insensíveis, Guntrip – que escolho apenas a título de exemplo, a meu ver representativo de toda uma orientação de pensamento – substitui objetos por pessoas, fala de *self-development* e de *self-fulfilment* (autodesenvolvimento e autorealização), de um *self* natural primário no lugar de formação do eu, de relações de amor no lugar de pulsões sexuais, invoca, enfim, um *total self*, um sujeito total.[11] Gradativamente, é para um recentramento na pessoa que somos conduzidos.

---

9. Por exemplo, C. Rycroft: "A psicanálise, sobretudo em sua metapsicologia, não deixa nenhum lugar para o *self*".

10. GUNTRIP, H. *Schizoid Phenomena: Object Relations and the Self*. Londres: Hogarth Press, 1968, p. 91.

11. Com isso, não estamos muito longe das concepções junguianas. Sabe-se que Jung considera fundamental a distinção entre o eu e o *self*, "o eu é apenas o sujeito de minha consciência, ao passo que o *self* é a totalidade da psique, incluindo o *inconsciente*". In: *Types psychologiques* (grifos nossos).

Essa orientação suscita duas ordens de crítica. A primeira, geral, à qual já aludimos, refere-se à concepção do sujeito. Para tomar apenas um exemplo, fica claro que, caso se parta de um "*self* natural primário" como hipóstase do sujeito, toda a contribuição psicanalítica sobre a formação e a diferenciação das instâncias da personalidade – essa "ficção" –, sobre os conflitos entre elas, por natureza irredutíveis, fica, no limite, anulada: efetivamente, para realizar-se, o *self* natural apenas tem de reencontrar sua totalidade virtual. As operações psíquicas particulares que constituem o sujeito humano, a complexa dialética das identificações, desaparecem em benefício de um crescimento quase orgânico que apenas poderia sofrer paradas, falhas ou retardos de desenvolvimento. A segunda crítica, também formulada aqui de maneira sucinta, mostraria, revelando nisso também uma posição pré-freudiana, que sob a invocação de um "*self* total", de uma totalidade da psique, opera-se na verdade uma transferência de sentido; pois, uma das funções do eu, tal como Freud o definiu, é pretender *representar a totalidade da pessoa*. Mais que função de síntese, ele é "compulsão à síntese".

2. Segunda posição a respeito da noção de *self*: defini-lo como o polo do investimento narcísico.

No plano teórico, essa orientação deriva dos trabalhos de Heinz Hartmann. Como muitos autores, Hartmann destacou a diversidade das significações e das funções inerentes ao eu freudiano; mas, diferentemente de alguns deles, viu nisso um equívoco conceitual, terminológico até, que se propôs a desfazer. Segundo ele, conviria estabelecer uma diferença rigorosa entre o eu como instância, subestrutura da personalidade, por um lado, e, por outro, o eu como objeto de amor e de fascinação para o próprio indivíduo: a imagem especular do mito de Narciso, o eu do amor-próprio segundo La Rochefoucauld, o eu investido de libido narcísica segundo Freud. "Quando se utiliza o termo 'narcisismo' – escreve por exemplo Hartmann –, muitas vezes parecem confundir dois pares de opostos: o primeiro concerne ao *self*, à própria pessoa em oposição ao objeto, o segundo concerne ao ego como sistema psíquico em oposição às outras estruturas da personalidade. Contudo, o oposto de investimento objetal não é investimento do ego [*ego-cathexis*], mas investimento da própria pessoa, ou seja, autoinvestimento [*self-cathexis*]; quando

Nascimento e reconhecimento do *self*

falamos de autoinvestimento, isso não implica que o investimento esteja situado no id, no ego ou no superego [...] As coisas ficariam mais claras se definíssemos o narcisismo como investimento libidinal, não do ego, mas do self."[12]

Citei essa passagem porque ela revela uma preocupação de clarificação supostamente fundada no bom senso e porque levanta uma questão, central em psicanálise, e particularmente pertinente quanto ao tema que nos ocupa: a problemática freudiana do eu. É incontestável que a teoria psicanalítica atribui ao eu as mais diversas funções: controle da motilidade e da percepção, prova de realidade, antecipação, ordenação temporal dos processos mentais, pensamento racional; mas também desconhecimento, racionalização, defesa compulsiva contra as reivindicações pulsionais. A questão que Hartmann nos coloca indiretamente é: deve-se realmente ver nessas contradições o indício de um equívoco nocional, a ser desfeito, ou a marca de uma realidade estrutural, a ser respeitada e compreendida? Hartmann tomará a primeira via insistindo nas "funções autônomas" do ego, em sua adaptação à realidade e em seu poder de regulação, fazendo intervir noções como as de energia dessexualizada e neutralizada à disposição do ego, de esfera não conflituosa, "livre", do ego, de função dita sintética etc. Entre o eu especular, forma "imaginária" de Lacan, e o ego autônomo de Hartmann, não há comunicação possível. O problema é que, no funcionamento psíquico, essa bipolaridade efetivamente existe dentro da mesma instância.

Lendo Freud, não podemos evitar o espanto de vê-lo, ao longo de todo o seu percurso e em todos os remanejamentos teóricos, manter sob o único termo de *Ich* significações contraditórias. Parece jogar deliberadamente com a ambiguidade, com a polivalência do termo. *Ich* designa tanto eu quanto *o* eu, e também tanto o eu [*moi*], instância imaginária, como o eu [*je*], sujeito do inconsciente. Também se notará que, precisamente no texto fundamental sobre o narcisismo *(Zur Einführung des Narzissmus)* *Selbst* (si mesmo) e *Ich* são cientemente confundidos: o *Ichgefühl* e o *Selbstgefühl,* por exemplo, são empregados como sinônimos.

---

12. HARTMANN, H. "Comments on the Psychoanalytic Theory of the Ego" (1950). *Essays on Ego Psychology*. Nova Iorque: International Universities Press, 1964.

Levanta-se então uma questão: ao instituir uma diferença conceitual nítida entre o ego e o *self*, Hartmann não estaria traindo uma exigência freudiana, não estaria renunciando ao que confere à concepção psicanalítica do eu sua originalidade? Não nos propomos aqui a desenvolver essa concepção;[13] limitar-nos-emos a lembrar uma orientação essencial que se delineia desde a primeira elaboração metapsicológica que Freud deu do funcionamento psíquico. Nesse texto – *Entwurf einer Psychologie* [*Projeto de uma psicologia*], de 1895 –, a ênfase é colocada na função *inibidora* do eu: no modelo da "vivência de satisfação", o eu intervém para impedir que o investimento da imagem mnêmica do primeiro objeto de satisfação adquira uma força tal que produza um "indício de realidade" de mesmo valor que a percepção de um objeto real. Para que o indício de realidade adquira para o sujeito valor de critério, ou seja, para que a alucinação seja evitada e para que a descarga não ocorra tanto na ausência como na presença do objeto real, é *necessário que seja inibido o processo primário* que consiste numa livre propagação da excitação até a imagem. Em outras palavras, o eu é o que permite ao sujeito não confundir seus processos internos com a realidade, mas *não porque tenha um acesso privilegiado ao real*, um padrão ao qual compararia as representações.[14]

Portanto, desde a origem da reflexão freudiana, o eu é descrito como um conjunto, uma organização de representações caracterizada por vários aspectos: facilitação das vias associativas internas a esse grupo, investimento constante por uma energia pulsional, distinção entre uma parte permanente e uma parte variável. O eu é uma *Gestalt*. É a permanência nele de um nível de investimento que permite ao eu inibir os processos primários.

Nessa concepção do eu, vemos, junto com J. Laplanche, uma prefiguração do que, mais tarde, com a elaboração da segunda tópica,

---

13. Para um exame histórico-crítico detalhado da questão, realizado sobre o conjunto dos textos freudianos, permitimo-nos remeter o leitor ao *Vocabulário da Psicanálise*, verbete "ego-eu".
14. Freud reserva esse acesso direto a um sistema autônomo chamado "sistema de percepção", que funciona segundo um modo totalmente diferente daquele de que o eu faz parte.

Nascimento e reconhecimento do *self*

será descrito como reservatório de libido *(Introdução ao narcisismo)*, como vesícula protoplasmática *(Além do princípio de prazer)* ou como precipitado das identificações sucessivas *(O eu e o isso)*, ou seja, precisamente o que os partidários do *self* procuram separar do eu. Ali onde Hartmann diferencia funções do ego, por um lado, e *self*, por outro, tentando isolar os dois termos da relação – ou seja, purificar o ego dos investimentos narcísicos –, Freud mantém uma ambiguidade.

Essa ambiguidade fica mais fácil de compreender se dermos pleno sentido à imagem freudiana da vesícula viva, definida por sua diferença de nível energético com o exterior, possuindo um *limite* sujeito a violações, limite que tem de ser o tempo todo defendido e reconstituído. Lembremos a enigmática e esclarecedora fórmula de Freud: "O eu é acima de tudo um eu corporal, não apenas um ser de superfície, mas a projeção de uma superfície",[15] fórmula esclarecida por essa nota: "O eu é, em última análise, derivado de sensações corporais, principalmente das que nascem da superfície do corpo. Pode assim ser considerado uma projeção mental da superfície do corpo, além do fato de representar a superfície do aparelho mental".[16] Essas indicações convidam a fazer a instância do eu depender de uma operação psíquica que consiste numa "projeção" do organismo no psiquismo.

Não retomaremos aqui as críticas de conjunto que podem ser feitas à *Ego Psychology* de Hartmann.[17] Indaguemos apenas se a bipolaridade proposta, entre um ego – subestrutura definida por suas funções (o ego no chamado sentido "técnico") – e um *self* – definido como a própria pessoa em oposição aos objetos exteriores e ao outro (o "indivíduo" da psicologia clássica, a autoimagem) –, justifica-se no que se refere à teoria psicanalítica, e é fecunda no que se refere à clínica. Não acreditamos que ela se justifique: 1º) Precisamente por se apresentar como bipartição, tende a *isolar*, a localizar o narcisismo, para melhor depurar as funções do ego; no entanto,

---

15. *O Eu e o Isso, G. W.*, XIII, p. 253, trad. fr., p. 179.
16. *Ibid.*
17. Essas críticas foram enunciadas na França particularmente por Lacan e, de uma forma solidamente argumentada, por LAPLANCHE, J. *Vie et mort en psychanalyse*. Paris: PUF, 1970. Ed. bras.: *Vida e morte em psicanálise*. Porto Alegre: Artes Médicas, 1985.

o narcisismo não é uma fase nem um modo específico de investimento, é uma posição, um componente insuperável e permanente do sujeito humano. Das funções mais intelectuais (o pensamento) ou mais objetivas (a percepção do real) aos comportamentos mais próximos do instinto (comer), todos trazem sua marca. 2º) O autoinvestimento libidinal – o amor-próprio ou da autoimagem – é inseparável do investimento libidinal do eu como instância separada, como objeto interno, unidade dentro do psiquismo. 3º) A constituição do eu está ligada ao reconhecimento do outro e lhe serve de modelo.[18] 4º) A principal função do eu é pretender *representar* os interesses da totalidade da personalidade e fazer-se passar por sujeito autônomo negando suas "relações de dependência".[19]

A diferenciação que Hartmann faz entre ego e *self* é fecunda? A resposta a essa pergunta tem de ser mais nuançada. Ela teve o mérito, desenvolvendo as últimas indicações de Freud,[20] de orientar a investigação psicanalítica para as "distorções", as "limitações", as "alterações" do eu, abrindo assim um novo campo para a psicopatologia (patologia do eu); por outro lado, contribuiu para a exploração mais profunda e mais diversificada dos transtornos, muitas vezes bem dissimulados, das personalidades narcísicas: demonstram-no os recentes trabalhos de Heinz Kohut (patologia do *self*).[21] Enfim, sejam quais forem nossas ressalvas quanto à existência de funções autônomas do ego, a tese de Hartmann permitiu avaliar a grande distância que há entre a identifi-

---

18. O objeto e o outro humano (o *Nebenmensch)* são, com base no modelo do eu, decomponíveis numa parte fixa (a "coisa") e uma parte variável (o "predicado"). Cf., sobre esse ponto, o comentário de J. Laplanche, *op. cit.,* p. 110-111.

19. Vale lembrar que este é o título de um dos capítulos de *O eu e o isso*, obra em que Freud mais avança na análise das funções do eu. Ali, a questão não é a autonomia, nem mesmo relativa, do eu, mas sua *dependência.*

20. "Análise terminável e interminável", 1937.

21. KOHUT, H. *The Analysis of the Self. A Systematic Approach to the Psychoanalytic Treatment of Narcissistic Personality Disorders.* Nova Iorque: IUP, 1971; trad. fr.: PUF, 1975. Ed. bras.: *Análise do Self.* Rio de Janeiro: Imago, 1988.

Ninguém melhor que Jean-Jacques Rousseau descreveu a expansão, a dilatação do eu até englobar toda a pessoa que, então, se funde com o universo na plenitude e na autossuficiência: "Caso exista um estado em que a alma encontra uma base bastante sólida para nela descansar por inteiro e *reunir todo o seu ser,* sem necessidade de

Nascimento e reconhecimento do *self* | 185

cação ao *objeto*, sempre próxima de sua incorporação, e a identificação às *funções* (da mãe, do analista).

Percebo o quanto meu procedimento é oscilante: afirmo que a experiência clínica tornou necessária a introdução do *self* e que o conceito não é aceitável. Essa contradição não é daquelas que devem inquietar em demasia o psicanalista, pois a *distância* entre teoria e prática é a condição do progresso de sua "ciência" e de seus tratamentos, ao passo que sua colusão marcaria seu encerramento.[22]

Citemos novamente Guntrip, mas desta vez favoravelmente: "O momento em que os conceitos são mais úteis é aquele durante o qual estão se formando. Representam um esforço intelectual para clarificar e formular novas intuições [*insights*] que emergem na densidade do trabalho clínico".[23]

Sob sua aparente obviedade, esse comentário ganha relevo em relação ao tema que nos ocupa. Com efeito, a meu ver, o que o termo *self* tende a desvelar é, tanto do lado do paciente como do analista, muito mais um fenômeno subjetivo que se manifesta ou *falta*, do que uma estrutura da pessoa ou a pessoa ela mesma.

Para desenvolver essa ideia, vou me apoiar em alguns trabalhos de Winnicott, ainda que a noção de *self* pareça menos central nele que em outros autores.

---

evocar o passado nem prolongar-se no porvir; onde o tempo não seja nada para ela, onde o presente dure para sempre sem contudo marcar sua duração e sem nenhum vestígio de sucessão, sem nenhum outro sentimento de *privação ou de gozo, de prazer ou de pena, de desejo ou de temor* além daquele único de nossa existência, e que esse sentimento possa, por si só, *preenchê-la toda*: enquanto esse estado durar, aquele que nele se encontra pode se considerar feliz, não de uma felicidade imperfeita, pobre e relativa, tal como aquela que obtemos nos prazeres da vida, mas de uma felicidade suficiente, perfeita e plena, *que não deixa na alma nenhum vazio* que ela sinta a necessidade de preencher... De que gozamos numa tal situação? *De nada exterior a si*, de nada senão de si mesmo e de sua própria existência; enquanto esse estado durar, *bastamo-nos a nós mesmos*, como Deus" ("Quinta caminhada")(grifos meus). Rousseau também percebeu a diferença entre essa exaltação narcísica (o "*self* grandioso" de que fala Kohut) e o egoísmo. "Tudo isso é obra do amor por mim mesmo, o amor-próprio não participa" ("Oitava caminhada").

22. *Supra*, p. 129-138, nossas observações sobre a teoria em psicanálise.
23. GUNTRIP, H. *op. cit.*, p. 118.

186 | Entre o sonho e a dor

3. O ESPAÇO TRANSICIONAL E A ACEITAÇÃO DO PARADOXO

Na obra ao mesmo tempo ingênua e erudita, carnal e abstrata, de D. W. Winnicott, onde a repetição consegue se fazer descoberta, o leitor francês deu particular destaque ao que o autor designou como *objeto transicional*,[24] muito embora Winnicott tente fazer aparecer, a partir da identificação desse objeto, toda *uma área de funcionamento psíquico*. Digo "fazer aparecer", pois se trata de uma área *intermediária*, intermediária no duplo sentido de "situada entre" e de "mediadora" entre a realidade psíquica interna – terreno preferencial, de Freud a M. Klein, da investigação analítica – e a realidade externa, compartilhada, realidade do meio acessível a uma observação geralmente muito refinada.[25]

Comecemos por lembrar brevemente o que é o objeto transicional. Clinicamente, como muitas mães e pediatras (durante toda a vida, Winnicott foi pediatra e recebeu em seu consultório milhares de crianças e pais) puderam observar, trata-se daquilo que mal se pode chamar de objeto: a ponta de cobertor ou edredom, esse trapinho de lã ou de pano que a criança, entre quatro e doze meses, chupa, aperta contra si e de que não pode prescindir, particularmente no momento de adormecer. Geneticamente, esse objeto se situa "entre o polegar e o urso de pelúcia"; a meio caminho: é "uma parte quase inseparável do corpo da criança", diferentemente do brinquedo, mas é também o que Winnicott chama de a "primeira posse de algo que não sou eu", *the first non-me possession* e, como tal, mais que mero suporte de uma atividade autoerótica, núcleo da fantasia. Está também entre a criança e a mãe: não é um substituto (no sentido de *Ersatz*) do seio materno. "O fato de não ser o seio (ou a mãe) é tão importante quanto o fato de representar o seio (ou a mãe) [...]. A meu ver, o termo objeto transicional dá lugar ao processo de ser capaz de aceitar a diferença e a similaridade." Note-se que, nesse sentido, o objeto transicional pode constituir uma primeira

24. Em particular, o artigo "Transitional Objects and Transitional Phenomena" (1951), de preferência em sua forma definitiva, tal como foi completado em *O brincar e a realidade*. Quero esclarecer que apenas destacarei seu tema central, sem poder transmitir aqui a acuidade da observação clínica.
25. Por exemplo, as investigações de R. Spitz sobre o bebê.

Nascimento e reconhecimento do *self*

etapa na direção da formação do símbolo, mas não é um símbolo: seu *peso enquanto ser*, sua atualidade, *prevalece sobre seu sentido*. Enfim – característica notável –, o objeto em questão, que pode conservar por muito tempo seu valor, irá perdê-lo progressivamente: é desinvestido – podendo reaparecer com a chegada de uma depressão[26] – sem ser, como a fantasia, submetido ao recalque e sem precisar, como o objeto internalizado, de um trabalho de luto. Ele simplesmente vai perdendo sua significação aos poucos, sua função sendo substituída por uma difusão de *fenômenos* transicionais que não precisam do suporte de um objeto. O protótipo infantil desses fenômenos pode ser encontrado no balbucio do bebê ou, mais tarde, na maneira como a criança cantarola suas músicas favoritas antes de adormecer.

De onde vem a importância que Winnicott atribui a esse tipo de objetos e de fenômenos? Com o risco de dar um tom didático a um estilo de pensamento muito sutil, indicarei três motivos, agrupando ideias expostas em diversos textos do autor.

1) O campo do transicional tem sua origem e se estende entre o subjetivo e o objetivo: é o que o autor denomina o campo da *ilusão*. "De nosso ponto de vista, o objeto vem de fora, mas a criança não o concebe assim. Tampouco vem de dentro: não é uma alucinação."[27] Clinicamente falando, o objeto transicional não é suscetível de um controle mágico (defesa maníaca), diferentemente do objeto interno definido por M. Klein, nem está fora de qualquer controle, como é o caso da mãe real.

2) Portanto, o transicional tem o estatuto de um *paradoxo*. E o autor considera essencial para o *desenvolvimento* da criança (e de forma mais geral, do sujeito humano) que esse paradoxo seja aceito e respeitado; não cabe contestá-lo e procurar resolvê-lo: "O objeto e o fenômeno transicionais dão para todo ser humano, desde o começo, algo que continuará importante para ele para sempre, ou seja, um *campo neutro de experiência* que não será contestado".[28] Como se pode notar, o que conta não é tanto o objeto em questão mas a utilização desse objeto.[29]

26. Mas é antes um *soother* (calmante) que um *conforter* (consolo).
27. *Op. cit.*, p. 5.
28. *Op. cit.*, p. 14 (grifos nossos).
29. Parece ter se tornado prática corrente de alguns psiquiatras infantis determinar, durante a anamnese, a presença e o momento de aparecimento

188 | Entre o sonho e a dor

3) Esse estatuto neutro, intermediário, do transicional faz dele o lugar privilegiado do que os anglo-saxões denominam *experiencing*.[30] "Sabemos, escreve Winnicott, que não é a satisfação das pulsões que faz com que o bebê comece a ser, a sentir que a vida é real. Para que as gratificações sejam algo mais que seduções, precisa estar bem estabelecida no indivíduo uma capacidade para a experiência total, para a experiência na área dos fenômenos transicionais. É o *self* que deve preceder ao uso que ele faz do instinto."[31] Por isso, Winnicott atribuirá uma importância cada vez maior ao *playing*, à atividade e à capacidade de brincar, que diferencia claramente do *game*, o jogo, que comporta regras preestabelecidas e um terreno definido, chegando a ver nele o motor da relação psicoterapêutica[32] e inventando, com as crianças, sua técnica pessoal do *squiggle*.[33]

4) A área dos fenômenos transicionais constitui um espaço psíquico próprio entre o fora e o dentro, espaço virtual, potencial, onde Winnicott vê a origem da *criatividade*. A criatividade (termo que só podemos aceitar com reticências) deve ser situada entre o investimento excessivo do mundo subjetivo do esquizoide que perde, de repente, contato com o real, e a conformidade [*compliance*] à realidade externa

e desaparecimento do objeto transicional. Embora reconheça o interesse dessas pesquisas, é digno de nota ver como Winnicott deixa clara sua reserva em relação a uma atitude que pode resultar num catálogo de espécimes: "Classificam aquilo que na verdade é um fenômeno universal e de uma extrema variedade".

30. Experiência vivida ou vivência, mas com a condição, sobretudo para Winnicott, de dar a esses termos seu pleno sentido de experiência suscetível de ser integrada por um "eu vivo". Com efeito, Winnicott distingue dois tipos de relação, a *id-relationship*, relação entre a pulsão e o objeto, e a *ego-relatedness*, relacionamento que se dá entre um sujeito – que vivencia a situação – e um objeto.

31. "A localização da experiência cultural". *O brincar e a realidade*.

32. "A psicoterapia se dá na sobreposição de duas áreas do brincar (*playing*), a do paciente e a do terapeuta [...]. Quando o brincar não é possível, o trabalho do terapeuta consiste em trazer o paciente de um estado em que não é capaz de brincar para um estado em que se torna capaz de fazê-lo" (*Jeu et réalité*, p. 55, cap. III).

33. *La Consultation thérapeutique et l'Enfant*. Paris: Gallimard, 1971. Ed. bras.: *Consultas terapêuticas em psiquiatria infantil*. Rio de Janeiro: Imago, 1984.

Nascimento e reconhecimento do *self* 189

que tem por corolário a perda de contato com a realidade psíquica.[34] Ela é condição de uma troca entre o fora e o dentro.

Precisávamos lembrar primeiro essa concepção central de Winnicott sobre o objeto transicional e o espaço potencial para compreender sua oposição entre o "verdadeiro *self*" e o "falso *self*" que, de outra forma, parece conduzir apenas a uma tipologia sumária e normativa.[35] O núcleo da organização defensiva de um "falso *self*" é, com efeito, a *não aceitação do paradoxo*.

A descrição que Winnicott faz dessa organização parece-se, à primeira vista e com pequenas diferenças, à das personalidades "como se": extrema labilidade dos investimentos; oscilação da atitude em relação ao mundo externo, que vai da submissão à acumulação de conflitos "como se a vida do indivíduo estivesse totalmente ocupada pelas reações a tais conflitos"; dissociação frequente entre a atividade mental e a aliança psique-soma (processo que podemos chamar de "mentalização" por analogia com a conversão somática; aqui se trataria de uma conversão mental); sensação que o clínico tem de não estar diante daquele que, no entanto, se dirige a ele. Como nota Winnicott, "É como se uma babá trouxesse uma criança e o analista falasse do problema da criança sem entrar diretamente em contato com esta. A análise só começa depois de a babá ter deixado a criança, depois de a criança se tornar capaz de ficar sozinha com o analista e pôr-se a brincar".[36]

O termo "verdadeiro *self*" não parece uma escolha muito feliz pelo que evoca de busca mística (que hoje ressurge com grande força) de uma alma destinada à verdade, "ilusão" da qual ao menos

---

34. "Muitos indivíduos experimentaram suficientemente o viver criativo para reconhecer, de maneira tantalizante, a forma não criativa como estão vivendo, como se estivessem presos à *criatividade de um outro ou de uma máquina*" (*Jeu et Réalité*, p. 75, cap. V) (grifos nossos).
35. *Ego Distorsion. In*: "Terms of True and False Self" (1966); trad. fr.: *Processus de maturation chez l'enfant*. Paris: Payot, 1970. Ed. bras.: *O ambiente e os processos de maturação*. Porto Alegre: Artes Médicas, 1982.
36. A comparação com a babá não aparece aqui fortuitamente. No mesmo artigo, Winnicott cita o caso de uma paciente que invoca seu *caretakerself*, "falso *self*" cuja função era dissimular e ao mesmo tempo *proteger* o "verdadeiro *self*".

o humor parece proteger nosso autor. Note-se, inicialmente, que "falso" e "verdadeiro *self*" nunca designam dois tipos de personalidade,[37] mas formam um par, uma bipolaridade num mesmo indivíduo. Par cuja relação não é unívoca: o "falso *self*" dissimula o verdadeiro *self* assim como o protege (em Winnicott, o termo "defensivo" não tem apenas o sentido freudiano de resposta, mais ou menos compulsiva, ao ataque das pulsões, significa também aparelho protetor). No entanto, é essencial que o "verdadeiro *self*" seja protegido. Só posso aqui fazer alusão a uma das concepções mais originais de Winnicott, e uma das mais provocativas para o psicanalista dedicado ao estudo, à interpretação e à comunicação do *sentido:* o direito de não ser descoberto, a *necessidade de não comunicar,* na medida em que tal necessidade, quando reconhecida, revela que o indivíduo se sente real na comunicação secreta que mantém com o que há nele de mais subjetivo. No artista, nos diz por exemplo Winnicott (estará pensando em Henry James?), coexistem duas correntes: "A necessidade premente de se comunicar e a necessidade ainda mais premente de não ser encontrado... Estar escondido é uma alegria, mas não ser encontrado é uma catástrofe".[38] O que Winnicott percebe no artista e que também se nota no adolescente que se agarra ao que os outros percebem como muito pouca identidade, ele reconhece em funcionamento em qualquer indivíduo, ao menos como "núcleo" do que, numa personalidade clivada, irá se tornar esse ser quase real que é o "verdadeiro *self*"; "esse núcleo não se comunica com o mundo dos objetos percebidos; o indivíduo sabe que ele não deve ser influenciado pelo mundo exterior".[39] Acrescentaremos que, sob pena de ser esquizoide, ou seja, entregue ao caos de seus objetos internos, o indivíduo precisa

---

37. E isso já diferencia a descrição de Winnicott da de H. Deutsch.
38. "Communicating and Not Communicating Leading to a Study of Certain Opposites" (1963); trad. fr. em: *Processus de maturation chez l'enfant.* Paris: Payot, 1970, p. 158 e 160.
39. *Op. Cit.,* p. 161.

Nascimento e reconhecimento do *self*

ter tolerado e até reconhecido sua possibilidade de brincar com objetos que não sejam nem internos nem externos.[40]

Como se vê, estamos aí numa continuidade direta com o campo dos fenômenos transicionais, do objeto "encontrado" e não "dado", mas encontrado porque havia um lugar onde acolhê-lo.

Se quiséssemos agora ir além do descritivo, teríamos de retraçar a gênese do *self* para entender como ele pode cindir-se em duas quase instâncias dentro da pessoa. Os trabalhos de Winnicott centrados na necessidade de uma "mãe suficientemente boa" e de um "ambiente facilitador" para que um processo de maturação possa se dar certamente nos fornecem essa possibilidade. Limitar-nos-emos, contudo, ao argumento teórico essencial, tomando como fio condutor o estatuto do *objeto*. Parece-nos, com efeito, que para Winnicott os efeitos de maturação do ambiente – *good enough or not-good enough mothering* – cristalizam-se no processo de constituição do objeto.

Antes, porém, uma observação, para já indicar em que a orientação de Winnicott difere daquela geralmente adotada em psicanálise. Em termos gerais, em Freud e depois dele, o objeto é considerado segundo três eixos:

1º) como correlato da pulsão: aquilo por meio do que esta procura atingir sua meta – a satisfação (este é o sentido mais especificamente analítico);

2º) num sentido próximo da psicologia da intencionalidade, como correlato do amor e do ódio; o que é visado pela pessoa total ou pela instância do eu, que se toma pela pessoa;

3º) enfim, classicamente, como correlato do sujeito percipiente e cognoscente (o objeto "objetivo").

Na verdade, há sobreposição no uso dessas acepções. Dizer, por exemplo, que a criança percebe a mãe como objeto total não implica de forma alguma que ela deixe de ser investida como objeto parcial na economia

---

40. O retraimento na solidão, com sua coloração depressiva ou sua ansiedade fóbica, é paradoxalmente o oposto do que Winnicott descreveu como capacidade de estar só *diante de alguém* (em presença/ausência da mãe). Cf. "The Capacity to be Alone" (1958); trad. fr.: *Processus de maturation chez l'enfant*.

psíquica. O exemplo da perversão é, nesse sentido, eloquente: o outro é de fato reconhecido como pessoa total, o que não impede que seja apenas por um traço parcial ou um órgão que ele interesse o desejo. Devemos concordar que uma das tarefas futuras da psicanálise é retomar a teoria do objeto, não com um objetivo sincrético, mas para articular entre si as diferentes modalidades envolvidas. A generalização da noção de relação objetal apenas obscureceu ainda mais as coisas nesse sentido. Seja porque privilegia indevidamente o objeto pulsional e faz gravitar toda a relação do indivíduo com o mundo em torno da zona eletiva (falar-se-á então de relação objetal oral e até de "personalidade oral"). Seja porque, alegando a filiação a uma psicologia geral, passa para segundo plano o que é o objeto mesmo da investigação analítica, ou seja, a inter-relação e a influência dos investimentos pulsionais, para retraçar uma gênese, curiosamente normativa, da constituição progressiva do objeto real em correlação com o desenvolvimento da pessoa (o "amor objetal pleno" correspondendo, então, a um pleno reconhecimento do princípio de realidade).

A posição de Winnicott é marginal em relação a essas diversas correntes. O que o preocupa não é tanto o objeto pulsional, nem o objeto construído da psicologia do conhecimento. Tampouco se satisfaz com o conceito abrangente demais de relação objetal. Introduz uma distinção entre a relação com o objeto [*object-relating*] e a utilização do objeto (*use* ou *usage of the object*).[41]

Essa distinção, por mais essencial que seja, é difícil de entender. Para esclarecê-la, diferenciemos quatro tempos. *Primeiro tempo*: o objeto, se é que se pode falar de objeto nesse estágio, é primeiro "criado" pela criança (criatividade primária, segundo Winnicott). Não tem existência independente. É "objeto subjetivo". "O seio é constantemente recriado pela criança em função de sua necessidade [...]. A mãe coloca o seio no lugar e na hora certos em que a criança está pronta para criá-lo".[42] É o tempo do que Freud designou como "vivência de satisfação", do que

---

41. O termo utilização, com sua conotação pejorativa, poderia dar lugar a equívocos. Mas Winnicott formula claramente que não o entende assim (*Jeu et réalité*, p. 131).

42. *Op. cit.*, p. 21.

Winnicott chama a dependência absoluta do bebê.[43] Vê nele o núcleo da onipotência, que é uma etapa necessária. *Segundo tempo*: a integração progressiva do eu da criança é correlativa da constituição de um objeto exterior. É o núcleo da relação objetal. Mas esta conservará sempre a marca do primeiro tempo: ou seja, no nível das relações objetais, o objeto é essencialmente definido como feixe de projeções e como polo de identificações: o sujeito *investe* o objeto que sempre pode voltar a ser parte do eu, objeto narcísico. *Terceiro tempo*: objeto transicional, que, lembremos, é ao mesmo tempo eu e não eu, a mãe e um objeto bem real, diferente da mãe. *Quarto tempo*: utilização do objeto.

Esse último tempo encontra seu protótipo no objeto transicional e sua especificidade na *capacidade* de modificar o "dado" e transformá-lo em "criado". Num artigo cuja argumentação é amarrada demais para ser resumida, Winnicott mostra que a passagem da relação de objeto para a utilização do objeto implica: *a)* que o sujeito destrua fantasmaticamente o objeto, *b)* que o objeto sobreviva a essa destruição fantasmática para adquirir sua própria autonomia e dar, assim, sua contribuição ao sujeito. Portanto, a recusa do objeto plenamente satisfatório faz parte do processo de criação. É uma condição necessária deste.[44]

Seguindo essa análise, poderíamos dizer que, assim como a relação objetal é correlativa do *eu*, a capacidade de utilizar o objeto é correlativa do *self*. Nesse sentido, é um erro definir a transferência analítica essencialmente como uma repetição de relações objetais e das estruturas fantasmáticas inerentes a estas; ela é, acima de tudo, assim como a utilização do objeto transicional, esse espaço potencial

43. A conhecida nota das "Formulações sobre os dois princípios do funcionamento mental" (1912). Freud objeta ali que uma organização totalmente regida pelo princípio de prazer e que portanto ignore a realidade exterior não poderia subsistir, por menor que seja o período de tempo. Mas acrescenta: "O recurso a uma ficção dessa ordem justifica-se, contudo, se considerarmos que a criança pequena – *desde que também levemos em conta os cuidados de sua mãe* – na verdade quase realiza um sistema mental desse tipo". Poderíamos dizer que é nessa passagem entre travessões que Winnicott se apoia para desenvolver sua teoria da relação, da *formação do par* mãe-bebê. "Essa coisa que chamamos bebê não existe", ele chegou a escrever.
44. "O uso de um objeto e relacionamento através de identificações" (1969). *O brincar e a realidade.*

em que cada um dos protagonistas vai ser simultaneamente criado e encontrado pelo outro.[45] Voltamos ao paradoxo: "O bebê cria o objeto, mas o objeto estava lá".

"Onde estamos quando fazemos o que, na verdade, passamos a maior parte de nosso tempo fazendo, ou seja, quando estamos nos divertindo? O conceito de sublimação é realmente adequado?" pergunta Winnicott em algum lugar.

Devemos agradecer-lhe por fazer, com essa aparente candura que lhe é tão própria, perguntas totalmente simples, tão simples que a psicanálise (para não falar da psicologia) sempre as evitou, assim como devemos reconhecer na noção de espaço potencial quanto à posição do sujeito uma contribuição fecunda ao que Freud nos transmitiu.[46]

Ao longo de toda a obra de Winnicott e acentuada em seus últimos escritos, encontramos a ideia freudiana de *localização psíquica*. Mas ela não é, como em Freud, estritamente dependente da ficção de um aparelho psíquico. O eu freudiano, repitamos, é *definido*; limites, por mais elásticos que sejam, circunscrevem-no: pulsão designada como "corpo estranho interno", hipótese de um *Reizschutz*, de uma barreira protetora contra o excesso de excitações externas fornecem o modelo do trauma etc. Se o eu, em sua forma mais elementar, pode ser representado como um continente, "vesícula" ou "bolsa organísmica", é porque *ele próprio representa*, devido à prematuração e à *Hilflosigkeit* do bebê, *o organismo no ser humano*. As funções do eu são os equivalentes, mancos, do equipamento instintivo; procuram ocupar o lugar de padrões de comportamento.

Essa definição do eu pelo limite entre um fora e um dentro (metáfora do tegumento) será necessariamente mais enfatizada pelos psicanalistas que, como Melanie Klein, confrontam-se com o funcionamento "arcaico" do eu (crianças psicóticas): nesses casos, o

---

45. Masud Khan, prefácio a *Consultas terapêuticas em psiquiatria infantil*.
46. Gostaríamos de propor a hipótese de que a distinção entre o eu e o *self*, constantemente subjacente em Winnicott e não formulada de um modo escolástico, não deixa de ter analogia com aquela que Lacan, inspirando-se na linguística, introduz entre o "sujeito do enunciado" e o "sujeito da enunciação". Mas o *self* não é desencarnado.

Nascimento e reconhecimento do *self*

eu não passa de uma máquina de introjetar e de projetar, no sentido literal desses termos. Notemos que esse tipo de elaboração já está presente em estado embrionário no artigo de Freud sobre a negação.[47] Winnicott não rejeita tal concepção. Mas sua maneira própria de escutar – e de ver, pois, nele, nem o pediatra nem o psicanalista privilegiam a escuta[48] – leva-o para outra direção. É comum dizer que o neurótico nos indaga sobre o *sentido* – de seus sintomas, de seus conflitos, de seus comportamentos repetitivos, das produções de seu inconsciente – ao passo que o psicótico nos indaga sobre o *ser*: que sou, será que sou, quem é você, você existe? Dizer que é *a* questão do psicótico seria, muito evidentemente, uma escapatória. Contudo, escutei psicanalistas afirmarem que Winnicott preocupava-se demais com o *ser*, com a posição primordial do "eu sou",[49] para continuar sendo psicanalista.

No entanto, para Winnicott, esta é, em suma, a definição do *self*: colocar-se e ser reconhecido primeiro como ente. Aqui, a análise conceitual não poderia nos ser de grande ajuda. Para uma de suas tradutoras, que lhe pediu a gentileza de esclarecer a diferença que havia para ele entre eu (*ego*) e si (*self*), Winnicott confessou sua dificuldade. Tudo indica que para ele não se trata de uma distinção certa. Mas ele acrescentava: "acho que quem utiliza o termo *self* não está no mesmo registro de quem utiliza o termo eu. O primeiro registro concerne diretamente à vida, ao fato de viver". Quando um psicanalista não quer renunciar ao que para os outros pode parecer ou uma intuição empírica confusa, ou um refinamento teórico supérfluo, muitas vezes ele nos oferece o essencial de seu pensamento.

---

47. "Die Verneinung" (1925).

48. Não convém aceitar sem reservas o título dado a uma de suas coletâneas de artigos: *Da pediatria à psicanálise*. É incontestável que a longa prática pediátrica de Winnicott lhe permitiu reconhecer as *necessidades* da criança (particularmente as necessidades regressivas de dependência extrema) por trás dos *desejos* do adulto e comparar o processo analítico com um processo de maturação. Inversamente, porém, sua experiência psicanalítica permitiu-lhe avançar, para além do comportamento, no estudo dos efeitos sobre o funcionamento psíquico da inter-relação mãe-bebê.

49. Até o ponto de escrevê-lo em maiúsculas. "I AM".

Impressionou-me constatar, ao reler diversas observações de analistas que invocam, sem teorizá-las, vivências do self [self-experiences], que eles se referem a elas em contextos clínicos aparentemente muito diferentes e certamente marcados por sua própria subjetividade. Mas não há por que se espantar: por mais "neutros" que pretendamos ser, o que reconhecemos em outrem como sendo propriamente seu nunca deixa de ecoar no que percebemos em nós mesmos como encarnado ou, quem sabe mais frequentemente, como faltando! Portanto, não cabe excluir a hipótese de uma colusão dos narcisismos. Feita essa ressalva, constata-se uma convergência nas observações: o aparecimento de elementos psíquicos clivados, separados, fora de circuito – mais do que propriamente recalcados.[50] Por exemplo, no meio da sessão surge de repente o recurso a uma expressão motora, em que o corpo parece ser a única coisa em jogo e que deve ser diferenciada do *acting out*.[51] Ou então, muitas vezes depois de meses ou até anos de análise, ocorre a descoberta, simultaneamente feita pelo analista e pelo paciente, de que eles nada mais fazem senão *manipular*, cada um de seu lado e em seu lugar, objetos – ainda que sejam "formações do inconsciente", – sem *compartilhar* nada. Pode também intervir – e isso seria mais especificamente winnicottiano – o reconhecimento de uma dissociação na pessoa que estrutura todo

50. Talvez devêssemos nos referir aqui ao termo freudiano de *Unterdrückung* (supressão). Em termos muito esquemáticos, o recalque incide sobre a representação e a supressão sobre o afeto, não sendo este admitido no sistema inconsciente em sentido estrito, que supõe uma "inscrição".

51. Com efeito, o *acting out* implica, a meu ver, a encenação no real e graças ao real que vem a seu encontro de uma trama fantasmática: é uma fantasia inconsciente atuada. Nos casos a que aludo, contanto, a sequência é completamente diferente e poderia ser esquematizada assim: afeto negativo, que vai de um sentimento difuso de "não existência" à angústia de aniquilamento; recurso, surpreendente para o sujeito, à motilidade; reconhecimento pelo analista do gesto (brincar) como experiência verdadeira; possibilidade, consecutiva a essa atualização, de dar sentido e vida ao que até então só era percebido como mecanismos de uma máquina. Cf., por exemplo, a observação relatada por Michael Balint em sua obra *The Basic Fault* (1968) e citada por Masud R. Khan em seu esclarecedor artigo "Actualisations of Self-Experience Through the Analytic Situation" (1971). Retomado em *Le Soi caché*. Paris: Gallimard, 1975.

Nascimento e reconhecimento do *self*

o funcionamento psíquico. Esses momentos não devem ser entendidos como revelações fulgurantes de um "verdadeiro *self*", mas como momentos de viragem, de ancoragem num eu-corpo por fim *habitado*.[52] Poderíamos então chegar à seguinte proposição. Para que uma consciência e uma experiência de si sejam possíveis, é por certo preciso que um eu, por mais rudimentar que seja, tenha se constituído. Mas um eu nunca é mais que uma soma, mais ou menos integrada, de identificações, um conjunto mais ou menos disparatado de funções: amálgama de velharias com computador. *O que o anima não está nele.* O eu, dissemos, é o representante do *organismo como forma,* frágil por sua vulnerabilidade e tranquilizador por seu caráter fixo, como a imagem no espelho: espaço fechado e como que incrustado entre o espaço do isso, sempre pronto para invadi-lo, e o espaço exterior, sempre marcado pelo supereu e com o qual tem de lidar: o *self* não é elã vital, mas, no espaço psíquico, o representante do *vivo*: espaço aberto, digamos assim, nas duas pontas, para o ambiente que primeiro o nutre e que ele, em troca, cria.

Ser *alguém vivo*: tarefa já efetuada, programada, para o organismo animal, mas sempre por inventar para o homem; tarefa contraditória, se pensarmos bem, mas que garante para o indivíduo humano sua tensão e sua mobilidade, que lhe dá a capacidade de ser, não normal, mas normativo,[53] e que faz do encontro renovado com o outro o acontecimento necessário. Pois, o que define a vida, tanto biológica quanto psicologicamente, é o fato de ela ser *transmitida.*

Adendo, depois de discussão deste texto,
apresentado num simpósio sobre o autoconhecimento.

A distinção entre falso e verdadeiro *self* exerce certa fascinação, mas isso não é motivo – muito pelo contrário – para ceder a ela. Convém antes situá-la no contexto psicanalítico que a suscitou.

---

52. Note-se que esses momentos de vivência só são fecundos se forem seguidos de uma interpretação que, por um lado, demonstra que foram reconhecidos e que, por outro, insere-os na história *real* do sujeito, por meio do que Freud denominou uma "construção".
53. Para retomar a distinção estabelecida por G. Canguilhem.

A meu ver, um dos elementos desse contexto é, por parte de Winnicott, uma reação contra certa concepção e certa prática da análise que faria dessa uma máquina de interpretar, destinada por princípio a *traduzir* o que o paciente diz e sente. Cabe indagar se, nesse caso, o falso *self* não seria, paradoxalmente, o do analista. O alvo, aqui, é certamente Melanie Klein – de quem Winnicott foi próximo para depois se afastar. Creio que a noção de conformidade, de submissão ao ambiente, a ideia de um sujeito literalmente *capturado* no sistema do outro, quer se trate da mãe ou do analista, encontraram nos excessos da escola kleiniana, se não seu ponto de partida, ao menos o motivo para serem relançadas.

Segunda observação: a distinção entre falso e verdadeiro *self* – repito – não é *conceitual*. Visa menos ainda a diferenciar duas *instâncias* dentro da pessoa, mesmo se, subjetivamente, encontre algum eco em nós. Portanto, não constitui um mero sucedâneo, adaptado aos gostos da época, de uma distinção orgulhosamente proposta por toda uma tradição filosófica e psicológica: pensemos, por exemplo, no sucesso da oposição bergsoniana entre o eu superficial, social, e o eu profundo. Por maiores que sejam nossas reservas quanto aos termos de verdadeiro e falso retomados por Winnicott, não se deve perder de vista que, para ele, eles se inserem numa teoria muito elaborada dos papéis respectivamente desempenhados pela maturação e pelo ambiente no desenvolvimento da criança. A bipolaridade "falso *self*-verdadeiro *self*" está na dependência do equilíbrio, sempre tão difícil de edificar, entre as forças de maturação e as contribuições do ambiente. De forma muito esquemática, poderíamos dizer que o falso *self* acaba se organizando e funcionando como uma quase pessoa nos casos em que a influência do ambiente é excessivamente valorizada para compensar uma falha de maternagem, de *holding*; o falso *self* protege então a criança do risco de uma desintegração, do que Winnicott denomina a ansiedade "impensável".

Acabo de empregar o termo "falha", que evoca a noção de "falha básica" proposta por Balint, em que a palavra falha deve ser entendida num sentido quase mineralógico: a falha de uma rocha pode passar despercebida mas irá se revelar, provocando então uma rachadura, sob o efeito de pressões.

Nascimento e reconhecimento do *self*

A hipótese de uma falha básica foi se impondo progressivamente a Balint a partir de uma experiência psicanalítica específica: encontro com estruturas psíquicas que punham em xeque tanto a teoria do aparelho psíquico como a técnica clássica, que supõem, ambas, a constituição de um espaço interno onde o conflito se constitui e é simbolizado. Para que um trabalho interpretativo possa operar, a organização desse espaço é necessária. Mas Balint, Winnicott e muitos outros foram levados a pensar que o modelo do paciente neurótico, sobre o qual repousa o essencial da teoria psicanalítica do funcionamento mental, não era adequado para essas estruturas, ditas atípicas por não corresponderem ao modelo: a função do Édipo e aquela, correlativa, da linguagem, não prevaleceriam mais.

Falei de questionamento clínico porque, a meu ver, ele é essencial no desenvolvimento da psicanálise. Invocar uma falha básica, como Balint, ou um falso *self*, como Winnicott, certamente não é satisfatório no plano teórico. Essas hipóteses, que visam ao menos a "localizar o mistério", respondem ao mesmo tempo a um fracasso nosográfico (como mostra a etiqueta de casos *borderline)*, a um fracasso terapêutico e aos limites da teoria herdada de Freud.

Foi o que tentei mostrar centrando minha exposição na noção de espaço psíquico e propondo a ideia de que a tópica freudiana pressupunha a constituição desse espaço com suas fronteiras, com sua estruturação interna. Não seria preciso pensar uma etapa anterior?

Pareceu-me necessário pensar a questão do *self* se não quiséssemos nos limitar a um debate escolástico, do ponto de vista dessa problemática mais ampla. Em que condições o que acontece com um indivíduo adquire sentido e vida para ele? A meu ver, é isso o que preocupa Winnicott; e é para isso que indica, de uma maneira que dá lugar a muitos mal-entendidos, sua expressão "verdadeiro *self*". Não se trata, em minha opinião, de uma ressurgência de um sujeito inefável. Verdadeiro e falso não devem ser entendidos como qualidades inerentes ao indivíduo. Não são os predicados do sujeito. Designam o movimento de uma relação. Afinal, o paradoxo da situação analítica não é de que um *outro,* que não é um outro eu, mas um *neuter* subtraído ao olhar, me é necessário para eu *me* encontrar?

ENCONTRAR, ACOLHER, RECONHECER O AUSENTE

> *Essa capacidade pouco comum... de converter*
> *em espaço de jogo o pior deserto...*
> Michel Leiris, prefácio a *Soleil bas*
> de Georges Limbour

> *But tell me where do the children play**
> Cat Stevens

Freud, numa de suas primeiras definições do recalcamento, disse que ele era uma "falha de tradução".[1] Que dizer então da própria tradução, necessariamente falha, exceto que ela sempre corre o risco de instalar um *acréscimo* de recalcamento? Pior ainda: um duplo recalcamento, o da língua materna do autor e, também, da do tradutor.

Todo tradutor tem consciência disso, ou deveria ter. Ele sempre oscila entre um "traduzir demais", marcado pela preocupação com a legibilidade e a correção da linguagem, e um "não traduzir o suficiente", caracterizado pela literalidade, pela fidelidade absoluta ao texto original. No primeiro caso, pretende submeter-se apenas às exigências de sua própria língua ou de seu próprio estilo; no segundo, quer obedecer apenas à língua e ao estilo do autor. Transpor ou decalcar? Na verdade, seja qual for a opção escolhida, o tradutor é agente de um *em outras palavras:* até o copista, que pretende apagar sua própria intervenção, deforma. Afinal, por que o tradutor seria o único a escapar dos ardis

---

* Conte-me onde as crianças brincam. [N. da T.]

1. Carta a Fliess de 6 de dezembro de 1896, em: *La Naissance de la Psychanalyse.* Paris: PUF, 1956.

do inconsciente? Mas dificilmente se admite que não há *operação* de tradução sem perda, ou seja, castração. Para aceitar a perda, é preciso contar com algum ganho.

É uma pena que os psicanalistas não se tenham interessado pelos problemas de tradução, embora eles estejam no centro de sua prática. E Winnicott, de quem falaremos mais uma vez, levanta-os mais que qualquer outro: todo o projeto dele não é suscitado e sustentado pela recusa a *traduzir*? Mas, queiramos ou não, o traduzir está sempre em jogo na interpretação e até na escuta. Poderíamos também dizer que toda nova teorização da análise nasce da insatisfação com as "traduções" precedentes. Não é que os outros analistas entendem mal, eles "traduzem" errado, ou, caso traduzam corretamente, oferecem-nos, no final da operação, um corpo sem vida: enfileiramento de palavras privadas daquilo que, circulando entre elas, as anima. Que obra traduzida alguma vez inspirou seus leitores?!

As dificuldades com que topa o tradutor raramente são suscitadas pelas passagens ou palavras problemáticas para o próprio autor, seja por ambiguidade ou por complicação.[2] Ao contrário, o tradutor empaca em geral no que é natural para o autor, no que se impõe para ele como uma evidência enraizada tanto em sua língua materna quanto no terreno de seu pensamento. Então, é a distância entre as duas línguas, o tropeço num obstáculo preciso de tradução que demonstra a presença de um ponto sensível e indica uma zona particularmente investida, carregada de sentido no mundo pessoal do autor.

Com *Playing and Reality,* a dificuldade já aparece no título – a palavra "jogo [*jeu*]" certamente não é o equivalente de *playing*. Primeiro, porque, diferentemente da língua inglesa, o francês não dispõe de dois termos para designar os jogos que comportam regras e aqueles que não as comportam; tanto para o adulto que participa de uma partida de futebol ou de gô quanto para o bebezinho que imprime um movimento a seu chocalho ou balbucia com seu urso de pelúcia, falamos em francês de jogos [*jeux*]. E talvez não estejamos totalmente enganados, pois a ausência de regras explícitas e reconhecidas não implica a ausência de

---

2. Este capítulo foi suscitado por nossa tradução para o francês, em colaboração com Claude Monod, de *Playing and Reality* de Winnicott.

Encontrar, acolher, reconhecer o ausente

qualquer regra, mesmo se esta escapa ao observador e ao jogador. O fato de acharmos que uma criança está fazendo "uma coisa qualquer" não nos autoriza a concluir que ela está entregue a uma "pura atividade lúdica", que, por meio de seu jogo, ela não esteja precisamente *constituindo* uma regra *para si*. O famoso jogo do carretel interpretado por Freud, mas primeiro captado por seu olhar, é uma prova incontestável disso. Contudo, quantos observadores podem ter testemunhado aquele jogo sem reparar nele a menor sequência!

Ainda assim, Winnicott, que é inglês e até muito inglês (o que é mais raro do que se pensa entre os psicanalistas da Grã-Bretanha), considera essencial a distinção entre o jogo estritamente definido pelas regras que ordenam seu curso (*game*) e aquele que se desenrola livremente (*play*). E basta pensar na comoção, próxima do pânico, que toma conta de nós, criança ou adulto, quando as regras são ignoradas – menos transgredidas do que deixadas de lado, menos o: "você está trapaceando!" do que: "não é assim que se joga!" –, para ver efetivamente nos *games,* com o que eles comportam de organizado e de vontade de controle, uma tentativa de prevenir o que há de perturbador no desregramento do lúdico.

Um segundo motivo, mais singular e mais revelador da orientação de Winnicott, torna inadequada a tradução de *playing* por jogo [*jeu*]. Em suas palavras: "É evidente que faço uma distinção entre os sentidos da palavra '*play*' e o da forma verbal '*playing*'".[3] Não estaríamos exagerando se afirmássemos que o livro inteiro se destina a tornar sensível para o leitor essa "evidência" e a fazê-lo tirar as consequências disso. Em primeiro lugar, para o leitor psicanalista. Pois não há dúvida, ao menos a meu ver, de que a crescente insistência de Winnicott na função do *playing,* insistência que o faz dedicar a essa sua última obra publicada em vida, decorre tanto da avaliação crítica que ele faz de certa concepção da prática analítica quanto do que ele aprendeu com a "consulta terapêutica" com as crianças.[4] Em última instância, é sua experiência muito pessoal da análise que fundamenta

---

3. *Jeu et réalité*, p. 58.

4. Nesse sentido, o título que ele deu a um de seus livros, *Da pediatria à psicanálise*, engana. Na verdade, o movimento é de um constante ir e vir.

a dupla diferença: entre *game* e *play* por um lado, *play* e *playing* por outro. Para ele, não são meras nuanças linguísticas. Se a psicanálise fosse apenas um *game*, não teria despertado o interesse de Winnicott; e se ela pudesse se reduzir a um *play*, ele teria sido kleiniano! Mas, para compreendê-lo, cedamos ainda por um instante a palavra aos sofrimentos do tradutor.

Ao longo de todo o livro, chamou nossa atenção a frequência de particípios substantivados. *Playing* é apenas um deles. É verdade que a língua inglesa não só autoriza tal uso, como recorre a ele facilmente. Mas aqui eles figuram no enunciado de vários capítulos e aparecem sobretudo sempre que o autor procura se diferenciar dos conceitos em uso: *fantasying, dreaming, living, object-relating, interrelating, communicating, holding, using, being* etc. Todos termos que indicam um *movimento*, um processo em andamento, uma capacidade – não necessariamente positiva, por exemplo, no caso do *fantasying* em que Winnicott vê uma atividade mental quase compulsiva, quase oposta à imaginação – e não o *produto* final. É por isso que a existência de sonhos e sua manipulação na análise não são prova da capacidade de sonhar.

Mas aconteceu de Winnicott ficar preso na armadilha do que denunciava e, creio eu, foi por ter tomado consciência disso que ele escreveu *O brincar e a realidade*. Que aconteceu de fato? Em 1951, Winnicott publica um artigo imediatamente notado e logo considerado um clássico. Nele descreve um tipo de objeto que, embora não tivesse passado despercebido das mães, não recebera nem nome nem qualificação na literatura psicanalítica. O autor – poderíamos dizer aqui, o inventor – dá-lhe o nome de *objeto transicional*.[5] Apesar de só ter dedicado uma parte do artigo à descrição desse objeto, de seu surgimento e de seus modos de utilização, de falar ao mesmo tempo – e isso desde o título – de *fenômenos* transicionais, de orientar toda a sua demonstração para a existência de uma terceira zona, que garante uma transição entre eu e não eu, a perda e a presença, a criança e sua mãe, de enfatizar, por fim, que o objeto transicional é

---

5. *Supra*, p. 176-179.

Encontrar, acolher, reconhecer o ausente

apenas o sinal tangível desse campo de vivência, apesar de tudo isso, a descoberta de Winnicott viu-se rapidamente limitada, justamente por aqueles que a adotavam, à de um objeto. Mais um objeto! A ser inscrito como precursor dos objetos parciais, parecido com o objeto fetiche, objeto cujas amostras conviria recensear de forma cada vez mais precisa, cujo uso deveria ser datado e circunscrito, quando na verdade o principal interesse de Winnicott, mas interesse sobretudo *clínico* e que constitui o grande valor de sua descoberta para qualquer psicanalista, atenda ele crianças ou não, é a *zona* intermediária: zona que a psicanálise não só negligenciou, como, em certo sentido, está impedida de perceber e, simultaneamente, de *fazer surgir* porque seus instrumentos conceituais – teóricos e técnicos – impedem-na de fazê-lo.

A meu ver, foi para responder a esse mal-entendido que Winnicott toma como ponto de partida de seu livro o artigo de 1951. Ponto de partida: desta vez, sem qualquer ambiguidade possível, vai proceder do *objeto* para o *espaço* transicional e garantir no próprio leitor esse movimento de transição. Portanto, encabeçando o livro encontramos esse artigo já antigo, do qual, contudo, algumas passagens foram suprimidas nessa nova versão, sobretudo a comparação com o fetichismo, o que confirmaria nossa hipótese de que não convém focalizar a atenção no *estatuto* do objeto transicional. O mais importante são os desenvolvimentos que ele recebeu, de grande alcance na evolução do pensamento de Winnicott. Com efeito, o ponto de chegada esclarece retroativamente todo o percurso anterior.[6]

Esse ponto de chegada encontra-se no último texto que o autor escreveu, de forma condensada e fulgurante ao mesmo tempo, e que foi publicado depois de sua morte.[7] Toda a investigação teórica de

---

6. Para uma apresentação do conjunto da obra de Winnicott, tomamos a liberdade de remeter o leitor ao prefácio que Masud Khan escreveu para *La Consultation thérapeutique et l'enfant* (Gallimard, 1972).

7. "Fear of breakdown". *Internaational Review of Psycho-Analysis*, 1, 1974; trad. fr.: *Nouvelle revue de psychanalyse*, 11. [Trad. bras.: "O medo do colapso". *Explorações psicanalíticas*. Porto Alegre: Artes Médicas, 1994.]

Winnicott esteve marcada pelo encontro com o que, na psicanálise, nos confronta "com os limites do analisável":[8] casos-limite, situados entre neurose e psicose, que desafiam as capacidades e o ser do analista, mas também, mais profundamente, limites de *qualquer* organização, seja ela neurótica ou psicótica. Isso ficou claramente enunciado em "Fear of breakdown": "O eu organiza defesas contra o colapso de sua própria organização: é a organização do eu que está ameaçada". E: "Seria um erro considerar a afecção psicótica um colapso. É uma organização defensiva ligada a uma agonia primitiva". Agonia propriamente "impensável" cujas modalidades Winnicott esboça (perda da "residência" no próprio corpo, perda do senso do real, sensação de estar caindo sem parar etc.); agonia subjacente contra a qual se constitui toda tentativa de estruturação e toda síndrome psicopatológica se consome tentando contê-la; agonia que evoca, para aquém da castração, uma brecha impreenchível ou uma queda sem fim, estando essa dupla imagem de quebra e de abismo contida na palavra, hoje desgastada pelo uso, *breakdown;* agonia em que se experimenta o desaparecimento do sujeito, na iminência da morte ou, acrescentamos nós, no excesso do gozo.[9]

A tese defendida no artigo em questão é que o colapso – o *breakdown* –, temido pelo perigo de sempre poder acontecer no futuro, na verdade já aconteceu no passado. Mas – e é este o paradoxo central – ocorreu sem encontrar seu lugar psíquico; não está depositado em nenhum lugar. Não é um trauma enterrado na memória, por mais profundamente que seja. Tampouco é recalcado, no sentido de um traço que estaria inscrito num sistema relativamente autônomo do aparelho psíquico. Até mesmo falar de clivagem, com o que essa noção implica de presença ativa de um elemento interno irredutível, mantido à parte, seria, a meu ver, equivocado. Ainda que Winnicott recorra a esses conceitos clássicos, percebemos que, para ele, eles não são totalmente adequados para o que ele tenta descrever, que a

---

8. Foi o título que demos a uma coletânea da *Nouvelle revue de psychanalyse* (1974, n. 10).

9. Em inglês, a palavra agonia parece estar menos exclusivamente ligada à morte que em francês. Exemplo: *agony of joy.*

Encontrar, acolher, reconhecer o ausente

própria ideia de inconsciente, imposta a Freud pelo funcionamento psiconeurótico, não lhe parece capaz de significar essa dimensão da *ausência* que ele reconhece como um vazio necessário no sujeito.[10] Eu diria que a tópica freudiana das instâncias e das localizações psíquicas, embora sirva para figurar o conflito intrasubjetivo, em Winnicott aparece como secundária, como uma construção em que o *self* – o sujeito – já se mutilou. Toda a nossa concepção da realidade psíquica se vê modificada a partir daí.

Teve lugar algo que não tem lugar. O que determina todo o funcionamento do aparelho está fora do alcance deste. O impensável faz o pensado. O que não foi vivido, experimentado, o que escapa a qualquer possibilidade de memorização está no âmago do ser (com Winnicott, a palavra "ser", *being,* às vezes escrita em maiúscula, entra pela primeira vez na psicanálise e uma forma cômoda de evitar a questão que essa emergência nos coloca é expulsá-la com a designação, pejorativa, de misticismo). Ou ainda: a lacuna, o "branco" *(the gap)* são mais *reais* que as palavras, as lembranças, as fantasias que tentam encobri-los. Em certo sentido, não há análise, talvez sobretudo aquelas a respeito das quais pensamos contraditoriamente que elas "vão indo bem" e que "nada acontece", que não nos faça perceber isso, no vão e laborioso preenchimento, interpretativo por um lado ou associativo por outro, de um espaço desértico! Esse branco, repitamos, não é o simples branco do discurso, o borrado, o apagado da censura, o latente do manifesto. Ele é, em sua presença-ausência, prova de um não vivido; também apelo a que seja reconhecido pela primeira vez, a que se entre por fim em relação com ele para que o que só pudera ganhar sentido ganhe vida. "É da não existência que a existência pode começar."[11]

É isso que dá valor às poucas páginas acrescentadas[12] ao texto original do artigo sobre os objetos transicionais: o exemplo escolhido

---

10. Na Inglaterra, Marion Milner atribuiu uma função central à problemática do espaço vazio; na França, André Green, a partir do fenômeno da alucinação negativa, elaborou seus últimos trabalhos em torno do tema do ausente.

11. "Fear of breakdown", art. cit.

12. *Jeu et réalité,* p. 33-39.

de uma sessão nos faz apreender ao vivo, numa operação tão surpreendente para Winnicott quanto para sua paciente, numa experiência mútua, o peso de atualidade que podem adquirir fórmulas como as seguintes: "A coisa real é a coisa que não está presente". "O negativo é a única coisa positiva." "Tudo o que tenho é o que não tenho."

Aparentemente, estamos longe do que fornece a *O brincar e a realidade* seu tema explícito, "positivo", o brincar. Pois, o que anima este livro é um elogio da capacidade de brincar (assim como hoje se fazem elogios, menos sinceros, da loucura). E o leitor só poderá se encantar em ver um psicanalista – eles costumam ser tão "desencantados", tão dispostos a desmontar nosso quinhão de *ilusões* – lembrar com uma candura sutil que, por exemplo, "o que é natural é brincar, e que o fenômeno muito sofisticado do século XX é a psicanálise". Ao longo de todo o livro a pergunta simples que se coloca é: o que nos faz sentir "vivos", para além da adaptação, sempre tingida de submissão, a nosso ambiente? Pergunta que a organização neurótica nos permite evitar, na sequência organizada da fantasia, mas com a qual o sujeito em que há algo de psicótico nos confronta inevitavelmente.

Cabe a cada um avaliar, a começar pelo eco que encontram nele, as respostas que Winnicott dá, muitas vezes menos no "resumo" que conclui seus capítulos do que no próprio movimento de uma frase ou de um parágrafo – em que se dão o tempo e a invenção que garantem, como o brincar ou a poesia, a *passagem* de um espaço para outro – ou então no desenrolar de uma sessão relatada. Gostaríamos apenas de advertir o leitor – continental – contra duas tentações críticas que, por serem contraditórias, acabariam por reduzir a uma insignificância a contribuição, a meu ver considerável, desse livro: considerar o "gênio" de Winnicott tão singular, tão impregnado de intuição, que ele não poderia se integrar ao pensamento psicanalítico, dando no máximo lugar a imitadores dedicados; ou, tentação inversa, substantificar os conceitos propostos pelo autor, para melhor demarcar seus limites ou seu caráter "pré-analítico": o que são esse "si", esse "*self*" e essa "busca de si", perguntar-se-ão, senão a ressurgência do mito de uma alma destinada à verdade, cuja plenitude ignoraria a esquize irredutível? Que é essa "criatividade primária", supostamente mais fundamental

Encontrar, acolher, reconhecer o ausente

que a sublimação das pulsões, senão a nostalgia de um imediato que elimina a distância necessariamente introduzida pela representação? Que é essa "mãe suficientemente boa" que transforma o analista em babá (chegamos a escutar isso), exclui o Nome-do-Pai, dessexualiza a análise? Objeções inevitáveis, já estereotipadas, a que se expõe um analista a partir do momento em que começa a avançar fora dos caminhos balizados, a partir do momento em que reconhece em si mesmo e *na* análise essa "zona do informe" que, um dia ou outro, descobre em seu paciente.

Entre centro e ausência: esse título de Michaux poderia descrever bem o projeto de Winnicott, tentativa arriscada, frágil, prestes a voltar a cair – assim como o brincar que, entre as atividades humanas, lhe serve mais de referência que de modelo – num real que então tem como única qualidade estar lá ou se confundir com a superfície projetada de uma realidade interna, de um sistema fantasmático fechado, que se alimentaria apenas de si mesmo. O *self* não é o centro; tampouco é inacessível, enterrado em algum lugar nos recônditos do ser. Ele se *encontra* no intermédio do fora e do dentro, do eu e do não eu, da criança e de sua mãe, do corpo e da palavra. O espaço potencial dificilmente se deixaria circunscrever numa nova tópica. No entanto, os limites dos dois únicos espaços com os quais podemos entrar em contato e que tentamos controlar – o externo e o interno – designam-lhe seu lugar ausente, em negativo. Não se trata mais exatamente da dramaturgia freudiana em que se confrontam as figuras do Pai e da Mãe, grande teatro de sombras indefinidamente representado, travestido, desdobrado, invertido na fantasia. Tampouco se trata do receptáculo kleiniano, o eu-saco, de bons e de maus objetos destinados a uma dialética sem fim de introjeções e projeções. Não há em Winnicott cena onde se repetiria o originário, nem combinatória onde os mesmos elementos se permutariam no círculo, mas um *espaço de jogo,* de fronteiras móveis, que *faz* nossa realidade. Um pedaço de barbante, o ritmo da própria respiração, um rosto, um olhar, que nos dão a certeza de existir, uma sessão em que se está só com alguém: *pouca coisa, uma coisinha de nada,* simplesmente o que me acontece quando posso acolhê-lo. Então, o encontrado não é mais o precário substituto do perdido, o informe não é mais o sinal do caos (ao contrário, é a impressão de caos que é repúdio ansioso do informe), a mente não funciona mais como órgão separado do corpo. Do brincar ao eu*: o movimento é esse, mas o tempo todo retomado, reinventado, nada de linear no percurso.

O espaço potencial que *O brincar e a realidade* evoca – e que já se instala na leitura que mantemos com ele – nos torna sensíveis a uma realidade que costumamos perceber *por falta*. Cria-se um vínculo com o autor, promessa renovada, e mantida, de um encontro. Resta-nos não faltar a ele.

Winnicott ou a recusa a traduzir, dizíamos no começo. Sim, mas igualmente viva, a preocupação de escutar, entre as palavras, apesar das palavras às vezes, o que, da mãe, indefinidamente, comanda nossa fala.

---

* Jogo de palavras irreproduzível: "du jeux au je". [N. da T.]

BORDAS OU CONFINS?

A primeira tentação é atribuir, de *fora*, limites para o analisável, e isso em dois registros aparentemente muito distantes um do outro: o da extensão do método e da interpretação psicanalíticos para além das fronteiras definidas pelo âmbito do tratamento (a chamada psicanálise "aplicada"), o do alcance da técnica psicanalítica conforme as organizações psicopatológicas em questão (problema das "indicações" e das "contraindicações"). Na verdade, esses dois problemas, sobre os quais muito se debateu nos últimos anos sem que se chegasse, em meu entender, a uma formulação teórica rigorosa, são menos heterogêneos do que parecem ao primeiro olhar: ambos concernem ao uso *legítimo* do instrumento psicanalítico. Quando nos perguntamos, por exemplo, em que condições um psicanalista pode se autorizar a *tratar* de fatos sociais ou estéticos – questão que não concerne apenas aos psicanalistas –, estaremos tão longe quanto imaginamos da preocupação de determinar, de acordo com critérios precisos, que casos estariam ou não sujeitos a um *tratamento* psicanalítico – questão esta que é exclusivamente da competência dos psicanalistas? Em ambas as circunstâncias trata-se efetivamente de fixar limites para o campo psicanalítico, de decidir o que, por natureza, foge dele.

No tocante ao segundo problema – o das indicações –, somos obrigados a reconhecer uma extrema variedade de opiniões entre os analistas mais experientes. É muito provável que se somássemos suas respostas divergentes chegaríamos ao seguinte resultado paradoxal, plenamente contraditório: *todas* as organizações psicopatológicas podem ser abordadas pela psicanálise; *nenhuma,* nem as neuroses mais "clássicas", é realmente acessível em suas raízes. A neurose obsessiva, por exemplo, por muito tempo tida como a forma exemplar, o modelo, da investigação e do tratamento analíticos, é hoje considerada por mais de um tão tenaz que ela seria irredutível. Nesse mesmo sentido, um analista, apesar de ser bastante ousado, pôs em dúvida a "analisabilidade" da histérica, que esteve na origem da psicanálise.[1] Inversamente, um número cada vez maior de analistas tomam em análise, muitas vezes com sucesso, pacientes psicóticos que foram submetidos no meio psiquiátrico aos tratamentos mais danosos. Por fim, constatou-se que determinada análise que "não anda" com determinado analista não tropeçará no mesmo obstáculo intransponível com um outro, que, estagnada aqui, poderá "mexer-se" em outro lugar, sem que se possa sempre considerar os anos de experiência um fator determinante.

Que devemos concluir desses fatos? Que, já que nada pode ser objetivado, já que o progresso da análise depende essencialmente do que possa surgir no espaço analítico criado pelas duas partes em questão, não há motivo para se espantar com as variações subjetivas? Em suma, o analisável não conheceria outros limites além dos do analista. Pode ser, mas isso rapidamente leva a caucionar um subjetivismo "sem limites", do qual não se poderia esperar outra coisa além de uma celebração das virtudes da "relação" ou de uma constatação do funcionamento combinado da transferência e da contratransferência. Sem ignorar essa dimensão relacional ou essa comunicação de inconsciente para inconsciente, podemos almejar dar um passo a mais. Notemos aliás, de passagem, que se os analistas fossem consequentes com a ideia de que toda a eficácia da análise depende de uma relação que não poderia ser dita sem se travestir ao ponto de fazer desaparecer o que ela comporta de verdade, eles fariam voto de silêncio. Mas assistimos ao fenômeno inverso: cada um, a sua maneira, tenta transmitir o que é para ele a análise, esquecendo até o "para ele". O dogma se esconde na clínica "subjetiva" tanto quanto a fantasia se deixa entrever no discurso que se quer "científico".

Abordemos, pois, a questão por outro lado, menos dependente das singularidades individuais. Digamos que a história da psicanálise

---

1. KHAN, Masud. "La rancune de l'hystérique". *Nouvelle revue de psychanalyse*, 10, 1924. Cf. também, a mesa redonda do Congresso Internacional (Paris, 1973) sobre "A histeria hoje".

Bordas ou confins?

consistiu menos em definir os limites de sua ação para precisá-los cada vez melhor, como um Estado que procedesse a incessantes retificações de fronteiras, do que em ficar perto desses limites, como um povo nômade que nunca se instalasse numa província, mesmo que ela fosse distante e afastada das civilizações reinantes, e só encontrasse seu espaço nos confins, seu motivo de existir nessa vizinhança sem nome com uma linha que ele mesmo, independentemente de qualquer mapa, está traçando.[2]

Aqui, o modo como a psicanálise se constituiu pode nos induzir a erro. Com efeito, o esforço de Freud foi necessariamente sustentado por uma exigência de *delimitação* que pode ser encontrada em vários níveis e, portanto, só se pode ampliar: no conglomerado do que o termo neurose ou "doença nervosa" designava na época, era preciso primeiro diferenciar as psiconeuroses das neuroses atuais; depois, uma vez circunscrito o campo da psiconeurose, distinguir nela os diversos tipos de organização – neuroses obsessivas, histéricas, fóbicas –, menos pela identificação de sintomas visíveis do que pela descoberta dos mecanismos psíquicos em ação; o modo de funcionamento neurótico passa então a ser situado em relação à perversão e à psicose. Essa exigência evidentemente não equivale a uma preocupação nosográfica de definição de quadros clínicos: está estritamente correlacionada tanto com a construção teórica como com a instauração da situação analítica. Tanto numa como na outra, pode-se reconhecer, mais afirmada ainda, a preocupação de definir limites. Tudo está aí: nosografia, teoria, técnica. Mas não há nada de redutor: não se trata de fazer fenômenos entrarem à força na estreiteza de um quadro, mas, inversamente, de criar o (en)quadro para que o objeto psicanalítico se constitua. E já que estamos falando de quadro, digamos que, se se pode falar de revolução psicanalítica, é primeiro no sentido de uma revolução pictural.

Portanto, era preciso a um só tempo criar a "ficção" de um aparelho psíquico, inventar uma situação terapêutica na qual esse aparelho

---

2. Esta é evidentemente uma concepção ideal. Não seria difícil mostrar que a psicanálise, em sua realidade, sobretudo institucional, sempre funcionou mais conforme o modelo do Estado.

funcionaria numa colocação entre parênteses e forjar um aparelho conceitual que tivesse suficiente *jogo* em sua organização interna e tivesse ferramentas suficientemente precisas para entender a complexidade desse funcionamento. Modo de pensar estranhamente circular, em que o caráter "arbitrário" do protocolo da análise, por exemplo, se vê justificado na medida em que permitiria observar nas condições, as mais puras possíveis, as estruturas e as operações do aparelho psíquico, ele mesmo elaborado a partir da situação criada. Esta é uma crítica epistemológica do tipo: vocês tiram de sua cartola o que colocaram lá dentro, à qual a psicanálise nem sempre escapa. Na verdade, é por haver não coincidência entre a prática e a teoria, mas distância que não se procura preencher que se pode falar legitimamente de um *movimento* analítico.

Isso começou desde cedo. Pode-se dizer que, passado o período em que os primeiros discípulos podiam renovar o encantamento de verificar e ilustrar por meio de um material ainda fresquinho as descobertas do fundador, a clínica e o pensamento psicanalíticos – eles são inseparáveis – sempre puseram em dificuldades os primeiros modelos freudianos. Nos últimos cinquenta anos, qualquer assembleia psicanalítica estaria autorizada a tomar como tema aquele que um recente congresso internacional escolheu: avaliar as mudanças na prática e na experiência analíticas, avaliar suas implicações ao mesmo tempo teóricas, técnicas e sociais.[3] Também Freud, em sua própria evolução – do encontro "a despeito de si mesmo" com a transferência ao tropeço na "reação terapêutica negativa" –, sempre viu no obstáculo o motivo desencadeante, a moção pulsional, de um progresso teórico. Poderíamos dizer que ele submete sua própria ciência ao princípio que a fez nascer: nunca recusar o irracional, o incoerente, o inquietante por exclusão em termos negativos (como aqueles que acabo de utilizar), mas pensar aquilo que não conseguimos pensar, aquilo que se apresenta para cada um como tendo ultrapassado o limiar do tolerável. Escutemos o Anunciador:[4] "É o que não compreendeis que é o mais belo, é o mais

---

3. Resta o fato de que isso vem sendo feito agora, o que, por si só, demonstra que a mudança é percebida pelo conjunto dos analistas como mais fundamental.
4. O do *Soulier de satin* [*O sapato de cetim*, obra de Paul Claudel].

Bordas ou confins?

longo que é o mais interessante e é o que não achais divertido que é o mais engraçado". Mesmo o que é erroneamente entendido como excursões – de *Totem e Tabu* ao *Mal-estar na civilização* – demonstra, mais que uma vontade de anexação, o propósito de ir ali onde algo resiste, como se só pudesse haver psicanálise ali onde há o encontro, o teste, dos limites do analisável. Ali onde esse teste é evitado, particularmente na "análise" dos *textos*, mesmo que se conjugue o espírito de geometria com o espírito de finura, a psicanálise, por mais maciçamente presente que pareça estar pelo uso dos conceitos ou do método, simplesmente não aparece.

Seria necessariamente a prática – porque *fazer psicanálise* não é essencialmente uma "leitura" – que iria atualizar a questão dos limites e lhe dar suas figuras concretas. Aqui, os exemplos são inúmeros: não há um continuador de Freud que não tenha passado por essa experiência, contado com ela e pagado por isso, mas nem todos encontraram aí a mola propulsora de seu pensamento. Basta mencionar dois nomes: Wilhelm Reich e Sandor Ferenczi. Justapô-los talvez pareça estranho, mas essas duas personalidades certamente opostas têm ao menos isto em comum:[5] seu confronto apaixonado com o paciente que não "joga o jogo". Reich, ainda jovem analista, é encarregado de um seminário sobre os "casos rebeldes", e Ferenczi definia a si mesmo, mas como que para se desculpar ante os vigilantes, como um "especialista em casos difíceis": é que ele, por princípio, se recusava a atribuir o fracasso da análise ao paciente, cuja resistência, narcisismo, ausência de vida fantasmática (a lista seria longa) tornariam "inanalisável". A falha pode ser buscada do lado do analista, o que em geral costuma ser aceito mais facilmente – minha contratransferência, meus pontos cegos etc. – do que numa determinada análise singular e, uma vez reconhecida, convida a adaptar e a modificar o instrumento analítico; e isso não poderia ficar restrito ao problema, dito técnico, do manejo da situação. Pois esse instrumento que, no analista, permite que haja análise, é forjado precisamente pela dificuldade da análise.

---

5. Digo ao menos, pois, sem muita dificuldade, poderíamos destacar vários pontos de convergência em seus respectivos destinos.

216 | Entre o sonho e a dor

Umas palavras de Freud, em que poderíamos ler a decepção, mas que na verdade estão carregadas de verdade, voltam-me à memória: "Não há nada – escreve ele para Binswanger – para que o homem, por sua organização, esteja menos apto do que para a psicanálise".[6] A organização "natural" da mente, o equipamento constituído do aparelho, os sedimentos adquiridos do saber, longe de favorecê-lo, entravam o funcionamento analítico. Não se nasce e não se é analista, nem mesmo é certo que seja possível tornar-se analista no sentido de poder prevalecer-se de um *estado*. Psicanalista não poderia ter função de predicado.

Reich não reconheceu esses entraves nele mesmo; por não tê-lo feito, cedeu cada vez mais à fantasia de onipotência. Mas isso porque, no começo de sua carreira, deparara com a resistência à análise em seus pacientes de uma forma maciça, quase corporal: a couraça do caráter. Já Ferenczi, cuja estupenda modernidade nos maravilha até hoje à leitura de qualquer página,[7] não encontra os limites como uma barreira, uma blindagem, entre ele e seus analisados, que, como fez Reich, seria preciso tentar forçar para liberar a energia paralisada nela; encontra-os na própria análise, como se a livre associação, a ressurgência das lembranças, o levantamento dos recalques deixassem o essencial fora de alcance. Para ir ao encontro "da criança no adulto", não basta reconstruir a neurose infantil. Para atingir o recalcamento primário, é preciso possibilitar ao paciente ir aquém da representação, no agir. Por trás do recalcamento, Ferenczi reconhece "a clivagem narcísica de si[8] na própria esfera mental". Para ele, os limites não estão na periferia, mas no centro: não podem ser forçados nem contornados. É com o que falta, no analisado *e* no analista, que o trabalho se dá.

A diferença de abordagem, que esboçamos aqui em traços excessivamente esquemáticos, continua operante para todos os analistas:

6. Numa carta cuja tradução pode ser encontrada na coletânea de textos de Binswanger relativos à psicanálise, *Discours, parcours, et Freud*. Paris: Gallimard, 1969, p. 299.
7. Cabe a W. Granoff o mérito de ter tentado, já faz quinze anos, tornar a França sensível à eterna atualidade, para qualquer analista, de Ferenczi. Cf. in *La Psychanalyse*, vol. VI, PUF, 1961: "Ferenczi. faux problème ou vrai malentendu?".
8. *Selbstspaltung* e não *Ichspaltung*. Cf. *supra*, nossas reflexões sobre o *self*.

Bordas ou confins? | 217

pode-se querer diferenciar uma forma de organização da personalidade que, por si só, obsta uma técnica analítica que pressupõe o acesso à realidade psíquica; nesse caso, acaba-se isolando uma categoria psicopatológica específica: neurose de caráter, personalidades narcísicas etc. Esta seria, por assim dizer, a via aberta por Reich. Ou então se é levado a situar sempre "mais longe" o que dá ao psiquismo seu peso de *realidade*, e isso qualquer que seja a estrutura patológica em questão. É a via aberta por Ferenczi.[9]

Não retomaremos a descrição dos chamados estados-limites, situados entre neurose e psicose, pois a respeito disso há uma notável convergência entre os autores. O que nos interessa aqui não é tanto o problema que tais estados colocam para a técnica específica que a abordagem deles exigiria e para a teoria que conseguisse dar conta dela. Para além de sua especificidade, eles na verdade confrontam o analista com uma questão mais radical, que ele pode evitar cada vez menos. Confrontação: entendamos isso no pleno sentido da palavra, pois, quanto mais o analista se aproxima do estado-limite, mais ele se sente efetivamente questionado e até desafiado. Nesse encontro, na verdade é o *conjunto* de sua atividade teórica e prática que é posto em questão: sua escuta, sua resposta, seu modo de *ser* e de interpretar com seus pacientes menos desconcertantes – o "bom e leal neurótico" – vêem-se necessariamente modificados, na medida em que os "*casos*-limites" não podem mais ser considerados excepcionais e que o *estado*-limite parece estar sempre subjacente à construção neurótica e à cena perversa.[10]

É comum afirmarem hoje que os pacientes não são mais o que eram: a população analítica estaria composta cada vez menos de neuroses francas, precisamente aquelas que Freud definia como neuroses de transferência; cada vez mais, veríamos nela formas

---

9. Esta é, por certo, uma distinção que não resiste à evolução de uma determinada prática: o psicanalista começa garantindo que limita a casos *excepcionais* as modificações que considerou necessário introduzir na "técnica clássica" mas logo acaba reconhecendo a exceção em toda análise.

10. Note-se que falar de estados-limites em vez de casos-limites implica bem mais que uma convenção terminológica.

"mistas" nas quais, sob uma fachada neurótica, revelar-se-ia a intensa atividade projetiva do esquizo-paranoide, ou uma fragilidade narcísica tal que o único recurso seria a dissociação entre a psique e o soma, ou então o que Freud já identificava como "alterações do eu", que caracterizam o comportamento de uma espécie de loucura sem delírio.[11] O fato é que, das personalidades *"as if"* descritas por Helen Deutsch a partir de 1942 às organizações em "falso *self*" identificadas por Winnicott, passando pela "falha básica" revelada por Balint,[12] os quadros clínicos rotuláveis como puramente neuróticos parecem tornar-se mais raros.

Foram os pacientes ou os analistas que mudaram, estes últimos cada vez mais atentos ao latente – o que explicaria, *em parte*, a duração das análises – ou interessados mais no "continente" que nos "conteúdos", já que os primeiros estariam menos estruturados em função de uma evolução sociocultural que tornaria as referências identificatórias instáveis e imprecisas, como se a "crise de identidade" não estivesse mais apenas ligada à fase adolescente da vida, mas constituísse um estado permanente de nossos grupos sociais?[13]

Em todo caso, essa é uma questão que não pode receber respostas apressadas. Pois é bem possível que formas clínicas ditas novas tenham sido identificadas com outros nomes: por exemplo, como não ficar impressionado com a concordância, tanto da descrição

---

11. Por exemplo, em "Neurose e psicose" (1924): "O eu terá a possibilidade de evitar a ruptura com qualquer um dos lados rachando ou se despedaçando" (*Névrose, psychose et perversion*. Paris: PUF, 1973, p. 286. Ed. bras.: *Neurose e psicose*, vol. XIX.].
Note-se também que Freud, ao se referir a essas alterações do eu, fala de *limitações* e vê nelas, em *Análise terminável e interminável*, um limite para o tratamento.

12. Uma lista completa dos autores que, nas últimas décadas, identificaram, sob as mais diversas denominações, formas cínicas entre neurose e psicose encheria páginas e páginas.

13. Contudo, a adoção resoluta demais dessa via leva rapidamente a psicanalisar "a sociedade": "Eles não elaboraram seu Édipo etc.". Às vezes sem perceber, troca-se então a poltrona de analista pela do delegado que pretende, ele também, agir apenas "em nome da Lei".

Bordas ou confins?

como das hipóteses patogênicas levantadas, entre as afecções psicossomáticas diagnosticadas hoje e as "neuroses atuais" que Freud tentou circunscrever em seu tempo?[14] Nesse mesmo sentido, é fácil reconhecer na maioria dos casos dos *Estudos sobre a histeria* o que hoje chamaríamos casos *borderline*; ou ver, nas "neuroses de destino", em que o Mesmo retorna de fora com total desconhecimento por parte do sujeito de sua participação nisso, uma forma de paranoia. Em contrapartida, o que é indiscutível é que o psicanalista, seja qual for sua orientação teórica, funciona de uma maneira diferente, e que a experiência dos limites, e não só, repito, a dos casos-limites, desempenha nisso um papel determinante.

Tentemos, pois, com o risco de acentuar os traços, tornar mais preciso este "de uma maneira diferente". Na imagem de analista herdada de Freud, parecem combinar-se os traços de um decifrador, de um detetive e de um arqueólogo. Brancos, escansões, elementos discretos do discurso: grande Mestre do significante. Traços quase imperceptíveis, confissões involuntárias e denegações suspeitas: vide a investigação realizada, como se fosse por um juiz de instrução fazendo a "reconstituição do crime", para encontrar, em seus mínimos detalhes reais, a cena originária do *Homem dos lobos*. Reconstrução das arquiteturas enterradas intactas ou enfiadas umas nas outras sob a cidade ou sob as ruínas visíveis. Quando Freud arrisca uma comparação da análise com um jogo, é numa partida de xadrez que ele pensa: o jogo mais distante possível do *playing* de Winnicott! Reconheçamos também que havia uma singular homologia entre a estrutura mental de Freud e a daquele que foi seu campo preferido: a psiconeurose e, singularmente, a neurose obsessiva, sobretudo no fato de que nela o processo de pensamento é privilegiado, que a "compulsão a associar", a "compulsão à

---

14. Sabe-se que Freud diferencia *explicitamente* a *conversão* histérica da *somatização* direta, embora reconheça que muitas vezes há combinação das duas: "Na histeria é a excitação psíquica que segue o caminho errado, rumando exclusivamente para o campo somático, ao passo que aqui [na neurose de angústia], trata-se de uma tensão *física* que não consegue penetrar no campo *psíquico* e, portanto, permanece na via física. Os dois processos se combinam com extrema frequência" (Manuscrito E, 1894, in *La Naissance de la psychanalyse*).

facilitação", que produzem a "complicação psíquica", são plenamente exercidas.[15] Nem é preciso dizer, por exemplo, que uma personalidade psicopática não interessava a Freud: causava-lhe horror. Quando Edoardo Weiss o consultou por carta sobre as dificuldades com que deparava no tratamento de tais casos, a resposta veio sem tardar: o senhor está perdendo seu tempo; interrompa imediatamente a análise. Um trecho de uma dessas cartas (26 de maio de 1922) merece ser citado na íntegra: "O segundo caso, o esloveno, é claramente um patife e não merece seu empenho. Nossa arte analítica é impotente diante desses tipos de pessoas e nossa intuição não é capaz de identificar nelas as condições dinâmicas dominantes. Não respondo a ele diretamente, mas suponho que o senhor vá dispensá-lo".[16] Consultado sobre um outro caso, em que faltam, por um lado, o "conflito de sofrimento" entre o eu e as demandas pulsionais e, por outro, aquela parte do eu que poderia colaborar com o analista,[17] Freud reconhece ali a ação de um "eu incrivelmente narcisista, autossatisfeito, inacessível a qualquer influência" e recomenda encaminhar o paciente para... Groddeck. A carta (3 de outubro de 1920) contém a seguinte indicação bem sugestiva: "O mecanismo é certamente neurótico, mas as condições dinâmicas não são favoráveis a uma mudança".

Esses exemplos não mostram a concepção *restrita* dentro da qual Freud pretendia manter a prática analítica? Foi essa limitação deliberada do campo de eficácia psicanalítica – limitação que depende de uma afinidade eletiva entre dois aparelhos psíquicos[18] – que permitiu a Freud avançar com uma segurança jamais igualada no labirinto

15. Nesse sentido, a fórmula chave do *Projeto* de 1895 – "A quantidade em se manifesta por uma complicação em" – poderia definir o próprio "aparelho psíquico" de Freud.
16. WEISS, Edoardo. *Sigmund Freud as a Consultant*. Nova Iorque: Intercontinental Medical Book, 1970.
17. Estes são exatamente os termos utilizados por Freud, mesmo que não agradem a todos.
18. Uma *relativa* homologia de estrutura entre o analista e *seu* paciente, entre o paciente e *seu* analista, é sem dúvida uma condição necessária do processo analítico. Dizemos relativa: se excessiva, há o risco de conivência; se insuficiente, a distância intransponível. A análise, em todo caso, exige que se busque *junto*.

Bordas ou confins?

neurótico, mas também ignorar a tal ponto a contratransferência.[19] Podia fazê-lo – talvez devesse – na posição de intérprete soberano que lhe era própria. Passada a época de sua própria "análise", em que Freud confessava a Fliess: "O paciente que mais me preocupa sou eu mesmo",[20] silêncio.

Como se sabe, as coisas mudaram completamente a esse respeito: hoje, não há consenso maior do que denunciar a concepção do analista como puro espelho.[21] Mas o termo contratransferência passa a adquirir uma extensão, a meu ver, ampla demais, a ponto de designar todas as respostas subjetivas induzidas no analista pelo paciente, ou até tudo o que faz com que determinado psicanalista não seja a cópia idêntica de determinado outro. A partir daí, só é possível preferir generalidades sobre meios-termos: conviria reconhecer a própria contratransferência, *não* para se defender dela, *mas* para tirar proveito, a fim de utilizá-la como servidor, *não* como mestre etc. Contudo, as imagens espontaneamente utilizadas pelos analistas quando evocam seus casos difíceis[22] dão a entender outra coisa. As palavras que aparecem então são: "atrapalhado", "paralisado", "petrificado", "bombardeado", "*helpless*" – que nesse caso não é tomado no sentido de uma vaga impotência, mas revela um estado de sem recurso e sem socorro do analista atingido (como que) em seu *corpo*. Isso porque, na dupla função que o constitui como analista – intérprete e objeto-suporte da transferência –, a segunda passa a ocupar todo o espaço, mas mudando de repente profundamente de sentido: justamente, o analista não é um simples suporte, que permaneceria diferenciado dele na realidade, mas é

19. Citemos, para não esquecer, o "caso" Dora, a coleta de dinheiro feita em favor do Homem dos lobos para o prosseguimento da análise... Ainda não se glosou o suficiente sobre isso.

20. *La Naissance de la psychanalyse.* Paris: PUF, [s.d.], p. 189.

21. Ainda que a função do analista-espelho possa conservar todo o seu valor *curativo* – assim como, em certos momentos, o silêncio prolongado – contanto que não seja confundida com um eco mortífero.

22. Difíceis é um eufemismo. Deveríamos dizer: que causam sofrimento, aqueles precisamente de quem se sente a imperiosa necessidade de falar, nem que seja apenas por um momento, com um colega, desde que ele seja um amigo.

efetivamente visado. Os efeitos são perceptíveis *nele,* geralmente depois de certo tempo, física *e* mentalmente, sendo este "e" então demais, pois ele se sente paralisado tanto nos movimentos de seu corpo como em seu "movimento" associativo. Essa impressão de coerção exercida, de entrave de qualquer espontaneidade, pode chegar a: evitar se mexer, tossir ou acender um cigarro... O pensamento, que já não aparece mais como atividade relativamente autônoma, vê-se completamente bloqueado – como se a mente se transformasse num órgão do corpo.[23] A própria sessão fica próxima de um *acting out*, ao passo que no mundo externo o comportamento do paciente é em geral bem adaptado.[24] O "como se" não existe mais. As palavras são atos. A lembrança e a representação não desenham mais uma linha clara que possa produzir a forma de uma figura, de uma história ou de uma construção, mas invadem toda a relação. A fantasia não se compõe mais numa sequência, numa frase, inscrita no inconsciente, ela se exterioriza e *ganha corpo* na atualidade da sessão; daí a sensação que o analista pode ter de estar preso dentro dela, com as reações fóbicas que disso resultam: por exemplo, interpretar constantemente a "transferência" quando justamente não se trata mais tanto de transferência mas de uma repetição atuada, numa tentativa de preenchimento interpretativo que apenas responde à vacuidade, ao esvaziamento, sentidos pelo analista.

É claro que nessas situações o analista não carece de instrumentos conceituais, sobretudo os herdados do kleinismo, como a identificação projetiva, projeção de uma parte de si num outro cuja alteridade se define de maneira totalmente negativa como *não* eu. Mas, embora a identificação desses mecanismos o ajude a compreender, acaba deixando-o relativamente desarmado. Sente-se então como que obrigado a fazer esse trabalho interno cujo movimento André Green tentou

---

23. Ferenczi foi o primeiro a destacar esse ponto. Cf. "A análise de criança na análise dos adultos", art. cit.

24. Durante encontros que reuniam alguns analistas fora das "sociedades a que pertenciam" e em pequeno número (duas condições necessárias), pude constatar que eram principalmente casos desse tipo que eram evocados.

Bordas ou confins?

reconstituir:[25] elaboração psíquica que, por um lado, lhe permite livrar-se da extrema tensão sentida no cheio-demais da sessão e que, por outro lado, vem suprir a ausência ou o repúdio no paciente de uma "simbolização", como se coubesse então ao analista fantasiar e imaginar para, progressivamente, construir um espaço psicanalítico, inventando a "teoria" de seu paciente a partir do que este suscita nele.

Seria preciso descrever uma forma oposta de contratransferência que desta vez responda, não a um excesso de inclusão mas a um sentimento de exclusão e, no paciente, a um excesso de representações. Referimo-nos àqueles analisados para quem, sem que se trate necessariamente de obsessivos, a atividade de pensamento é predominante. Num primeiro momento, acredita-se que a análise vai bem e até que ela corre: sonhos, lembranças de infância, cadeias associativas sutilmente entrecruzadas, capacidade de se escutar, às vezes emergência discreta de afetos inesperados, mas vivamente integrados, interpretações aceitas, mas imediatamente colocadas no circuito. Como isso funciona bem! E não sem motivo, pois a condição imperiosa é que o aparelho não cesse de funcionar, produzindo sentido sem descanso e evacuando-o à medida que é produzido: ao contrário dos casos que mencionamos acima, isso tem de *ganhar sentido para não ganhar corpo*, e não há dúvida nenhuma de que a análise, com sua proposta de "dizer tudo", pode, não criar, mas favorecer esse modo de funcionamento mental. Creio ser isto o que Winnicott tem em mente quando fala do "falso *self*", muitas vezes engenhosamente mantido pelo código interpretativo do analista; nessa compulsão a mentalizar, ele nos leva a reconhecer uma forma geralmente precoce de dissociação do sujeito, destinada a operar em sistema fechado, onde só se organizam signos e figuras, para prevenir o "informe", precursor de caos, para cercar o vazio. Nesse caso, a contratransferência é, a meu ver, alimentada pela seguinte intenção imaginária: tornar vivo esse sobrevivente, fazê-lo nascer, de fato, para si mesmo. No caso anterior,

---

25. Mais particularmente, a seção intitulada "Le fonctionnement mental et le cadre analytique" em "L'analyste, la symbolisation et l'absence". *In: Nouvelle revue de psychanalyse*, n. 10, 1974.

poderíamos formular a intenção nos seguintes termos: simplesmente permitir que ele exista.

Poderíamos contrapor, quase termo a termo, essas duas formas de contratransferência que colocam, ambas, a questão dos limites para o analista: inclusão-exclusão. De um lado, clivagem maciça do objeto, alternadamente idealizado e reduzido ao nada de um dejeto; do outro, falha do sujeito, quase imperceptível porque imediatamente reduzida; no primeiro caso, recurso do analista a uma espécie de blindagem para se proteger de uma fusão presente demais que o aniquila como indivíduo, e, no segundo, abertura constante para o que ele pressente estar ausente; ali, interpretações incorporadas e depois rejeitadas, aqui, elas só acrescentam um fio à trama associativa etc. Essas oposições, cujo inventário poderíamos ampliar, levam a pensar em duas ordens de estados-limites: os primeiros, classicamente reconhecidos como tais, situam-se *aquém* do espaço psíquico intra-subjetivo; os segundos – tipo "falso *self*", certas formas narcísicas – situar-se-iam *além* dele. Ambas as ordens podem ser descritas como estando fora dos limites da neurose, mas, digamos assim, não na mesma borda. Os efeitos que produzem no analista são, portanto, de natureza muito diferente assim como difere o modo de abordá-los, mesmo que se esteja tentado a agrupá-los como não analisáveis.

Com efeito, analisar, em seu sentido original mascarado pelo uso cartesiano, é desligar [*analuein*]; tanto em química como em psicanálise, qualquer "solução" supõe operações de desligamento. Contudo, nas formas limites que mencionamos, *a ligação* é absolutamente necessária. Primeiro caso: é preciso manter a qualquer preço *o vínculo* (no duplo sentido de relação e de entrave) com o objeto; a angústia de separação prevalece. Segundo caso: é a certeza de que *os vínculos* entre as representações nunca serão interrompidos que tem de ser garantida, mascarando a angústia do vazio; o desligamento chama imediatamente novas conexões. Podemos levantar a hipótese de que, segundo duas modalidades opostas, o trabalho de luto do objeto primordial não foi feito: o excesso de atividade representativa indica indefinidamente a perda do objeto, reproduzindo sua ausência numa renúncia sem vida, num remanejamento sem fim; quanto à atualização da fantasia, repetida, transformada em seu contrário, voltada contra a própria pessoa,

Bordas ou confins?

ela vem comprovar, por sua marca de onipotência, a presença quase alucinatória do objeto.

O campo do analisável construído e circunscrito por Freud se situa entre esses dois limites.

Mas é chamativo ver os analistas contemporâneos mais sensíveis ao questionamento clínico tentarem transformar essas bordas em confins para, a partir deles e não mais de um centro garantido, pensar sua experiência como um todo. Hoje em dia, voltamos a ouvir falar de *necessidades* psíquicas e não só de desejos e de pulsões; discute-se a função central do *ambiente* negativo e não só de "fatores atuais" que poderiam, no máximo, favorecer um conflito intra-psíquico ou lhe servir de ponto de ancoragem. Não vejo nisso o sinal de uma fase pré ou pós-analítica, mas a tomada de consciência, já fecunda, do que está pressuposto nas tópicas freudianas: elas se dão um espaço psíquico já edificado, com suas "fronteiras" externas e internas, suas "províncias" e sua "barreira protetora". Se psicanalisar é essencialmente instituir esse espaço, a *realidade* da análise só poderia estar *nos* limites do analisável.

O PSIQUISMO COMO DUPLA
METÁFORA DO CORPO

Mais de trinta anos depois de sua formulação, vários enunciados de Fairbairn sobre os "fatores esquizoides na personalidade" já não surpreendem mais.[1] Hoje, a maioria dos psicanalistas provavelmente concorda com a ampliação proposta do conceito de esquizoidia e em reconhecer traços esquizoides sob o aparente quadro das neuroses clássicas, em suma, em tornar, no plano nosográfico, bem menos nítida a linha de demarcação entre neurose e psicose; em identificar, no plano fenomenológico e até na experiência normal, momentos esquizoides (despersonalização transitória, sentimentos de estranhamento, de *déjà-vu*); em procurar, por fim, aquém dos mecanismos propriamente neuróticos, "níveis" de funcionamento mental comparáveis àqueles que manifestamente operam na psicose. Mas não é para esse consenso vago e, aliás, mais problemático que esclarecedor, que a leitura de Fairbairn nos conduz. Suas palavras, como demonstrarão cada vez mais seus artigos posteriores, visam em primeiro lugar provocar uma mudança de orientação na atenção do psicanalista. Muito resumidamente, poderíamos formulá-lo assim: passamos do clássico "o que isso quer dizer?" para o "como isso funciona aí dentro?". É possível imaginar o que essa mudança implica para a teoria. Fairbairn considera que no conceito de pulsão, tal como Freud a definiu pela articulação de três termos – fonte, alvo, objeto –, é o terceiro que é essencial. Se para Freud, pelo menos nos *Três ensaios,* o objeto aparece como relativamente contingente – "o que satisfaz a pulsão" –, para Fairbairn

---

1. "Schizoid factors in the personality" (1940), republicado em *Psychoanalytic studies of the personality.* Londres: Tavistock, 1952. A tradução francesa desse artigo pode ser encontrada no n. 10, 1974, da *Nouvelle revue de psychanalyse.*

ele é o que a pulsão visa, pulsão esta que seria, por natureza, intencionalidade: *Libido is not pleasure-seeking but object-seeking*. Essa tese será desenvolvida de forma cada vez mais vigorosa pelo autor, mas está enunciada desde o começo. Percebe-se de imediato que o que a motiva não é, como será o caso de Bowlby, a preocupação em dar conta dos trabalhos dos etólogos, mas certo tipo de paciente que Fairbairn encontra. E, deixando de lado os preconceitos teóricos, não é possível ficar indiferente à pertinência de sua descrição. O que ela expõe em primeiro lugar é uma "atitude", parecida com a que Jung atribuiu a seu "tipo introvertido": desinteresse pela realidade exterior correlacionado com uma extrema atenção voltada para a realidade interior. Mas Fairbairn, avançando para além da mera descrição, vê em ação nessa posição global um dispositivo de "técnicas": o "pegar", o "incorporar", o "esvaziar", técnicas estas que orientam, dirigem toda a relação do sujeito com seus objetos e com seus mundos; a identificação delas leva Fairbairn a destacar a principal função que certas características marcantes da personalidade "esquizoide" cumprem: o que ele diz, sobretudo sobre o papel do *segredo*, é incontestavelmente confirmado pela experiência analítica.

A perspectiva adotada – perspectiva que, a meu ver, não só se justifica, como se impõe para a compreensão dos casos a que ele se refere – leva-o a colocar em primeiro plano o desenvolvimento da relação de objeto, até fazer toda a teoria e a técnica analíticas gravitarem em torno desse conceito.[2] Há aí uma consequência rigorosamente necessária ou um deslize do pensamento, uma generalização abusiva que nos faria tomar por uma lei geral do psiquismo um de seus avatares, ou até uma de suas falhas, e ao mesmo tempo encobriria a interrogação fecunda que o tipo de funcionamento mental definido pelo autor suscita? É sobre esse ponto que desejo propor alguns breves comentários.

O que desnorteia o analista nos casos evocados por Fairbairn, e muitas vezes lhe impõe o que ele sente como certa impotência que o condena a ocupar um lugar de objeto passivo, manipulado, até

---

2. "A Revised Psychopathology of the Psychoses and Psychoneuroses" (1941).

O psiquismo como dupla metáfora do corpo

corporalmente afetado, ou, ao contrário, que o mantém numa condição de observador distante que se limita a constatar como "isso acontece", é que ele se vê deportado para um terreno bem diferente daquele com que está familiarizado: a partida não se joga mais no registro do sentido, do representável, do que se oferece ao jogo correlativo entre a fantasia e a interpretação. Nesses casos, o funcionamento psíquico parece ser equivalente a *habitus* corporais.

Talvez devamos ver nessa impressão de um "psiquismo" funcionando como um organismo mais que uma imagem: a indicação de que a realidade psíquica não se constituiu como tal, que ela apenas prolonga, toma para si, as funções de um organismo, às vezes até mesmo elementar, totalmente absorvido em suas tarefas de assimilação e de rejeição. Nos comportamentos mentais descritos por Fairbairn – pegar, esvaziar, expulsar etc. – encontramos, quase inalterada, a ordem vital.

Freud nos legou duas grandes metáforas do psiquismo, sempre presentes em qualquer indivíduo humano e que a psicanálise nunca consegue articular de maneira satisfatória (tensão esta sem dúvida preferível a uma vontade de síntese que escamoteasse um nível de funcionamento em benefício de outro): a metáfora do sistema nervoso e a do animálculo protoplasmático.

A primeira triunfa, em suas mais extremas consequências, no *Projeto* de 1895 que se apoia por inteiro sobre estes dois conceitos: o neurônio e o escoamento da energia; ela se livra de seu substrato neurológico em *A interpretação dos sonhos*, mas continua extraordinariamente ativa depois de transposta para o campo mental. Basta ler qualquer análise de sonho para ver constituírem-se diante de nossos olhos cadeias associativas com suas vias, suas mudanças de via, seus pontos nodais, seus trajetos e entrecruzamentos, todas essas figuras e termos que evocam tanto o sistema nervoso quanto uma rede ferroviária. A análise do *Homem dos ratos*, sobretudo desde que dispomos das anotações originais do caso, inscreve-se nesse modelo que parece sempre ter sido o predileto de Freud, modelo essencialmente neurótico, que tem na neurose obsessiva sua forma exemplar. Nele, o processo primário opera sobre as representações – ele é deslocamento, condensação, compulsão a associar. E o analista é principalmente intérprete, a esfera mental ocupando lugar de cápsula corporal.

A segunda metáfora, a da vesícula de *Além do princípio de prazer*, ela mesma em continuidade com a concepção do eu como "grande reservatório",[3] dá conta, em sua aparente pobreza, de uma tarefa anterior, pressuposta no modelo precedente. Com efeito, o eu narcísico encontra seu protótipo nessa vesícula que, para se manter viva, envolve-se de uma camada protetora: "tegumento" nos limites do dentro e do fora e que tem de ser investido para evitar uma invasão catastrófica.

Na psiconeurose, o "psiquismo" funciona como metáfora de um *sistema nervoso* que lida com as excitações; já no esquizoide, no sentido amplo que lhe dá Fairbairn, ele é metáfora de um *organismo* individual[4] que deve antes de mais nada preservar e manter o que lhe garante uma forma. E, nesse caso, o analista é tratado principalmente como objeto clivado: ameaçador, tranquilizador; aceito, rejeitado; expulso, incorporado; reparador, destrutivo; espelho de completude, cesto de lixo; lugar seguro, ou seja, ao mesmo tempo abrigo para onde retornar e prisão de onde fugir.

Em meu entender, é para esse nível de funcionamento que Fairbairn nos torna atentos. Os processos psíquicos que ele descreve estão marcados, assim como os processos orgânicos, por repetições, ciclos, automatismos, reações imediatas às variações externas (isso faz pensar às vezes nos "tropismos" de Nathalie Sarraute). É por isso que podem ser observados como sequências de comportamentos e são *objetiváveis* como técnicas. Conseguir torná-los analisáveis é outro assunto.

Daí a reduzir *todo* o funcionamento psíquico a esse tipo de processo há uma grande distância. Na verdade, poderíamos propor o seguinte paradoxo: a relação com o objeto, externo ou interno, nunca é tão prevalente como quando o objeto, no sentido de um outro que tem sua própria realidade, *não* está constituído, assim como tampouco o está o espaço do eu. Para que esse "objeto" diferente seja reconhecido em sua plena alteridade de sujeito, a perda do objeto primário tem de ser superada; e ela só é superada se a atividade representativa conseguir se desenvolver, garantindo uma transição entre o fora e o

---

3. "O eu deve ser considerado como um grande reservatório de libido, de onde a libido é enviada para os objetos e que está sempre pronto a absorver parte da libido que reflui dos objetos" (*G. W.*, XIII, p. 131) [Ed. bras.: vol. XVIII.].

4. *Individuum*: corpo indivisível.

O psiquismo como dupla metáfora do corpo

dentro. O autoerotismo, por exemplo, seria menos, como crê Fairbairn, uma técnica que permite interiorizar o objeto perdido, do que o ponto de origem do jogo fantasmático: ao criar para si um mundo entre o externo e o interno, o sujeito, pela perda do objeto, *pode se encontrar e reencontrar o objeto*.

Num de seus últimos textos, Fairbairn, utilizando a imagem do mundo interno como "sistema fechado", afirma, muito corretamente a meu ver, que a principal resistência na análise emana da manutenção a qualquer preço desse sistema.[5] Sistema fechado: para ele, outro nome da pulsão de morte. A crítica que ele faz aqui a Freud – ter estendido a uma lei geral do psiquismo um "fenômeno psicopatológico" –, também nós ficamos tentados a lhe dirigir. Mas a resposta poderia ser parecida: assim como a pulsão de morte opera em silêncio, abafada pelo barulho de Eros, a reparação do envoltório narcísico e a dependência, estritamente complementar, em relação ao objeto, continuam sempre em ação, mascaradas pela variedade dos investimentos. O sistema aberto nos faz esquecer o sistema fechado. Um dos méritos de Fairbairn foi mostrar-nos com descrições de grande precisão como funciona o segundo; ou seja, lembrar-nos que, se quisermos decifrar uma carta, convém primeiro abrir o envelope, tomando o cuidado de não rasgá-lo. Se não houver mais envelope, não haverá mais *carta/letra*.

---

5. "On the Nature and Aims of Psycho-analytical Treatment". *Internat. J. Psychoanal*, 39, (5): 374-385, 1958.

A PARTIR DA CONTRATRANSFERÊNCIA:
O MORTO E O VIVO ENTRELAÇADOS

Primeiro, uma confissão, um axioma, uma lembrança. A confissão. Este capítulo, em sua forma inicial, foi objeto de uma exposição oral; portanto, no momento combinado, propus o título sem pensar muito e me dei umas férias para pôr em palavras uma comunicação cujo teor estava claro para mim. Não foi tempo livre que me faltou, mas impulso. Experiência esta que primeiro me desconcertou: às vezes chegamos a crer, eu chego a crer, ante a sucessão das sessões: Ah! Se *eles* ao menos me deixassem respirar um pouco, eu escreveria coisas interessantes! Que nada! De férias... de férias de contratransferência, branco total. Tive então a oportunidade de perceber, a contragosto, que agora meu título adquiria seu duplo sentido – sim, eu tinha de tomar a contratransferência como ponto de partida para poder tentar transmitir algo de meu questionamento atual como analista; mas, inversamente, se eu partisse da contratransferência, ou seja, se ela me abandonasse para me deixar ir para outro lugar, ali onde se crê ser apenas si-*mesmo,* minhas palavras perderiam seu verdadeiro motivo: esse impulso compulsório que evocava há pouco, aquele que desencadeia e exige o trabalho psíquico sem o qual não há trabalho de expressão.

Digo precisamente: de férias de contratransferência e não de férias de análise. Esta continua. Pode-se, por assim dizer, levar os pacientes na mala, às vezes eles vêm nos visitar em sonho, aparecem *in absentia* e *in effigie*, fantasmas familiares não familiares, figuras ou duplos nossos, na errância do pensamento e dos passos. Mas a contratransferência se apaga, como se em relação a ela não se tratasse mais de memória ou de representações, nem mesmo de fantasias, mas de efeitos quase corporais que, para serem sentidos, precisam da *atualidade* da sessão. Eis-me, portanto, já às voltas com uma concepção restritiva da contratransferência que não a assimila sem exame prévio a *tudo* o que acontece do lado do analista em termos de emoções, imagens, desejos ou sintomas que determinado paciente despertaria nele.

O axioma: na verdade não se pode falar da contratransferência, dizer a verdade sobre ela. Não serão os exercícios públicos da suposta autoanálise do analista que vão atenuar o rigor dessa proposição. Ah! esses fragmentos cuidadosamente destilados, depurados, deslocados para cima (como se, tendo atingido nossa maturidade psicanalítica, só sonhássemos com nossa relação de "filiação" com Freud), como sua comovente franqueza é suspeita! E o que pode haver de mais paradoxal que os enunciados que ela pressupõe, enunciados que no fim se resumiriam a: vejo meus pontos cegos, escuto aquilo para que sou surdo, a única coisa de que tenho certeza é de não ter nenhuma ideia preconcebida, estou plenamente consciente de meu inconsciente; ou então, eu te amo – ou eu te odeio – e sei por quê. Palavras estas, contudo, que todos nós alguma hora pronunciamos, de forma mais ou menos disfarçada.

Na verdade não se pode falar da contratransferência. Não só por obrigação de sigilo – como se espera de funcionários de alto escalão – mas por uma razão de princípios. Se entendermos de fato a contratransferência – acepção geral e vaga que por ora nos basta – como sendo a contrapartida da transferência, a conclusão que se tira é que a função delas é simétrica no tocante ao processo constitutivo do sujeito, que, *ambas* são a via pela qual o esquecido, o recalcado, o clivado podem se efetuar, devem se efetuar pela mediação de um outro. Considerada nesse nível, a contratransferência, que faz com que sejamos analistas e não possamos deixar de sê-lo, é o principal móbil da função analítica: é uma pré-contratransferência. Mas que dizer a esse respeito que não seja racionalização, quando, na realidade, estamos *submetidos* a ela? As glosas eruditas – muito populares por um tempo – sobre o desejo do analista nos desviam ilusoriamente de ter de reconhecer, muito singelamente, nossa necessidade de *fazer* análise. Que outra coisa, aliás, nos poderia faltar?

Diz-se com frequência hoje em dia, um tanto precipitadamente, que a ignorância da contratransferência foi por muito tempo

A partir da contratransferência: o morto e o vivo entrelaçados

uma característica da análise. Seria preferível dizer: uma escolha metodológica – se no começo não fosse assim, seria um deus-nos--acuda! Agora, ao contrário, tornou-se uma banalidade admitir sua existência e sua eficácia. O artigo de 1950 de Paula Heimann oficializou a coisa denunciando a falsa imagem do analista "indiferente", o suposto modelo do espelho insensível, e preconizando um bom uso das "respostas emocionais". Ela entende por essas respostas afetos difusos mas insistentes, que indicam diretamente para o analista, antes de qualquer elaboração interpretativa, sua receptividade ao conflito inconsciente em ação em seu paciente.[1] Não cedamos por isso à ilusão inversa da de outrora e acreditemos que ao "reconhecer" nossa contratransferência estaríamos livres delas. Pois a resistência à contratransferência está tão presente no "sei do que se trata" quanto estaria no analisado que, por exemplo, qualificasse sua transferência de "materna" para conter, manter sob o jugo da palavra e da imagem, emoções inqualificáveis.

Na verdade não se pode falar da contratransferência, mas é possível percebê-la com tato. A palavra tato evoca aqui menos uma discreta circunspeção do que a sensibilidade para uma superfície, lisa ou rugosa, porosa ou blindada, para o aspecto de uma pele que acariciamos ou que se eriça. Indica a bipartição entre fora e dentro, a meu ver determinante no que podemos perceber de uma *posição* contratransferencial.

Agora, a lembrança. Durante um colóquio em que já se discutia a contratransferência, ante a fórmula então reiterada: "a contratransferência é quando nos sentimos vivamente tocados" (e não é indiferente que essa fórmula esteja construída segundo o modelo do "guarda-chuva é quando chove"), escutei a mim mesmo respondendo: "De jeito nenhum, é quando nos sentimos mortalmente tocados". Depois disso, colegas, digamos, benevolentes, para simplificar, vieram me perguntar: "O que é que você quis dizer precisamente?". Pergunta que me deixou mudo, mas que continuou presente. Depois disso veio-me a vontade de começar a respondê-la.

A impressão subjacente era simples; o que a motivava, mais obscuro. O vivo sempre assinala a acuidade do presente, muitas vezes um

---

1. HEIMANN, P. "On Counter-transference". *Int. J. Psycho-Anal.*, 31, p. 81-84.

excesso de presença: na excitação do prazer ou da dor ("vivo prazer", "dor viva"), na precisão de um corte ou de um contorno ("cantos vivos"). Nenhuma análise "anda" – ou seja, atinge o vivo do sujeito – sem que o analista viva esses ferimentos que reavivam nossas chagas, essas infiltrações imprevistas que atravessam e animam nossa psique. Mas isso é de bom augúrio: prova sensível de que aquele paciente se tornou *meu* paciente (isso às vezes leva tempo) e, simetricamente, de que seu analista ganhou corpo para ele. Essas manifestações são utilizáveis, eu diria negociáveis, na medida em que possam, sem grande esforço, ao preço de uma elaboração interna, serem recolocadas em jogo na partida analítica.

Para designar essas emoções muitas vezes pontuais, não falarei de contratransferência, embora seja delas que em geral se trata sob essa rubrica. São *movimentos* desencadeados no analista em resposta ao que lhe é dito, transmitido e destinado. Que tipo de movimentos? Movimentos *corporais,* discretos – um sorriso, uma mímica de irritação – que refletem uma moção pulsional ativada no analista pelo que ele acaba de ouvir, como se tomasse o lugar de seu analisado, pois, nesses casos em que há "resposta emocional" nele, a moção pulsional em geral não é perceptível no analisado, que apenas nos comunica seu produto: a resposta antecipa então a pergunta. Movimentos *psíquicos* que fazem o analista associar, na sessão ou depois dela, a partir do que, ali, foi tocado, um determinado elemento da fala do paciente agindo sobre ele como resto diurno. Esse movimento de ir e vir torna a análise móvel.

Nesse contexto, a comparação proposta por Freud entre a análise e uma partida de xadrez é eloquente; a analogia militar, proposta por outros, que leva a falar de estratégia do tratamento, é aceitável, tanto quanto a ideia, retomada das origens, de um teatro privado, da representação de uma encenação no espaço cênico da sessão, onde é possível permutar os papéis. Isso porque intervêm peças visíveis (ou figuras ou imagens); há lances e apostas, avanços e recuos, entradas e saídas, deslocamentos e resistências, tempos de parada e avanços súbitos. Cada jogador joga sua partida. É claro que o analista pode cometer erros, erros geralmente menos danosos do que ele acha (vide os bons efeitos da interpretação errada), mas permanecemos no "terreno de jogo" da análise, instaura-se uma troca que pede nem ressonância

A partir da contratransferência: o morto e o vivo entrelaçados

demais nem disparidade demais, e o mínimo que se pode esperar do analista é que, por um lado, não aumente a distância e, por outro, não alimente a conivência. Aí, a questão da contratransferência não se coloca de maneira muito imperiosa.

Agora, podem perguntar-me: quando é que para o senhor o peso da contratransferência faz diferença? Apoiando-me na impressão mais rudimentar, ficaria tentado a responder: quando não consigo mais jogar minha partida, quando não tenho mais peões para avançar. Todas as palavras que me ocorrem em relação a isso: "congelado, petrificado", remetem, num primeiro momento, a sensações corporais que indicam uma impotência motora: paralisia vivida como algo imposto, que às vezes atinge primeiro a pulsação mais "natural" do corpo: respiração contida, músculos abdominais contraídos, e termina tomando progressivamente conta de toda a superfície: não há mais gestos, não há mais barulho, não há mais nada.[2]

Essa mortificação pode, segundo a patologia predominante do analista, ganhar uma coloração mais claustrofóbica (sentir-se confinado em seu consultório) e suscitar mecanismos contrafóbicos: ficar, por exemplo, tentado a encurtar a sessão, fugir mentalmente para a sessão do próximo paciente etc.; ou uma coloração obsessiva, com a hipervigilância consecutiva; ou então um tom francamente depressivo. O modo de resposta é próprio de cada um.

Num segundo momento, é o funcionamento mental do analista que fica ameaçado, capturado e, também aí o efeito do impacto do modo de ser do analisado sobre ele é percebido em termos deficitários: incapacidade nele de uma troca entre processo primário e secundário, bloqueio, até mesmo confusão do pensamento. Mas, falar de funcionamento mental, de pensamento talvez seja inadequado nesse caso: pois o "pensamento", no sentido de um movimento que efetua ligações sobre o que ele não é, está como que enquistado num corpo inerte.

Então, nossa única proteção e nossa única saída são imputar ao paciente a origem do mal-estar, supor que ele *age* – por meio de seu silêncio, de seus ataques ou de sua ausência – *sobre* nós e *em* nós.

---

2. *Supra* "Bordas ou confins?".

Proporei uma formulação aqui que, espero, ganhará sentido daqui a pouco: o "mortalmente tocado" indica a morte da realidade psíquica (o "assassinato da alma" de Schreber ressoa como pano de fundo) e é aí, nesse encontro com a morte da realidade psíquica, que há *dominação* da contratransferência. Deixemos também o termo dominação em suspenso por um instante.

Gostaria agora de ilustrar esses breves comentários, que, evidentemente, exigiriam uma análise menos rudimentar. Sem ter a pretensão de abarcar toda a gama de posições contratransferenciais "típicas" (não devemos ter medo dessa palavra);[3] evocarei duas formas clínicas aparentemente muito distantes uma da outra, deixando para cada um o trabalho de evocar seus próprios exemplos demonstrativos e de inseri-los numa série complementar.

A primeira categoria de situações que tenho em mente é parecida com aquela que Anzieu apresentou com outras palavras.[4] Portanto, direi apenas umas poucas coisas a respeito. O que ele nos transmite de suas reações ante sua paciente imediatamente faz eco em nós: a oscilação no analista "entre a simpatia estimuladora, a piedade e a irritação"; o dilema em que se encontra: "ser o torturador ou ser a vítima"; a confrontação com a realização de uma ameaça e não de um desejo; o desalento, já sublinhado por Balint, diante da ineficácia de interpretações aceitas e rejeitadas com a mesma rapidez; o risco de ver a situação analítica repetir, num reflexo ainda mais acentuado, uma relação ainda atuante com uma mãe dita "mortífera" etc. Todos esses aspectos sem dúvida circunscrevem a dificuldade. Faltaria completar o quadro com outros? Talvez seja melhor enfatizar estes para entender o que eles induzem dentro do analista.

Estou dizendo *dentro* e não *no* ou *sobre,* pois o analista deixa de ser uma superfície de projeção e passa a ser tratado e a se sentir um depósito de lixo. À primeira vista, ele é "nada". Mas esse depósito é também um

---

3. Somos menos reticentes quando se trata de descrever "formas típicas" de transferência: queixosa, sedutora, persecutória etc.

4. ANZIEU, D. "Le Transfert paradoxal". *Nouvelle revue de psychanalyse,* 12, 1975.

A partir da contratransferência: o morto e o vivo entrelaçados 239

receptáculo, um continente onde o sujeito deposita com segurança seus próprios dejetos expulsos. E é notável o vínculo muito positivo que passa então a unir o paciente a seu analista-objeto: não há atrasos ou faltas, há uma intolerância a qualquer interrupção etc. Muitas vezes pensei que a insistência dos analistas ingleses na "sessão da sexta-feira" – a véspera do fim de semana em que vão parar de "*take care*" de seus pacientes para cuidar de suas rosas com uma ternura infinita – era por si só uma indicação de que a população analítica deles estava composta de "casos mais pesados" que a nossa. Só que esse vínculo, que tem aqui o sentido forte de um agarrar-se, é atual por ser indispensável em sua atualidade. A angústia de separação e o correlativo controle sobre o analista-objeto, que tem de ser garantido o tempo todo, prevalecem. Palavras vivas vindas do divã: "Se a hera for retirada, a planta morre, pois a hera trazia o oxigênio; se aumentam o volume dela, a planta sufoca". O *vínculo* vem acompanhado de uma ausência de atividade de *ligação* associativa ao mesmo tempo em que está impregnado do que em princípio caracteriza essa ausência de ligação: um modo de funcionamento parecido com o processo primário. Mas aqui a energia "não ligada" é consumida e tende a se fixar no vínculo.

O método analítico, cujo primeiro objetivo foi a identificação das linhas de força de um *logos* inconsciente (ver a *Traumdeutung*), não nos ajuda muito para analisar, ou enfrentar, esses casos, *estados,* melhor dizendo – sendo que a regressão pode fazê-los aparecer nas chamadas neuroses clássicas. Não nos ajuda muito, pois são as técnicas do *eu*, de um eu que funciona como um organismo, que nesses casos trazem a marca do processo primário: intemporalidade, repetição, incoercibilidade, transformação no contrário e retorno contra a própria pessoa, busca da identidade de percepção. Dispositivo de técnicas, muito bem inventoriadas por Fairbairn, em sua forma des-subjetivada de infinitivos substantivados: o "pegar", o "incorporar", o "esvaziar", o "rejeitar".[5]

O analista se oferece como ponto fixo para esses vetores de comportamento psíquico. Nesse caso, dizer que a contratransferência é solicitada seria dizer pouco, ela é *posta à prova* e, a meu ver, somente

---

5. Fairbairn:"Les facteurs schizoïdes dans la personnalité" e *supra*, p. 217-221, nossas reflexões a esse respeito.

se a deixarmos operar por muito tempo em silêncio antes de ter condições de tirar partido dela é que algo parecido com uma análise pode se instituir, algo que não seja apenas uma observação a distância de sequências de comportamentos mentais. O analista nada mais pode senão escutar com seu corpo, acompanhar seu paciente em seus movimentos internos, quase espasmódicos, tentar simbolizar o que é atuado e sentido: mais que uma "construção", ele se vê progressivamente levado a edificar uma "teoria" de seu paciente. A compulsão a teorizar encontra sem dúvida aí, nesse modo de contratransferência, seu ponto de origem.

A que responde essa tentativa? Chama a atenção que analistas de formação teórica e de estilos muito diferentes formulam hipóteses muito próximas. Por exemplo, tomemos estas linhas de Masud Khan (em seu artigo sobre o silêncio como modo de comunicação): "o paciente procura fazer experimentar e registrar o que ele viveu passivamente num estágio arcaico de desenvolvimento".[6] Ou estas palavras recentemente escutadas de Hanna Segal, que parecem indicar uma mutação em relação ao kleinismo clássico: "Quanto mais o analista se aproxima do processo psicótico, mais ele se torna um objeto bombardeado pelas projeções parentais a que foi submetido o paciente".[7]

Projeções parentais reprojetadas na análise e não simples projeção de objetos internos maus. Repetição atuada, de um modo invertido – do passivo para o ativo – de uma relação primária mãe-filho. Por mais sugestivas que sejam, essas formulações não recorrem sobretudo a mecanismos como a identificação ao agressor e a retaliação? Será que isso basta para explicar a dominação contratransferencial agora em questão? Sem contar que, na melhor das hipóteses, colocar em evidência um mecanismo no máximo precipita um *insight*.

Vai se desenhando uma diferença entre *posição* e *dominação* contratransferenciais. Diferença que é mais que uma nuança, como se comprova na vivência do analista. Com efeito, o fato de que lhe

---

6. KHAN, Masud. "Silence as communication". *The Privacy of the Self*. Londres: Hogarth Press, 1974; trad. fr. *Le Soi Caché*. Paris: Gallimard, 1976.

7. Comunicação inédita apresentada na English Speaking Conference of Psychoanalysis (Londres, setembro de 1974).

A partir da contratransferência: o morto e o vivo entrelaçados

atribuam uma *posição* remete a uma trama fantasmática de que o analista participa como imago ou como objeto parcial: isso sem dúvida pode interferir nas possibilidades interpretativas, já que as interpretações podem ser recebidas, sobretudo numa estrutura masoquista ou obsessiva, como provenientes do lugar atribuído ao mestre ou ao tirano. Mas a *dominação* nos concerne num outro nível; suscita uma tensão, uma pressão, bem mais fortes.

"The Effort to drive the other Person crazy" é o título de um artigo de Harold Searles, datado de 1959.[8] Título que já chamava minha atenção fazia muito tempo mas que, curiosamente, também me impedia de ler o artigo. O esforço para deixar o outro doido (para levá-lo à loucura). A intenção explícita do autor é dar uma contribuição para a etiologia da esquizofrenia. Não tenho competência para avaliar seu aporte nesse plano, mas reconheço em suas descrições precisas, numa forma muito acentuada (Searles trata de doentes psiquiátricos graves), um processo com que toda análise se depara.

Por que o artigo de Searles me interessa aqui? Primeiro, por razões de método.

1º) Searles elabora suas hipóteses a partir do que se dá *entre* o paciente e seu analista ou entre o analista e seu paciente e não se apoiando em "observações objetivas" de casos que, supostamente, e equivocadamente, se referem a uma relação *real* mãe-filho quando na verdade elas a reconstroem. Ou melhor: é a relação terapêutica que *revela* (como se diz em fotografia) a relação inicialmente atuada no real.

2º) Ele define o esforço para deixar o outro louco (acrescentemos: ou deprimido ou doente) em termos de interação e até de *luta* em que as duas partes estão igualmente envolvidas, e não como uma influência que se exerceria em sentido único. Searles chega a dizer que o objetivo psicanalítico, na medida em que favorece a eclosão do conflito escondido, está, em princípio, em estreita aliança com esse esforço.

Agora, o conteúdo das hipóteses. O artigo comporta dois tempos: um arrolamento das modalidades, das técnicas por meio das quais o esforço em questão se concretiza, depois, um estudo dos motivos

---

8. Este artigo será publicado em francês numa coletânea de textos do autor na coleção "Connaissance de l'Inconscient", Gallimard, 1977.

subjacentes. Porém, as diversas modalidades descritas podem a meu ver ser reagrupadas da seguinte maneira (vou empregar palavras diferentes das do autor sem, assim espero, trair seu pensamento): por um lado, trata-se sempre de uma *linguagem da pulsão em ato* por outro, essa "linguagem" sempre opera de modo *binário*: ou/ou. As injunções parentais contraditórias identificadas pela escola de Palo Alto são apenas um caso particular desse modo de funcionamento que não se resume a mensagens proferidas, já que em geral os sinais emitidos são mais da ordem do comportamento ou da mímica (do que exprime humores) do que da palavra. Em suma, a binaridade poderia ser sintetizada num enunciado do seguinte tipo: ou você existe por meio de mim ou você simplesmente não existe.

Um paciente me dizia, acreditando evocar dizeres de sua mãe, mas falando comigo: "É por vontade minha que você passará custe o que custar", e acrescentava: "É quase um assassinato". Creio nem ser preciso dizer que recebi essas palavras no mesmo momento em que começava a brotar em mim a ideia de assassinato psíquico.

Poderíamos dizer aqui que o *aparelho psíquico exige,* para se manter em estado de funcionamento, *exercer sua dominação diretamente sobre o aparelho psíquico do outro*; e digo sobre o aparelho psíquico e não sobre a pessoa (e, creio eu, é o que Bion tem em vista ao falar de *"attacks on linking"*). Trata-se de curto-circuitar a possibilidade de uma atividade de representação, de uma atividade de pensamento autônomas. O termo aparelho encontra aí todo o seu peso: conjunto complexo de elementos, de peças ou de órgãos subordinados ao cumprimento de uma função de domínio ou de captura. A intenção é impedir no outro o que falta em si: a constituição e o desenvolvimento de um espaço psíquico, de um "quarto próprio", onde o sujeito poderia ver-se encontrando objetos diferentes do objeto primário ao qual se sente inexoravelmente ligado. Mas – e é sobre isso que Searles lança luz –, cada um dos dois protagonistas tira algum proveito desse vínculo.

As consequências contratransferenciais são evidentes: primeiro, defesa maciça com objetivo de proteção, reforço do "para-excitações" (ou do para-chuva ou do para-raios...), face ao risco de uma relação "simbiótica" percebida como um ataque o tempo todo reiniciado – adote ele ou não uma forma manifestamente agressiva –, como um

A partir da contratransferência: o morto e o vivo entrelaçados

atentado reiterado a minha própria realidade psíquica. Ficar nisso e pensar que se pode vencer pelo cansaço é reproduzir, manter e até reforçar a situação original, real ou fantasiada. Ou seja: qualquer coisa que você me faça não muda nada porque você não é nada. Quando falamos da indestrutibilidade do analista, evidentemente não é no sentido de se felicitar de ter pneus à prova de furos! A meu ver, a situação só pode se modificar, evoluir, se, ao contrário, o analista admitir os efeitos produzidos nele por seu paciente. Isso pode provocar um sentimento de desespero que tentamos afastar por meio de um (nova defesa): "este caso é inanalisável". Isso porque não basta perceber os efeitos, é preciso reconhecer que determinado paciente, em determinado momento da análise, nos afeta no corpo, e que o nível atingido, nível este a que geralmente não temos acesso – o que só faz com que nos sintamos melhor –, é na verdade a base de nossa realidade psíquica. Nesses tempos difíceis, penosos, do tratamento, a contratransferência em geral será formulada nestas palavras: sinto a necessidade de reconstruí-lo (la), de lhe garantir uma forma, ou um continente, uma coluna vertebral que o (a) sustente. A metáfora varia, mas o desejo só toma corpo se o analista, no mesmo movimento, trabalhar a partir do que lhe falta e se, de uma maneira ou outra, tornar o paciente testemunha desse trabalho interno. Existem pacientes de que dependemos para estar vivos, isto é, não só para garantir nossa homeostase, mas para que também em nós as coisas se mexam. E é sempre mais fácil identificar a dependência do outro do que reconhecer a própria.

Voltemo-nos agora para uma paisagem interior totalmente diferente e para um modo de situação analítica quase oposto a esse que acabo de evocar. Mas a dominação da contratransferência, em sua própria ausência, talvez esteja ainda mais ativa aí.

A relação que estabeleço com os estados precedentes pode ser entendida por uma frase encontrada em *O umbigo dos limbos* de Antonin Artaud: "Não gosto da criação desconectada. Tampouco concebo o Espírito como desconectado de si mesmo. Sofro porque o Espírito não está na vida e porque a vida não está no Espírito. Sofro com o Espírito--órgão, com o Espírito-tradução, ou com o Espírito-intimidação das coisas para fazê-las entrar no Espírito".

É do Espírito-tradução que falaremos. Em certo sentido, foi um de meus pacientes que me ditou uma parte do que expus quando evoquei aqueles analisados a respeito de quem, ao escutá-los, às vezes nos perguntamos se eles realmente viveram seus sonhos ou se já os sonharam como sonhos e, em última análise, sonharam-nos para contá-los:[9] foi o que chamei de "fazedores de sonhos". No caso em questão, passado certo tempo percebi que eu não era "tomador" de seus sonhos. É claro que tinha bons motivos para isso: eu não era tomador porque os sonhos não tomavam corpo, inseriam-se naturalmente numa fala fácil, não escandida por silêncios, sem expressão de afetos, como se a angústia se diluísse no dizer e só se afirmasse na tensão da sessão. Eram, por assim dizer, consignados, registrados e tratados como um texto a ser decodificado, como uma carta certamente escrita numa língua estrangeira, mas que não viria de outro país e não teria destinatário. A partir de vários relatos de sonhos, passei a escutar todo o discurso daquele paciente como uma atividade compulsiva de *substituição*. Também tinha à minha disposição um conceito que, talvez por não estar "consignado" no *Vocabulário*, continuava livre e operante para mim: a *mentalização*, tão tardiamente, o que diz muito, reconhecida pelos psicanalistas, na qual vejo o processo inverso e simétrico à conversão, e que, como ela, supõe uma espécie de dissociação entre o corpo e as representações, mas, nesse caso, é tudo o que emana da pulsão que é imediatamente projetado, evacuado na cena mental e submetido a um trabalho minucioso de divisão, de desarticulação, a um processo sem fim de *ligação*. Sobre esse paciente e outros parecidos com ele, poderíamos dizer que são insones do dia.

Donde, em mim, a sensação de que naquele espaço que ele precisava constantemente encher, não sobrava nenhum lugar para mim; de que as sessões, ao contrário daquelas a que aludi acima – onde a sobrecarga de investimento era tamanha que fazia com que cada uma me parecesse, não real, mas *surreal*, quase alucinatória –, eram *sub-reais;* que, por conseguinte, eu não estava confrontado com uma realidade psíquica com a força e o peso que isso supõe, mas com uma pseudo-realidade psíquica, com um "na falta de melhor, penso, produzo", com um "não sou, portanto cogito".

9. *Supra* "A penetração do sonho".

A partir da contratransferência: o morto e o vivo entrelaçados

Se eu tivesse me deixado arrastar por esse caminho, para o qual aparentemente tudo me conduzia, teria sido levado a fortificar uma posição narcísica e masoquista já afirmada.[10] Dois motivos me impediram de fazê-lo. O primeiro, de ordem geral: uma repugnância a recorrer a termos negativos quando uma análise não "anda bem", a imputar ao analisado, como hoje se faz cada vez mais, esta ou aquela carência de atividade fantasmática, de afeto, de relação objetal. Todo modo de funcionamento mental tem em algum lugar sua razão de ser, seu "núcleo de verdade": a ausência de delírio na mesma medida que o delírio. O fato de que um paciente desconcerte, entrave, impeça até nosso funcionamento mental de analista ou exacerbe a sensação de nossos próprios limites, não nos autoriza a considerar sua experiência apenas como negativa. É simplesmente mais difícil entender o que não está ali do que o que se oferece a nossa apreensão.[11]

O segundo motivo, reconhecido *a posteriori*, estava relacionado com o homem "imaginado" por mim através do que ele me oferecia de si. Desde a primeira entrevista, eu tinha notado, e apreciado, o fato de que ele não vinha para se queixar (apesar de alguns episódios dramáticos de sua existência e de uma sintomatologia bem incômoda) nem para compreender a si mesmo (era evidente que conhecia bastante de si mesmo). Ele vem, pensava eu, procurar algo que ele não encontrou. Donde minha decepção, nos primeiros tempos da análise, ou até minha não aceitação do que ele me apresentava, minha inclinação a designá-lo como "falso *self*". Quem diz decepção diz expectativa: portanto, era porque eu esperava mais dele do que ele mesmo. Ou então: porque seu funcionamento mental compulsivo me era tão estranho que eu me sentia próximo de sua ausência dele para com ele.

De repente, depois de interpretações minhas cuja principal característica foi terem *me* surpreendido pelo menos tanto quanto a ele, percebi a outra dimensão do "falso *self*": é uma construção de que o indivíduo precisou totalmente para *sobreviver* e que convém respeitar em certa medida não a denunciando como resistência. O que para

---

10. Foi por isso que esse paciente, tendo percebido minha reserva quanto a esses objetos-sonhos, parou não só de me contá-los, como de rememorá-los e provavelmente até de sonhá-los.

11. Como insiste com razão J.-C. Lavie.

aquele "sobrevivente" importava preservar eram menos as palavras, imagens, lembranças que me confiava do que a cápsula de pensamento que lhe servia de corpo, eram menos as cartas que me enviava e decifrava minuciosamente do que *o envelope* que as continha. Dentro do envelope, o quê? Até onde cheguei até agora, responderia: o casal de seus pais mortos.

Mas minha intenção não é relatar uma análise. É identificar em que medida estruturas tão diferentes como as que evoquei sucessivamente podem convergir para a dominação contratransferencial. Com efeito, pode-se opor essas estruturas quase ponto por ponto, sem por isso aderir ao gosto das janelas falsas. E isso tanto no que concerne ao quadro clínico quanto ao modo de transferência.

Na primeira categoria de casos, o analista se sente incluído demais, invadido, bombardeado, ameaçado, apassivado por "um excesso" de excitações; na segunda, excluído, limitado às funções de um secretário de sessão até poder perceber esse secretário como o lugar onde são prudentemente depositados os segredos. Portanto, lá, depósito de lixo, aqui, depositário.

Nos primeiros casos, o mecanismo de clivagem opera visivelmente sobre o objeto analista, idealizado e depois reduzido a nada, numa alternância extraordinariamente súbita. Nos segundos, percebe-se a clivagem primeiro do lado do sujeito, na dissociação entre a representação e o afeto, entre o corpo e o "depósito de pensamentos", entre a presença e a ausência.

Não seria difícil multiplicar as oposições, particularmente quanto aos efeitos da interpretação, que nos primeiros tende a ser proferida e recebida como um agir, e nos segundos como "sentido puro". Mas o estranho – ao menos é assim que vejo as coisas – é que nas duas circunstâncias o analista depara com um mesmo desejo nele mesmo: fazer o outro nascer para si mesmo, nascimento que exige um reconhecimento do que está ausente. Porque o outro não conseguiu constituir para si seu espaço próprio que lhe permitiria viver. Seja porque não conseguiu romper o duplo vínculo com o objeto; e nesse caso precisa sempre assegurar e se assegurar de seu controle sobre o objeto ou, na impossibilidade disso, multiplicar os objetos e os investimentos, abarrotar o mundo externo;

A partir da contratransferência: o morto e o vivo entrelaçados | 247

caso contrário, é o vazio. Seja porque teve de se fechar demais numa esfera psíquica que não passa de um substituto, por falta, da relação mãe-filho: um substituto e não uma metáfora. Metáfora materna, poderíamos dizer, que seria capaz, tanto quanto a relação cujo lugar ocupa, de se tornar por sua vez uma *matriz* simbólica, de alimentar e encontrar o mundo exterior. Quando, na *representação,* é o substituto que prevalece sobre o "tornar presente de novo e de outra maneira", a representação de objeto torna-se então o próprio objeto.

Em ambos os casos, foi um trabalho de luto que não se realizou. Luto de quê? Vou propor uma hipótese, para não dizer uma fantasia. Não duvido de que se escute nesse "desejo de fazer nascer" algo que indica a cena primitiva, originária. O luto não realizado, com o que ele implica de anseio de permanência, de recusa e de onipotência, teria algo a ver com ela? A propósito do paciente que acabo de evocar, eu disse: "casal de pais mortos", mortos demais; a propósito daquele em que pensava ao evocar os primeiros casos, poderia ter falado da presença nele do casal de pais vivos, vivos demais. Pode ser que o tipo de *acoplamento* e de luta sempre recomeçados entre os aparelhos psíquicos então em jogo sejam apenas uma figuração segunda de uma outra luta e de um outro *acasalamento* que não deixam nenhum lugar para o sujeito. A "binaridade" de que falei encontraria aí seu núcleo; quanto à dominação contratransferencial, ela seria um efeito longínquo daquela dominação. O "sujeito", se é que podemos chamá-lo assim, já que ele não existe como tal, seria obrigado a carregar indefinidamente a cena no envelope de seu corpo, tentando ou bem reatualizá-la no agir, ou eliminar seu caráter insensato por uma série de apagamentos. Num caso, envelope permeável demais: o "corpo estranho" (pulsão) aflora sob a epiderme. No outro, o envelope tem de ser selado como uma tumba.

A ausência de *vida* fantasmática nesses pacientes (não estou falando de atividade fantasmática, pensando aqui na distinção central em Winnicott entre *fantasying* e *living),* que tem por corolário a pobreza associativa no analista, remeteria então a uma cena originária que é preciso manter em estado de animação perpétua (primeiros casos) ou conservar petrificada, mumificada, numa câmara frigorífica (segundo caso). A vida nem sempre gera vida!

Por fim, não posso deixar de notar que a morte real – pleonasmo, pois o real é, em última instância, a morte – ocupa lugar de destaque na vida dos pacientes que deram origem a estas páginas.

Balizemos agora, *a posteriori*, nosso percurso.

1. Propus uma distinção entre quatro níveis de contratransferência:
– uma *contratransferência originária*, ou pré-contratransferência, que motiva e alimenta nossa prática de analistas. Tem fontes pulsionais e narcísicas muito aquém da identificação com nosso analista. Nada disse diretamente sobre isso, mas provavelmente não tenho outra coisa a fazer senão deixá-la enunciar-se aqui. Essa contratransferência está no cerne da *empresa* analítica;

– *movimentos* contratransferenciais em que vejo sobretudo respostas, refratadas por nossa própria fantasmática, aos movimentos transferenciais do analisado. Respostas antecipatórias que vêm indicar ao analista, pela irritação, a angústia, o prazer sentidos, um conflito *in statu nascendi* em seu paciente. Essas respostas não devem ser submetidas à denegação. São parte integrante do processo da análise e podem favorecê-la. São as *surpresas* da análise;

– *posições ou enganches* contratransferenciais, posições designadas pela encenação fantasmática do paciente e particularmente pela fantasia sadomasoquista tal como ela se atualiza na situação analítica. Por mais difíceis de suportar, analisar e superar que possam ser, devem poder ser modificadas e desconstruídas na análise. Em caso de fracasso, são nossas capacidades analíticas que são afetadas na medida em que não conseguimos nos livrar de uma colusão entre fantasmáticas. Nem mais nem menos. Um bom e leal neurótico, que assim me parece, o que não acontecerá com outro analista, não corre o risco de levar seu analista a adoecer, suicidar-se ou enlouquecer;

– por fim, dediquei-me a tornar claro o quarto nível: o da *dominação* contratransferencial, que suscita no analista uma expectativa, uma intenção imaginária, um desejo de "fazer o outro nascer para si mesmo". Podemos perguntar: será que esse desejo aí afirmado não está mediado, simbolizado em *qualquer* análise sob a forma de uma criação mútua do "espaço potencial" analítico? Acrescento que a distinção desses níveis de contratransferência é relativa, que na verdade há troca e comunicação constantes entre eles.

A partir da contratransferência: o morto e o vivo entrelaçados | 249

2. A propósito da dominação e das intenções correlativas, esbocei em grandes linhas duas orientações que, elas mesmas, dependem de duas estruturas aparentemente muito distantes uma da outra: a primeira, que poderíamos situar na vertente esquizoide (prevalência de uma relação objetal parcial, de mecanismos "arcaicos" do eu), a segunda na vertente obsessiva (erotização do pensamento, neutralização dos afetos, distância em relação ao objeto, tentativa de controle da morte). Vejo nelas duas categorias de estados-limites, o que deve ser entendido aqui menos no sentido nosográfico do que em relação à tópica psíquica circunscrita por Freud, e eu as reúno, apesar de suas evidentes diferenças, pelas seguintes razões:

– em ambos os casos, é o funcionamento psíquico que figura o inconsciente; lógica da psique, mais que lógica do sentido;

– em ambos os casos, pode-se falar de um efeito direto, não mediado por representações, produzido sobre o psique-soma do analista;

– em ambos os casos, forças destrutivas agem maciçamente, forças que me fazem falar de morte, por assassinato ou apagamento, da realidade psíquica. Note-se que nem por isso me refiro à pulsão de morte freudiana.[12] Por que essa reserva?

Primeiro, porque essa noção acabou operando como um "significante mágico" que abarca os mais diversos significados, sua mera evocação tendo para principal efeito provocar uma comoção maravilhada no auditório se ele for parisiense, reprovadora se for americano.

Depois, nos autores que efetivamente recorrem a ela em seu aparato teórico, a pulsão de morte é assimilada seja à agressão dirigida contra o objeto interno (kleinianos), seja, na linhagem de *Além do princípio de prazer*, a um retorno ao zero. Clinicamente, portanto, poderá explicar tanto comportamentos violentamente destrutivos como, no outro extremo, um estado de apatia, de não desejo, uma busca do "nada".

---

12. Caso tivéssemos de nos referir a uma pulsão especificamente descrita por Freud, seria, como notou François Gantheret com muita propriedade, a *Bemächtigungstrieb* (pulsão de dominação) que mereceria ser considerada. A relação da dominação com a analidade, que não abordei aqui, poderia ser retomada desse ponto de vista.

Ora, nos casos que considerei, topamos com comportamentos mentais fortemente investidos, muito organizados e particularmente resistentes à mudança: a dominação sobre o psiquismo do outro (primeiros casos), uma atividade compulsiva de pensamento (segundo caso). É o próprio "sistema" de funcionamento que é morte e repetição. A psique, em sua forma e em seus processos, reduz-se a um aparelho, a uma máquina até: de influenciar, de fragmentar, de consumir... A *realidade* psíquica, ausente, precisa ser restaurada ou até inventada, mais que ser reencontrada, precisa nascer. Nesse caso, seria preciso arriscar o termo *verdade*.

SOBRE O TRABALHO DA MORTE

A expressão "trabalho da morte" evoca imediatamente, por analogia, termos freudianos familiares.

Primeiro, o de *trabalho do sonho*: conjunto de operações que transformam materiais muito diversos – "emitidos" pelo corpo, pelo pensamento, pelos "restos" do dia – para "fabricar" um produto: uma sequência de imagens que tende para a forma do relato e na qual vêm entrecruzar-se, em pontos nodais, cadeias, quase indefinidas, de representações.

Depois, o do *trabalho do luto*: processo complexo que incide, não mais sobre representações, mas sobre um objeto incorporado no envoltório – o continente – do eu, processo que, estritamente falando, é portanto *intrapsíquico* e sobre o qual chegaram a dizer que sua finalidade era "matar o morto".[1]

Por fim, o que ao longo de toda a obra continuará sendo a definição mais geral de *Trieb*, da pulsão: uma exigência *constante de trabalho* imposta a um aparelho psíquico, as modalidades complexas de resposta desse aparelho ao que para ele é "corpo estranho" mas o obriga a funcionar e é o objeto mesmo da análise.

Na verdade, a relação entre o trabalho da morte e esses modos de trabalho psíquico é, como veremos, mais que analógica. Mas não pretendo dedicar-me aqui a um estudo de conjunto, apenas fixar algumas referências – grosseiras e incertas – num caminho cujo chão corre sempre o risco de nos faltar aos pés.

Estabeleçamos, para começar, que o trabalho da morte esteve em ação *dentro* de Freud e que ele só pôde ser transcrito teoricamente por

---

1. LAGACHE, D. "Le travail du deuil". *Rev. fr. psychanal.*, 4, 1938.

ele – ao preço de algumas dificuldades e contradições – porque nunca cessou de estar ativo nele. Se a morte só estivesse em ação no homem naquele instante que marca para ele a cessação de sua vida, não haveria nada a dizer sobre a morte em Freud, a não ser que ela foi exemplar; chegaram a qualificá-la de estóica. Se, em contrapartida, ela estiver insidiosamente presente sob as mais diversas faces, em geral muda, às vezes ruidosa, mas sempre atuante ao longo do caminho da existência, então devemos dizer que talvez nenhum homem foi mais habitado por ela do que Freud.

A meu ver, a temática da morte é tão constitutiva da psicanálise freudiana quanto a da sexualidade. Acho até que esta recebeu tanto destaque para encobrir aquela. Ambas sairão tão transformadas pela obra freudiana, pelo *trabalho do aparelho teórico,* quanto a pulsão pelo trabalho do aparelho psíquico.

No tocante à atitude de Freud em relação à morte – do homem e do pensador singularmente ligados, como deveria ser o caso de todo psicanalista –, podemos, muito esquematicamente, diferenciar três tempos.

Primeiro tempo: morte sentida pelo corpo, digamos pelo soma, ou melhor figurada como o personagem mudo de um quadro.

Segundo tempo: morte pensada, ou melhor, representada como um drama no espaço de vários planos da cena psíquica.

Terceiro tempo: morte atuada, ou melhor, atuante no abismo do ser, no que chamarei de "corpo psíquico", como uma repetição de processos elementares *de aspecto* orgânico.

No que concerne ao primeiro tempo (cuja eclosão pode ser situada de forma genérica nos anos 1890-1895), Max Schur, em seu livro *Freud: Living and Dying,*[2] traz dados que não são de forma alguma inéditos, mas que, colocados lado a lado, produzem no leitor, por sua *insistência,* uma forte impressão.

---

2. Traduzido para o francês com o título *La Mort dans la vie de Freud.* Paris: Gallimard: 1975. Ed. bras.: *Freud: Vida e agonia.* Rio de Janeiro: Imago, 1981.

Sobre o trabalho da morte

De que sofre Freud durante esses anos? De que ele se queixa a Fliess – seu amigo distante, médico especialista em otorrinolaringologia, teórico grandioso e um pouco maluco dos períodos? O quadro clínico é heteróclito, mas está todo organizado pela figura da Morte (como nesses quadros de "Vanitas" onde a simples presença-ausência cinzenta de uma sombra macabra empana o brilho dos objetos mais preciosos e mais cobiçados).

O que há nesse quadro? Um misto de sintomas "psíquicos" – da série obsessiva – e de sintomas orgânicos do tipo neurose de angústia.

Rapidamente, alguns exemplos:

– Freud se mostra muito preocupado com a data de sua morte, sempre a prevê prematura (maneira de tentar conjurá-la: ele quer que ela venha na hora dele, não na hora dela; procedimento em que também se verifica um desejo de imortalidade, de um tempo não irreversível). Cria datas-limites e, para determiná-las, realiza cálculos segundo a lei da periodicidade imaginada por Fliess, lei que associa, notemos de passagem, a determinação dos ciclos sexuais à das doenças. Ideia de periodicidade que reaparecerá na obra freudiana sob a forma, transposta, de compulsão à repetição.

Para a pergunta: nós, indivíduos, *somos vividos* para o quê? – pergunta para a qual Freud dará respostas diversas, mas sempre buscadas numa realidade transindividual –, a primeira resposta implícita poderia ser formulada assim: somos vividos pela morte. O termo "sobrevivente" reaparece em várias oportunidades sob sua pena. Freud é um sobrevivente, seu lugar é entre duas mortes.

A essas preocupações vão se juntar temores supersticiosos relacionados com os nomes e os números: nomes inomináveis, números maléficos, portadores de morte. Cinquenta e um, por exemplo, é um número perigoso, o quinquagésimo primeiro aniversário (28 + 23 dos ciclos fliessianos) será por muito tempo uma data crítica para ele até ser substituída por outra. Em suma, é toda uma "contabilidade fúnebre" (segundo a expressão de Michel de M'Uzan)[3] que se apodera dele.

---

3. Num excelente artigo "Freud et la mort" (*L'Arc*, 1968, n. 34, retomado em *De l'art à la mort*, Gallimard, 1977) ao qual este texto deve muito.

254 | Entre o sonho e a dor

Contudo, esses sintomas não se articulam numa neurose obsessiva. É até o contrário. Pois nessas superstições, nessas preocupações mais ou menos obsedantes, é o corpo que está diretamente envolvido, atacado, ameaçado. O corpo em seus diferentes lugares. Neste caso, a *cabeça*. A angústia de morte, a *Todesangst*, consciente e até hiperconsciente, afeta diretamente o corpo com o mínimo de mediação psíquica – de transposição, de deslocamento, de elaboração fantasmática. A morte não fala!

Outro lugar, também outro órgão: o *coração*. Vou citar uma carta entre muitas outras (18 de abril de 1896*). "Sobreveio então – escreve ele num jorro de palavras estranhas que a tradução não conseguiria transmitir –, repentinamente, um agudo sofrimento cardíaco: violenta arritmia, tensão constante, opressão, sensação de queimação no braço esquerdo, certa dispneia, tão moderada que se chega a suspeitar de alguma coisa orgânica. Tudo isso em ataques que ocorrem de forma prolongada duas a três vezes ao dia e vêm acompanhados de uma depressão psíquica que assume a forma de visões de morte e despedida, em lugar do costumeiro frenesi de atividade."

A palavra alemã *Malereien* evoca, mais que "visões", a pintura, o quadro pintado. Não é Freud que vê a morte, não se pode olhá-la de frente. Ele se sente olhado por ela. Se a boa distância que o olhar possibilita encurta, ele é lançado na direção dela, depois que cada parte do corpo – e não o corpo total – tenha ficado submetida a sua influência.

Mesmo a famosa e persistente intoxicação tabagista, verdadeira adição, deve ser relacionada com a angústia de morte. Quando Freud fala a Fliess de *abstinência*, deve-se entender, não abstinência sexual (muito bem tolerada por ele pelo que sabemos), mas abstinência de tabaco. Proibir-lhe de fumar, como Fliess teima em fazer, é proibir-lhe qualquer atividade de pensamento! Não que elas se confundam, mas o que ele encontra em sua adição é mais que um estimulante para essa atividade: é uma condição necessária. Por um lado, a excitação e o apaziguamento, pela boca e pelas vias respiratórias, conjugam-se reiteradamente: manutenção num mesmo nível baixo; por outro, a

---

* Provável engano no original: a carta é de 19 de abril de 1894. [N. da T.]

Sobre o trabalho da morte

atividade de pensamento, que Freud define como uma "complicação psíquica", essa atividade com a qual sua vida irá se confundir cada vez mais, interpõe mediações sempre renovadas entre a excitação e o retorno ao ponto zero.

Não quero prosseguir com o inventário dos males desse período: enxaquecas recorrentes, fadiga, supurações nasais, distúrbios intestinais (Freud chega até a dar um nome – Conrad – a seu intestino), quero apenas indicar dois pontos:

1°) Os sintomas de Freud evocam o que por muito tempo foi um de seus principais interesses nosográficos, etiológicos, teóricos: a neurose atual, interesse que permaneceu vivo mesmo depois de ele ter à sua total disposição o modelo da psiconeurose. Ainda não se ressaltou o suficiente a notável convergência de certas teorias contemporâneas, sobretudo francesas, das afecções ditas psicossomáticas – teoria que tira as consequências de uma nítida distinção entre a conversão e a somatização – e a "velha" teoria freudiana das neuroses atuais. A palavra atual conotava ao mesmo tempo – daí seu interesse – a presença na atualidade do conflito e sua atualização no soma, sua não simbolização, o que implica a prevalência do registro econômico.

É possível estabelecer uma correspondência entre esse primeiro tempo da atitude de Freud em relação à morte e esse primeiro nível de organização da neurose onde o soma toma conta de tudo.

2°) Os distúrbios de que Freud se queixa estão amplamente inseridos em sua relação com Fliess: escreve para ele "relatórios pormenorizados sobre sua doença", chama-o de seu "curandeiro", seu "supremo juiz". Está doente com Fliess, por Fliess, para ele, dele. Bem, este é um assunto bem conhecido. Sabe-se também que será num só e único movimento doloroso que ele se separará de seu Outro (deveria dizer: grande Outro?) e poderá ter acesso à significação inconsciente de seus sintomas, de qualquer sintoma.

Inaugura-se, então, com a *Traumdeutung*, o segundo tempo, aquele com que estamos mais familiarizados. O sonho que exige a dramatização, sequências, colocação em ação através de imagens, permitem a Freud mover-se num novo espaço, propriamente psíquico desta vez, o de um teatro de sombras do qual ele se torna simultaneamente o lugar e o diretor. A regra de dizer tudo supõe, senão o tudo representável, ao menos o tudo articulável, a decomposição em elementos. Ao trabalho das representações inconscientes ligadas e desligadas pelo movimento associativo corresponde o trabalho de *interpretação* que liga e desliga de outra forma, descobre ou constrói a fantasia e a história do sujeito.

A morte deixa de estar em contato direto com o corpo. Ela se interioriza. Estende-se, se multiplica. Ao mudar de espaço, muda de sentido. Não é mais encontrada como ameaça externa contra a qual só podemos tentar nos proteger em vão, mas como desejo, como *Wunsch*, orientado para o possuidor e o rival: rival de múltiplas faces, mas desejo totalmente solidário da estrutura edipiana. A mordedura atual da angústia de morte consciente transforma-se em desejo recalcado e em culpa (inconsciente) do sobrevivente.

Lembrem-se que Freud chegou a dizer de seu livro sobre os sonhos que ele era um pedaço de sua autoanálise, sua reação à morte de seu pai.

Como não relacionar essa confissão com uma outra mais íntima e mais tardia? "Agora que minha mãe morreu, posso morrer." Confissão a ser entendida assim: como poderia eu, o filho tão amado, suportar ter de anunciar minha própria morte à minha mãe, figura única das Três Parcas, onde se juntam aquela que gera, aquela que ama e aquela que destrói? Dava-se aí o encontro com o estranho, nesses "escrínios" onde permanece escondido o segredo de Freud.[4]

Pois é inevitável espantar-se com o destino que Freud dá à angústia de morte nesse tempo vigoroso da psicanálise e a partir desse tempo vigoroso. Ao menos no *plano teórico* (pois em sua vivência é outra coisa), ele se livra resolutamente dela realizando uma total inversão.

Ela é tão somente uma máscara, uma forma entre outras (desmame, separação) da angústia de castração, que ele transforma no pivô de toda perda do objeto e por trás da qual, eu cito, "não se esconderia nenhum segredo mais profundo". "No inconsciente – continuo citando – não há nada que possa dar um conteúdo para nosso conceito de

---

4. É digno de nota que o termo *Unheimlich* apareça numa carta dirigida a Fliess quando a mãe deste está gravemente doente: "Que estranho quando as mães vacilam, elas que são as únicas que estão entre nós e a redenção".

Sobre o trabalho da morte

destruição. Atenho-me firmemente à ideia de que a angústia de morte deve ser concebida como um análogo da angústia de castração."

Essas linhas são de 1926 (*Inibição, sintoma e angústia*), escritas, portanto, mais de cinco anos depois de *Além do princípio de prazer* onde é enunciada a pulsão de morte, dez anos depois dos ensaios sobre o luto e sobre o narcisismo que, no entanto, fazem crer que a angústia mais intensa podia estar relacionada com eixos e oposições (eu-não eu, fora-dentro, unidade-despedaçamento, sentimento oceânico-aniquilamento, eu em júbilo-eu retraído, completude-vazio) diferentes da castração e da diferença.

Duas observações. Esse "atenho-me firmemente" talvez seja revelador do desejo de Freud: quiçá todo o assunto pudesse ser resolvido por Édipo, e por Édipo *conquistador*, calando a tentativa de assassinato do Édipo-criança,[5] esquecendo também que, além do parricídio, o suicídio de Édipo e o de Jocasta são o preço pago pela transgressão.[6]

Quanto à afirmação tantas vezes reiterada por Freud de que "nosso inconsciente não consegue representar nossa própria mortalidade", não seria ela uma denegação? Curioso "esquecimento" de sua parte em todo caso, ele que reconheceu a função do duplo e identificou no sonho ou no conto, com o desaparecimento, o mutismo, o oculto, a palidez de Cordélia, várias figurações simbólicas da morte.

A menos que a fórmula "o inconsciente ignora o negativo" deva ser compreendida assim: ele ignora o negativo porque ele é o negativo, que se opõe à suposta plena positividade da vida. E ele é o negativo na medida em que sua própria constituição, como sistema heterogêneo, é correlativa da perda, da ausência, da negação do objeto de satisfação.

No entanto, a morte aparentemente afastada dessa maneira vai retornar na obra, alterando o centro de um edifício que seu autor considerava acabado. E com que força esse retorno se dá nessa conjunção contra a Natureza e contra a Lei, nesse conceito inconcebível, a não ser que seja ele que nos conceba, que é a pulsão de morte.

---

5. O belo livro de Serge Leclaire *On tue un enfant*, ed. du Seuil, 1975. [Ed. bras.: *Mata-se uma criança*, Zahar, 1977.]

6. Robert Barande: "La pulsion de mort comme non-transgression". *Revue française de psychanalyse*, 3, 1968.

Terceiro tempo que, a meu ver, também parece corresponder a uma dimensão específica de nossa experiência clínica. Primeiro tempo, como já disse: neuroses atuais, soma não simbolizável. Segundo tempo, aquele em que se aplicam por excelência o método e os modelos analíticos: neuroses ditas clássicas, onde a psique é a metáfora do corpo, mas do corpo enquanto sistema nervoso, as redes de representações da *Traumdeutung* substituindo as facilitações neurônicas do *Projeto*, rede nervosa, ou ferroviária, ou linguística. A introdução da pulsão de morte como referente ou como mito originário nos confronta com uma outra problemática para a qual as "personalidades narcísicas" e os "casos-limites" nos tornam cada vez mais sensíveis. Aqui, a psique se faz corpo. Do "o que isso quer dizer?", passamos a "o que isso quer?". A morte não está mais localizada na consciência ou no inconsciente, está na própria raiz do inconsciente. Não é mais propriedade de uma instância psíquica, mas princípio de "discordância" em cada uma delas. Ela é atopia. Não é mais palavra mas sim silêncio, grito ou furor. Se Freud confessa que "é muito difícil ter uma ideia mais ou menos concreta da pulsão de morte", não será porque encontra a forma mais radical do "trabalho do negativo": além ou aquém do figurável, do representável, pode-se até dizer do analisável? Pode ser, se a análise supõe – ἀναλύειν – a inscrição primeira de elementos produtores de sentido e minuciosamente identificados.

Independentemente de quais tenham sido os motivos pessoais (lutos) ou coletivos (hecatombe da Grande Guerra[7] que também faz da Razão um cadáver) que tenham levado Freud a propor, sem prova clínica decisiva, um princípio além do par princípio de prazer-princípio de realidade, fica claro que essas páginas (estou falando do ensaio de 1920), tão próximas em seu movimento, mas não em seu estilo, de um discurso associativo, estão o tempo todo conduzidas por uma *exigência* do pensamento, exigência análoga ao desejo que procura irrefreavelmente encontrar seu caminho na verdade. "Sou como que obrigado a acreditar nisso."

Caminho que não foi seguido pelos discípulos da época e que, em meu entender, foi desviado de sua direção por aqueles que, como Me-

---

7. Ainda não lhe tinham dado um número.

Sobre o trabalho da morte

lanie Klein, parecem embrenhar-se nele radicalmente, mas focalizam a pulsão de morte sobre o objeto (externo ou interno), reduzindo-a assim a uma força que visa *destruí-lo*.

Tudo nessa noção incomoda – seu jeito especulativo (reconhecido por Freud), a reunião numa só palavra *Todestrieb* do termo pulsão e do termo morte. Pulsão: força até então associada à autoconservação, à vida, à sexualidade sobretudo, agora à morte. Morte, tradicionalmente associada à cessação da vida e atribuída à intervenção, esperada mas *recusada,* de um agente externo.[8] Mas de que é que se trata aqui? De um desejo de morte ou da morte do desejo? E como tolerar a afirmação, que vem ela mesma se repetir, de que "todo ser vivo morre necessariamente de causas *internas*"? (Seria isso, lateralmente, uma mensagem destinada à psicanálise, esse ser concebido, feito e mantido vivo por Freud, uma confissão de desilusão quanto ao poder criador de seus membros, o pressentimento de que a pulsão de morte se voltaria contra o edifício, contra o Eros, psicanalítico?)

O termo pulsão também nos incomoda aqui. Onde estariam a fonte, o objeto, o alvo da pulsão de morte? Quais seriam seus delegados: que representações, que afetos?

Talvez esteja aí o erro cometido tanto por aqueles que não aceitam a pulsão de morte como por aqueles que a substantificam numa *destrudo* oposta à *libido*. Operar como se se tratasse de uma forma particular de pulsão, buscando então o que a *representa*:

– um comportamento agressivo destrutivo (Freud chegou a afirmá-lo), sobretudo autodestrutivo, ou então um estado de apatia?

---

8. Pode-se pensar que as filosofias modernas (Kierkegaard, Heidegger, Camus) do "ser-para-a-morte" não rompem tanto quanto pensam com uma concepção humanista do controle sobre a morte. Como nota com razão Jean Baudrillard (em: *L'Échange Symbolique et la Mort*. Paris: Gallimard, 1976, p. 229): "O terrorismo da autenticidade pela morte: mais um processo secundário por meio do qual a consciência recupera sua 'finitude' como destino realizando uma acrobacia dialética. A angústia como princípio de realidade e de liberdade ainda é o imaginário, *que em sua fase contemporânea substituiu o espelho da imortalidade pelo da morte* (grifos meus) [...]. Com Freud é algo totalmente diferente. Não há mais sublimação, nem mesmo trágica, não há mais dialética possível com a pulsão de morte".

– a violência desenfreada ou então a tentação do nirvana (sendo que cada geração encontra ou reencontra a sua);

– o cheio demais, o excesso de excitação que exige o *acting out* devastador, ou o vazio demais de excitação, a falta que provoca um sentimento de inexistência, um branco do pensamento e do afeto;

– e, em Narciso, a autossuficiência fascinada ou a dominação onipotente e furiosa exercida sobre o objeto?

– o zero ou o infinito?

São todas *figuras* possíveis, discerníveis, mas que comportam o perigo de nos fazer perder o essencial da intuição freudiana: é em seu processo radical de *desligação,* de fragmentação, de desarticulação, de decomposição, de ruptura, mas também de *fechamento,* processo cuja única finalidade é realizar-se e ao qual seu caráter repetitivo imprime a marca do pulsional, que a pulsão de morte se exerce. Processo que não tem mais nada a ver com a angústia consciente de morte, mas que *imita a morte* no próprio núcleo do ser, o que leva Freud, em sua metabiologia, a inscrevê-la na célula, núcleo do organismo vivo. A psique deixa de ser representante substitutivo do corpo. Ela é corpo. O inconsciente não se lê mais em suas *formações,* numa lógica móvel e articulável dos "significantes", ele se efetua e se imobiliza numa lógica do corpo psíquico. Esse processo de funcionamento afetará secundariamente o real, provocando clivagens do objeto, do eu, de toda instância, individual ou grupal, que pretenda ter vocação para uma unidade cada vez mais abrangente.

Não existe estrutura psicopatológica que esteja isenta dessa força de desligação e de desencadeamento que opera dentro de um sistema fechado cada vez mais reduzido e por um jogo de oposições cada vez mais elementares, como um organismo percorrido por energias. Pode--se apenas dizer que a frequência dos estados nos limites do analisável tornaram o analista mais receptivo para seus modos operatórios e para seus efeitos. Mas também a encontramos nas organizações neuróticas mais certas, nas mais leais, na neurose obsessiva, por exemplo, onde a atividade mental está literalmente encravada. Freud fez mais do que pressenti-lo: pensemos em "Análise terminável e interminável", em particular no que ali é dito sobre as "alterações do eu" comparadas com "instituições anacrônicas".

Sobre o trabalho da morte

Toda psicanálise nos fala da morte infiltrada na vida. E, se o trabalho do psicanalista visa a que o espaço psíquico não seja apenas uma superfície e ganhe corpo, ganhe espessura, carne, adquira uma liberdade de movimento e de jogo, isso implica que ele não pode evitar o trabalho antagonista da morte, que tem de ir a seu encontro.

Uma hipótese mais geral para concluir: o que a pulsão de morte gera de movimentos e de defesas tomou o lugar do conflito entre as reivindicações do desejo expresso pela sexualidade e as forças da supressão e do recalque. Talvez seja nas modalidades de atualização da pulsão de morte, nos tipos de respostas ansiosas que ela mobiliza que podemos encontrar os indícios do atual "mal-estar na civilização" (a palavra mal-estar é hoje fraca e a civilização se declina no plural).

Caso o psicanalista pretenda designar as *figuras* sociais atuais da pulsão de morte, ele tem, à primeira vista, não uma "dificuldade de ter uma ideia mais ou menos concreta dela", mas sim o problema da escolha! Nossos livros, nossos jornais – se fossem apenas eles... – estão cheios delas, sem contudo conseguir apagar totalmente sua força: ameaça atômica, menos como uma ameaça realmente percebida do que como metáfora concreta de nossa própria fragmentação (retorno ao estado anorgânico), ciclo da violência e da contraviolência, poluição, servidão (em primeiro lugar o que La Boétie, na genialidade de seus vinte anos, denomina *servidão voluntária* três séculos antes de se falar em masoquismo) etc. Mesmo o que em nossa História pareciam ser forças de construção – forças de vida – apresenta-se agora solapado, minado pelas forças de morte. Já não se coloca mais a alternativa revolucionária socialismo *ou* barbárie, descobre-se a barbárie nas células do socialismo. O mundo industrial não ousa mais celebrar sua "expansão", inquieta-se antes com seus dejetos e se pergunta, como um personagem de Ionesco: "Como se livrar disso?", o que deve ser escutado: como se livrar dos homens, todos eles "dejetos" diante das exigências de qualquer máquina social que só quer girar e se autor-regular. A liberação sexual proclamada é abolida no *Eros Center* que, em seu próprio princípio, já é um *Thanatos Center*.

Poderíamos multiplicar os exemplos: proliferação anárquica dos "grandes conjuntos" suburbanos que na verdade instituem o despedaçamento; massa cada vez maior de informações que afasta o indivíduo de toda realidade material ou comunicação social, que espolia dele sua criação; multiplicação, na "vida cultural", de linguagens herméticas que só remetem a si mesmas: há trocas, sim, mas *entre si* – prevalência da endogamia, triunfo do narcisismo das pequenas diferenças.

Mas também aí – tanto no coletivo como no indivíduo – a eficácia das pulsões de morte pode ser reconhecida menos nas figuras que lhe emprestamos do que em seu processo, negador de toda dialética possível, cada figura podendo sempre se *transformar* em seu contrário. "Nossas verdadeiras necrópoles, escreve Baudrillard, não são mais os cemitérios, os hospitais, as guerras, as hecatombes [...], são os porões ou os halls de computadores, espaços brancos, expurgados de todo ruído humano [o ruído de Eros], caixão de vidro".[9] Certo, eu aprovo: detonemos os computadores! E viro um "hacker", eventualidade que um computador mais aperfeiçoado certamente inscreverá em seu programa. Sistema cada vez mais fechado, ruptura cada vez mais explosiva. *Fechamento-ruptura*: o par de opostos não cessa de se repetir, um par que parece destinado a gerar apenas sua própria repetição. Freud, lembremos, fazia da transformação no contrário e da volta contra a própria pessoa mecanismos primários do funcionamento psíquico, anteriores ao recalcamento das representações e às sublimações culturais.

Pareceria que as metáforas de *Além do princípio de prazer* se tornaram, cinquenta anos depois, aquelas que atravessam nossa cultura. Criamos "A imaginação no poder" na época do trauma, que arruína suas possibilidades de exercício; balimos atrás dos valores de uma "vida natural" quando a questão do "sobreviver" nos atormenta. É bem possível que a cultura do Si-mesmo (e não mais o culto do eu) que se anuncia seja ela mesma um efeito desse processo. A que sucessão de ilusões perdidas vem ela suceder? À de um sujeito coletivo, agente da História; à de um sujeito pessoal, portador e criador de sentido; enfim, à de uma inclusão de ordens simbólicas suficientemente estruturadas para nos conferir uma identidade, ainda que seja a de um eu reduzi-

---

9. *Op. cit.*, p. 281.

Sobre o trabalho da morte

do a uma "ficção gramatical". Devemos considerar como nossa nova ilusão a idolização de um espaço do Si, alternadamente em expansão e em retração, de onde toda "criatividade" poderia emergir de novo?

O analista de hoje, às voltas com o narcisismo – o de seus pacientes, de seus colegas e o seu –, tem às vezes a sensação de que o que chega até ele do grande rumor deste mundo, obturado de cimento e fissurado por rachaduras, não passa do eco do que escuta em seu consultório aparentemente isolado acusticamente. "Permaneço, dizia Freud, no térreo ou no subsolo do edifício." Nós, menos confiantes ainda que ele no poder do Arquiteto, diremos: nas fronteiras da morte e da vida, fronteiras sempre moventes e que só são traçadas para se apagarem e reaparecerem alhures.

SOBRE A DOR (PSÍQUICA)

Dull sublunary lovers love
(Whose soule is sense) cannot admit
Absence, because it doth remove
Those things which elemented it *

John Donne "A valediction: Forbidding
mourning", *Songs and Sonnets*

Perguntar-se qual o sentido de falar, que não seja por meio de imagens vagas, de dor psíquica, não significa necessariamente passar em revista, em toda a sua variedade de origens e de expressão, as diferentes formas de sofrimento neurótico ou psicótico encontradas em psicanálise, quer esse sofrimento seja eloquente desde o começo, quer seja preciso o tempo da regressão para fazê-lo surgir. Muito pelo contrário, significa refletir sobre a especificidade da dor. Primeiro, o que nos autoriza a transpor para o plano da experiência psíquica um conjunto de sensações, uma vivência, que para cada um está tão estreitamente relacionado com o corpo, com uma região corporal, até mesmo com um órgão ("sede" da dor)? Em seguida, o que diferencia a dor das outras sensações e afetos de desprazer, em particular da angústia? Podemos simplesmente situar a dor na gama de afetos penosos, desprazerosos – na ponta da cadeia – ou temos de reconhecer para ela uma função prototípica, mais ainda: o valor de uma experiência irredutível?

Alguns autores parecem só aceitar com reticências a introdução da noção de dor psíquica no campo psicanalítico. Talvez essa

---

* Versos de "Uma despedida: proibido chorar": No amor, os amantes do mundo sublunar / (Cuja alma está só nos sentidos) não suportam / Ausência - que ela pode desarticular / Os elementos que em seu amor se entrosam. Tradução de Aíla de Oliveira Gomes.

reticência tenha como motivo um vago temor de que um pleno reconhecimento da dor se transforme na apologética desta, numa valorização excessiva de um puro sentir, impensável e indizível, em alguma religião salvadora pela agonia. É verdade que essa tentação de uma espécie de misticismo do negativo existe. Talvez, ao contrário, embora a psicanálise tome o sofrimento do sujeito como condição de entrada na análise e tenha por objetivo ao menos sua diminuição, ela não aceita muito bem ver-se assimilada a um reconhecimento da dor: o direito à felicidade se transforma rapidamente, em nossas culturas, em dever de atingi-la, o direito de adoecer e ser tratado em exigência de estar com boa saúde, a reivindicação do prazer em imperativo de gozo.

Contudo, sem muita apreensão, podemos tentar, ao menos a título de hipótese, circunscrever o conceito e a experiência de dor psíquica. Para tanto, vamos apoiar-nos: 1) em Freud que, sem desenvolver plenamente suas ideias sobre isso, sempre se interessou pelo problema específico – a seu ver muito desconcertante – da existência da dor física e psíquica; 2) na clínica analítica da neurose, deixando de lado a da psicose, distante demais de minha experiência.

Sim, existe efetivamente em Freud – algo que costuma ser esquecido com muita facilidade – o esboço de uma teoria original da dor. Está explicitamente presente nas duas pontas de sua obra: no *Projeto de psicologia científica* de 1895 e em *Inibição, sintoma e angústia* (1926). Mas, a meu ver, também está presente implicitamente ao longo de todo o percurso, presente "nas entrelinhas", irrompendo bruscamente para então abalar todo o edifício, com, por exemplo, a introdução do narcisismo, a retomada da velha questão do trauma como invasão, a definição do masoquismo primário, a produção irrefreável da pulsão de morte, a "reação terapêutica negativa" por fim, preferência pela escolha de uma ancoragem na dor em detrimento de uma mudança percebida como insuportável renúncia.

Mas não apressemos o passo. Lembremos primeiro brevemente as indicações do *Projeto* de 1895. Indicações, sim, mas traçadas com um traço firme como ocorre em todo este texto, verdadeira "lembrança encobridora" da obra freudiana onde todas as linhas de desenvolvimento futuro já estão desenhadas.

Sobre a dor (psíquica)

Sabe-se que nele Freud descreve como modelo da emergência do desejo a vivência de satisfação no bebê, modelo retomado sem qualquer modificação no capítulo VII de *A interpretação dos sonhos*. Pode-se pensar que se, nesse último trabalho, o sonho de angústia ainda está mal diferenciado do pesadelo propriamente dito é porque nele Freud se refere exclusivamente à vivência de satisfação para fundamentar sua tese do sonho como realização de desejo e desconsidera a "vivência de dor" (*Schmerzerlebnis*) que estaria no cerne do pesadelo. No *Projeto*, porém, Freud de fato *opõe* – e é esse o ponto que nos interessa – vivência de dor e vivência de satisfação. Portanto, o par de opostos assim criado não é, como seria de se esperar, prazer-desprazer [*Lust-Unlust*], mas, por um lado, prazer-desprazer (ou melhor, desprazer-prazer, processo que rege o curso da vivência de satisfação),[1] e, por outro, dor. É certo que a distinção nem sempre se mantém em todo o seu rigor (é assim que, em *Luto e Melancolia*, Freud fala de "desprazer de dor", *Schmerzunlust*), mas o que nos importa é que, nesse tempo originário em que Freud lança mão de todos os meios para estruturar o campo que se abre para ele, a *bipolaridade* seja formulada nesses termos, nos *próprios princípios do funcionamento psíquico*. Há aí um dualismo pelo menos tão fundamental quanto os dualismos pulsionais posteriores, um antagonismo mais interessante ainda porque se inscreve no corpo, em duas vivências corporais elementares e irrecusáveis: o par prazer--dor, do qual já a psicologia associacionista tentava fazer derivar toda a complexidade da vida afetiva.

Portanto, por sua qualidade própria, a dor é apresentada no *Projeto* como "indubitavelmente" diferente do desprazer. Do ponto de vista do processo em jogo, ela se caracteriza primeiro e essencialmente – definição que jamais mudará – por um fenômeno de ruptura de barreiras que ocorre "quando quantidades de energia excessivas invadem os dispositivos de proteção"; em seguida, por uma descarga, no interior do corpo, do investimento assim aumentado.[2] A dor é violação; ela

---

1. É sabido que o princípio de prazer foi inicialmente denominado princípio desprazer-prazer.
2. Na linguagem que lhe é própria nesse texto, Freud levanta a hipótese de uma categoria especial de neurônios, os neurônios secretores, equivalentes para

supõe a existência de limites: limites do corpo, limites do eu; ela produz uma descarga interna, que poderíamos chamar de efeito de *implosão*.

Num *Draft* da mesma época (*Draft G*, 7-1-1895), dedicado à melancolia, chovem palavras como "ferida", "hemorragia interna", "furo no psíquico" – um *buraco*, não uma *lacuna*, um *transbordamento*, não uma *falta* – e também, consecutivamente: absorção, sucção, bombeamento. Retenhamos a metáfora, pouco habitual em Freud, de hemorragia interna: esse "furo" é um demais. Para ser tapado, exige mecanismos bem particulares que evocam mais o funcionamento de um organismo ou de uma máquina hidráulica do que uma atividade mental. Um demais de excitação, que entrava toda atividade de ligação, mesmo no nível do processo primário: o cheio demais cria um vazio. Esse demais que encontramos na expressão comum da queixa monótona de todo corpo que sofre: "Meu Deus, isso dói *demais*". Pois, quando o *homem* diz para si mesmo que está sofrendo como uma *besta*, ele recorre a *Deus*! O notável nesse pequeno texto cheio de intuição é que o (aparente) empobrecimento melancólico é contraposto ao (real) empobrecimento neurastênico: lá, demais; aqui, insuficiente. Com a dor-*invasão* saímos do outro registro econômico onde costuma estar situada a teoria da angústia: aumento e redução de *tensões*.

Podemos levantar a hipótese de que, depois de postular desde o começo essa bipolaridade fundamental entre vivência de satisfação e vivência de dor, Freud desconsiderou – "recalcou" – a segunda e por um bom tempo, com a paixão que o caracterizou, dedicou-se apenas a seguir os avatares da primeira: teoria do sonho como realização de desejo, definição do sintoma como formação de compromisso, busca, insistente e coroada de sucesso, do prazer oculto no sofrimento. É sobre esse último ponto que queremos insistir. Pois uma das descobertas mais gerais de nossa experiência é que, como bem notou J. Laplanche, em *todo* sujeito em análise encontramos um sofrimento e

---

a descarga interna aos neurônios motores para a descarga externa. Como bem notou André Green (*Le Discours vivant*, PUF, 1973, p. 40 [Ed. bras.: *O discurso vivo*, Francisco Alves, 1982]), "a vivência de dor remete ao modelo do afeto de modo mais explícito que a vivência de satisfação [...]. Freud sempre afirmou que o afeto era o produto desse tipo de descarga interna e secretora".

Sobre a dor (psíquica)

que o movimento do tratamento leva a descobrir por que desvios esse sofrimento é produzido, induzido, inconscientemente buscado pelo próprio indivíduo, a fim de obter um ganho de prazer num outro lugar intrapsíquico.[3] A segunda tópica, em particular, autoriza nesse sentido uma série de trocas complexas das quais a mais simples enuncia-se assim: prazer para um sistema (o supereu, por exemplo), desprazer para outro (o eu, por exemplo). Nem mesmo o trauma constitui exceção a essa regra de aritmética elementar: Fenichel não identificou, na esteira do que Freud designara como "neuroses de destino", personalidades "traumatofílicas"? E, desde 1907, Karl Abraham reconheceu, no trauma sexual aparentemente *sofrido*, uma forma infantil da atividade sexual.

Mas, paralelamente, não podemos deixar de notar o fato de que toda uma dimensão, sempre presente no horizonte da experiência humana – a dor –, retorna na obra de Freud, quase contra a vontade dele, o texto-chave sendo certamente *Além do princípio de prazer*. Portanto, que *resto* é esse, resto tão honesta e imperativamente estudado por Freud, esse algo que no *final das contas* nem o princípio de prazer e nem mesmo o masoquismo podem dar conta totalmente? O que, propriamente falando, está *além* do princípio de desprazer-prazer, senão a dor?

É no apêndice C de *Inibição, sintoma e angústia* que encontraremos a tentativa mais direta, mas não a mais clara, de diferenciar angústia e dor. (O fato de que essa tentativa de esclarecimento se dê num "apêndice" confirmaria nossa hipótese de que a dor é um problema para Freud, de que ele tem dificuldades de integrá-la a sua teoria.) Três páginas densas que eu teria de citar integralmente, mas das quais me limitarei a lembrar os principais enunciados.

Num *primeiro tempo*, angústia e dor são pensadas *ambas* em relação à categoria prevalente da perda do objeto: a dor seria a reação própria à perda do objeto, a angústia seria a reação ao perigo que essa perda comporta (perda de amor, *Hilflosigkeit*). Num *segundo tempo*, são destacados aspectos específicos da dor que vêm corrigir, até mesmo contradizer, a aproximação inicialmente proposta: 1. A dor é (definição do *Projeto*) consequência de uma violação dos dispositivos

---

3. LAPLANCHE, *op. cit.*, p. 177.

270 | Entre o sonho e a dor

de paraexcitações. 2. Age como uma excitação pulsional constante. 3. A vivência de dor, pela qual a criança pequena passa inevitavelmente, independe de suas vivências de necessidade não satisfeita. 4. A dor emana da "periferia": pele ou órgão interno. Como nota Freud, não encontramos nesses aspectos essenciais a definição da dor, nem a perda do objeto nem a nostalgia presentes na reação de angústia. Mas eis que num *terceiro tempo,* em sua preocupação de aproximá-las até igualar angústia e dor, Freud apaga os aspectos que no entanto acabara de destacar. No caso da dor psíquica, não haveria motivo para levar em consideração o papel desempenhado pela periferia no caso da dor corporal. Além disso, as condições econômicas seriam as mesmas, quer se trate de um investimento nostálgico dirigido para o objeto faltante ou perdido (angústia) ou do investimento concentrado numa parte lesada do corpo (dor). "A passagem da dor corporal para a dor psíquica corresponde à transformação do investimento narcísico em investimento de objeto. A representação de objeto, fortemente investida pela necessidade, desempenha o papel do lugar do corpo investido pelo aumento da excitação. O caráter contínuo do processo de investimento, a impossibilidade de inibi-lo, produzem *o mesmo* [grifo meu] estado de aflição psíquica." Fica então fácil compreender o caráter doloroso da provação, por excelência, da perda do objeto: o luto.

O que percebemos de hesitante ou de peremptório demais na postura de Freud não deve ser atribuído a ele.[4] Aqui, a ambiguidade, a contradição, são a coisa mesma. Com efeito, a dor aparece ocupando uma posição *mediana*: entre a angústia e o sofrimento do luto, mas também entre o investimento narcísico e o investimento de objeto. Tentemos esclarecer essa posição.

A vivência de dor se dá no interior de um "eu-corpo". Impressiona constatar que é exatamente o mesmo modelo – violação, concentração do investimento etc. – que Freud usa para explicar tanto a dor física *como* a dor psíquica. Diferentemente do que acontece com a vivência de

---

4. Ademais, anuncia que não consegue explicar de maneira satisfatória o que faz com que a separação do objeto produza angústia, luto ou "apenas" dor. Irá se contentar, nos diz ele, "em esboçar alguns pontos de referência e indicar algumas direções de pesquisa".

Sobre a dor (psíquica)

satisfação (que distância entre o simples apaziguamento da necessidade vital, a *Befriedigung*, e a composição complexa da sequência fantasmática, da *Wunschphantasie!*), aqui não há metáfora, ou seja, criação de sentido, mas analogia, transferência direta de um registro para o outro: são utilizadas as mesmas palavras, são invocados os mesmos mecanismos. Como se, com a dor, o corpo se transformasse em psique e a psique em corpo. Para esse eu-corpo, ou para esse "corpo psíquico", a relação continente-conteúdo prevalece, quer se trate de dor física ou psíquica.

A linguagem corrente pode ser um guia precioso: a dor "desperta" – e às vezes acorda –, passa do agudo para o surdo, "irradia" (da periferia para o centro). A golpes de pontadas, por vibrações e ondas sucessivas, ela vai progressivamente ocupando todo o terreno até modificar toda a sua geografia e revelar outra desconhecida.[5] *Tenho angústia, sou dor.* A angústia também pode ser dita, ser permutada por formações de sintomas, ser modulada em representações e fantasias, ou ser descarregada no agir. Às vezes, ela é contagiosa; a dor, por sua vez, é só para si. A angústia é comunicável, apelo indireto ao outro; a dor só pode ser gritada – mas esse grito não a aplaca em nada – para voltar a cair mais adiante no silêncio onde ela se confunde com o ser. O sujeito ele mesmo não se comunica com sua dor:[6] alternância entre o silêncio e o grito.

Um dos escritores contemporâneos que melhor consegue apreender o fluxo e o impacto das sensações, J. M. G. Le Clézio, exprimiu de forma admirável essa invasão da dor. Em seu curto relato *O dia em que Beaumont travou conhecimento com sua dor* * (*sua*, não *a*), vemos como uma "simples" dor de dentes aguda à noite leva o homem do desespero e da experiência de solidão até uma espécie

---

5. Tampouco esse aspecto escapou à lucidez de Freud, por mais sóbria que fosse sua descrição da dor: "É sabido que no caso de dores que afetam órgãos internos, essas partes do corpo que, em geral, não estão de forma alguma representadas na representação consciente são objeto de representações espaciais e outras".

6. As seguintes linhas esclarecedoras de Henri Michaux em *Face à ce qui se dérobe*: "As relações tão difíceis de estabelecer com o sofrimento, é isso o que o sofredor não consegue, é esse seu verdadeiro sofrimento, o sofrimento no sofrimento" (Gallimard, 1975).

* *Le jour où Beaumont fit connaissance avec sa douleur.*

de despersonalização – o "corpo estranho" se infiltrando no "corpo próprio" a ponto de torná-lo estranho por sua vez – passando pelo sentimento de perseguição que toma conta dele ("Tenho a impressão de que tem gente por perto. Vão me matar. Entraram e estão por toda parte" etc.). Verdadeiro fantástico sensorial onde a tranquilizadora linha divisória entre o físico e o psíquico se rompe.

Outra linha divisória que Freud hesitou em traçar a nosso ver: investimento narcísico consecutivo à violação – caso em que nos aproximamos do trauma – ou investimento de objeto consecutivo à perda – caso em que nos aproximamos do luto. Também aí, uma distinção estrita demais não seria pertinente, já que o próprio da dor é tornar pouco nítidas as fronteiras. Não há dúvida de que a dor psíquica depende, em última análise, de uma perda do objeto real ou fantasmático – mas reconhecê-lo não nos ajuda muito, pois essa perda está na origem tanto da angústia, como do desejo. No caso da dor, o objeto deixa de ter a função de *abonador* possível; ele é, no melhor dos casos, um substituto e, por trás desse substituto, há um outro substituto: "transferência" infinita. Irremediavelmente perdido, mas sempre mantido, o objeto não poderia ser reencontrado pela via da representação, que torna presente um outro, a um só tempo mesmo e diferente. Lá onde há dor, é o objeto ausente, perdido, que está presente; o objeto presente, atual, que está ausente. De repente, a dor da separação parece secundária em comparação com uma dor nua, absoluta.[7] A *cena* psíquica pode parecer povoada, mas está povoada de sombras, de figurantes, de fantasmas, a *realidade* psíquica está em outro lugar, mais enquistada do que recalcada.

Paradoxalmente, foi porque a dor psíquica faltava de maneira singular em Simon – e até mesmo as formas mais habituais da angústia – que ele me fez perceber o que poderia significar a experiência da dor e a recusa organizada de ir a seu encontro. Quando vem me ver, Simon tem 35 anos. A mulher com quem e *na casa*[8] de quem ele vivia o abandonou faz alguns meses. Embora tenha tentado suicídio, não faz um drama,

---

7. Talvez fosse isso o que Lacan tinha em mente ao designar um dia a "dor de existir".
8. Os *lugares* estavam fortemente investidos, os lugares, não as pessoas. Simon podia descrever minuciosamente, mas mais como um doente solitariamente

Sobre a dor (psíquica)

nem desse gesto, nem desse abandono. Ele bebe muito. Sexualmente, "não funciona" como deveria. Não há nisso nenhuma queixa; uma constatação sorridente. Quando criança, fez uma psicoterapia; quando jovem, uma análise. Mas, como o pequeno Hans, "esqueceu tudo". Seus dois pais morreram em seus primeiros anos de vida: deportados, desaparecidos. Ele vê nesse duplo desaparecimento a causa de sua "amnésia infantil". Falará disso várias vezes: "Não posso ter lembranças de infância já que fiquei órfão tão cedo". Ou seja, os pais carregaram consigo para a morte a criança viva. Resta-lhe apenas sobreviver. E o que sobrevive nas sessões é uma extraordinária máquina de produzir sonhos (não de sonhar), de brincar com as palavras (em vez de deixar que elas brinquem), de registrar a vida cotidiana (contanto que ela permaneça imóvel). Constituíra para si um sistema fechado – fechamento e separação –, uma espécie de campo de concentração mental onde as proezas intelectuais, uma discreta e irônica megalomania teriam ocupado o lugar, por inversão, das sevícias corporais e da miséria física. Sistema do qual me cabia ser a testemunha, o guardião e o fiador. Com grandes dotes, inteligente, engenheiro brilhante e inventivo, de um humor um tanto sarcástico, ele parecia não esperar nada de mim exceto um reforço de sua "barreira protetora" passageiramente abalada pelo abandono de sua companheira.

Logo de início, tornou-se clara para mim a dissociação que nele operava e devia ter se instalado muito cedo para determinar todo o seu funcionamento mental: prevalência do processo de pensamento, expressão nula ou mínima dos afetos. Essa dissociação evidente encobria outra, que esta fazia pensar menos numa estrutura obsessiva e mais numa personalidade de tipo "falso *self*". Algumas manifestações pontuais de transferência, que tive de apanhar literalmente em pleno voo, me revelaram que embora sua demanda explícita era a de que eu fosse uma "secretária eletrônica" – um intérprete erudito de seus sonhos, por exemplo –, sua expectativa indizível, e mal tolerada pelo eu ideal que ele tivera de edificar, era de que eu me dedicasse totalmente a ele. Portanto, suas medidas de proteção não tinham apenas uma função defensiva: serviam para manter escondido, intacto nele e

confinado do que como um leiloeiro ou um arquiteto, as casas, apartamentos, quartos em que ficara. Vi nisso metáforas do espaço materno que lhe faltara.

intocado, o vínculo de sua mãe com a criancinha mortificada. Simon precisava primeiro ter a certeza de que, daquela criança, eu poderia tomar conta. Ele tinha de me encontrar ali onde não me procurava e eu tinha de procurá-lo ali onde ele não se achara.

Como o herói do relato de Le Clézio (e talvez como ele mesmo bebê), foi por problemas dentários que ele travou "conhecimento com sua dor". Durante toda uma sessão, ele hesitou: daria seu dinheiro ao dentista, para, em suas próprias palavras, "pôr sua boca em ordem", ou ao analista? Deu-o ao analista... E a dita dor psíquica pôde enfim ser reencontrada. A coisa não foi muito espetacular: anunciou-se por uma sessão de lágrimas (vimos outras), marcada, contudo, não por um afeto de vergonha, como seria de se esperar nesse homem impregnado de identificações heróicas, mas pela gratidão. Seguiu-se uma paciente, alternadamente dolorosa e serena, redescoberta da mãe (mas será que devemos dizer: *re?*), mãe primeiro idealizada, por meio de algumas fotografias e relíquias conservadas, depois objeto de raiva e de ciúmes. Essa mulher de quem eu ignorava tudo, exceto a morte trágica, se fez presente e, exatamente no mesmo movimento, Simon também ganhou corpo e vida para mim. Sua máquina verbal e intelectual ágil demais começou a ranger (as palavras lhe faltaram), ele pôde renunciar a certas gratificações narcísicas pueris, a sedução homossexual tão manifesta na transferência deu lugar a uma experiência compartilhada da dor, onde uma psique, não cortada de suas raízes e que encontraria sua carne, podia nascer. Se Simon, quando adolescente, chegara a fantasiar que "o universo tinha nascido de uma corrente de ar", não era tanto para recusar qualquer sujeição a uma linhagem e satisfazer seu desejo de autarcia e mais para evitar a qualquer preço o encontro com a dor originária. Mas ele poderia ter dito, nas mesmas palavras do personagem de Le Clézio: "Preciso de minha dor, agora só sou algo por meio dela".

Dirão: é evidente, trabalho de luto bloqueado, a análise possibilitou a Simon iniciar e elaborar esse trabalho de luto. Concordo plenamente: o fato é que, embora já tivesse falado da morte passada de seus pais, nunca se autorizara a deixá-la falar nele no presente e a análise permitiu que isso ocorresse. Mas gostaria de pelo menos indicar um ponto mais particular. A dor psíquica, fortemente suprimida (eu não diria: recalcada) nesse paciente, tardou em se manifestar, mas sua presença

Sobre a dor (psíquica)

sempre se fazia perceber *a contrario*: estrutura mental edificada sobre o modo da defesa maníaca, neutralização dos afetos, alternância entre enfatuação e depreciação de si, medo de qualquer dependência e procura compulsiva de parceiras, infatigável produção de textos de sonhos, busca febril de técnicas de manipulação dos signos, como se só pudesse agir sobre as palavras ou mesmo sobre os números e letras etc. Quando se diz que a análise lhe revelou que ele amava e odiava a mãe, que se sentia culpado de ter sobrevivido a ela e cheio de raiva e despeito porque ela o tinha abandonado, o maior problema não é enunciar uma banalidade (temos de admitir a banalidade de nossas "descobertas"), mas passar ao largo do essencial. A análise, na verdade, lhe mostrou que ele podia ir ao encontro da mãe, encontrar o vínculo com ela, sem morrer por isso, ou melhor, que não era obrigado a carregar para sempre seu próprio luto. Portanto, sua dor não emanava apenas da perda de um objeto de amor e de cuidados. Ocorrido muito cedo mas interiorizado precocemente, o luto o privara brutalmente de um objeto para amar, e, igualmente, de um objeto para emocionar e *fazer sofrer*: via-se então coagido a funcionar em circuito fechado. Havia nele um corte evidente entre as representações de palavras e as representações de coisas, entre uma atividade mental sem descanso e uma vida psíquica não produtiva, como que encapsulada. Sua própria psique, assim como sua mãe, cessara de alimentá-lo. Em suas próprias palavras, o único que podia fazer era "gerenciar seu território", ora elevado à dignidade de um império, ora reduzido às dimensões de uma jaula. Experimentar a dor, assim como o gozo que lhe estava igualmente interdito, significava transgredir seus próprios limites. Dor: nos confins e na junção do corpo e da psique, da morte e da vida.

Com René, aparentemente mudamos totalmente de paisagem. Aqui, a atualidade é esmagadora a ponto de me deixar por um bom tempo sem recursos: excesso de atualidade das sessões, ou pesadamente silenciosas, ou ruidosamente acusadoras com uma coloração persecutória, sensibilidade exacerbada para as menores palavras, os menores movimentos do analista, conflitos repetidos com todos aqueles com quem sua profissão o obriga a conviver e que detêm uma parcela de poder e, de meu lado, a bem conhecida impressão desalentadora do "tonel das Danaídes" que se esvazia de um lado quando o enchemos

276 | Entre o sonho e a dor

do outro, como se René se proibisse qualquer "estocagem narcísica": nem bem obtém um progresso em termos de *insight* ou um sucesso na realidade ele tem de ser abolido.

Quando criança, René sem dúvida sofreu entre uma mãe passional, vociferante, e um pai alcoólico, psicológica e materialmente ausente da casa. Ele me faz passar pelo que passou com sua mãe: ataques violentos e retraimentos imprevisíveis, palavras que ferem mais que gestos, machucam com rara pontaria, vigilância controladora, explosões de raiva, intolerância, que provoca culpa, à ausência. No começo de sua análise, incrimino-o às vezes *in petto* como ele incriminava a mãe, como ele ainda hoje a acusa ao mesmo tempo em que se empenha em querer "mudá-la", mais uma vez com uma atualidade e uma desconsideração do tempo impressionantes.

Sim, o sofrimento está aí, incontestável: sofrimento sofrido, sofrimento infligido. René parece literalmente *possuído* por sua mãe, ou melhor, por tudo o que esta expulsou nele, proibindo-lhe assim de constituir seu próprio espaço psíquico. O círculo se completa – mais uma vez, circuito fechado, sistema fechado – quando fico sabendo que René sofreu um grave acidente de carro do qual seu próprio filho escapou por milagre. Eis que o assassinato psíquico que sua mãe teria perpetrado contra ele quase se transforma nele num assassinato real contra a pessoa de seu filho. Mãe todo-poderosa e mortífera: é incrível como a realidade às vezes vem confirmar as fantasias!

No entanto, tenho a impressão de que todo esse sistema de agressividade e de represália culpada, de sofrimento sentido e que é preciso fazer sentir, de recriação perpétua na transferência de um objeto sucessivamente idealizado e depois caído, que toda essa dialética fixa visa a manter à distância algo mais intolerável ainda. Às vezes, acontece de o sofrimento manifesto, ruidoso, repetido, servir de anteparo para a dor. Certos sofrimentos – penso, em particular, no sofrimento sadomasoquista onde o sujeito é ao mesmo tempo seu próprio diretor e mestre de seu roteiro[9] – não teriam por função *evacuar* a dor psíquica? Sofrer

---

9. Isso é evidente para o sádico, mas é algo ainda mais verdadeiro para o masoquista. Cf., por exemplo, a impressionante observação de Michel de M'Uzan: "Un cas de masochisme pervers", *op. cit.*, Gallimard, 1977.

Sobre a dor (psíquica)

muito – ali onde é preciso e pelo tempo que for preciso – para não sofrer demais e para sempre?

René sabe dizer não. Por muito tempo até, ele só se sentiu existindo no não. Nisso estava seu sofrimento mas também sua força. Esse homem ativo que conseguiu terminar com sucesso estudos médicos tardios e, sobretudo, enfrentar de maneira notável problemas familiares dramáticos, esse homem cuja casa está sempre aberta para aqueles que lhe pedem ajuda, não se dá o direito de sonhar ou de imaginar: precisa estar ininterruptamente ativo. Não há vida fantasmática nele, não há esse pouco de vazio que possibilita o jogo de representações, a irrupção e a relativização das lembranças: são sempre as mesmas cenas que são evocadas, onde ele ocupa a posição de vítima impotente e enfurecida.[10] Se ele perde seus pontos de apoio, como um alpinista ele teme cair no abismo. Como não evocar aqui os versos de D. H. Laurence que serviram de título para o livro de Marion Milner: "É temível cair nas mãos do Deus vivo, mas é ainda mais temível cair de seus braços"?

Embora seja segundo modalidades muito diferentes, pode-se, assim como para Simon, legitimamente invocar no caso de René um trabalho de luto bloqueado: o objeto interno materno tem de ser o tempo todo reanimado como objeto por meio de um ódio que, claramente (para nós, pois para René esse reconhecimento foi longo e penoso), é apenas a outra face de um amor tirânico. Mas, também aí a dor não se esgota na formulação desse luto impossível: está muito mais no pressentimento de que esse "corpo estranho" que o invadiu, até fazê-lo confundir-se com a luta incessante contra ele e seus derivados, passou a ser vital: ele o priva de sua vida própria, mas ao mesmo tempo garante sua sobrevivência. A experiência da dor consistiu para René em descobrir na análise a morte *nele*, não os desejos e as angústias de morte, mas o "trabalho da morte", numa vivência próxima do que André Green descreveu em algumas páginas profundas como *tempo morto*: desinvestimento do tempo, investimento da ausência.[11] Depois disso foi possível trazer à tona e analisar uma fantasmática

---

10. "Ninguém sabe das coisas do outro, cada um acredita ser a única vítima" (*Lulu*, de Frank Wedekind, adaptação de Pierre-Jean Jouve, Lausanne, 1969).
11. André Green: "Le temps mort". *Nouvelle revue de psychanalyse*, 11, 1975.

extraordinariamente atuante da cena primitiva. Com efeito, a fantasia sexual não está ausente em nenhum caso; está no máximo encoberta pelo envoltório do corpo psíquico. De repente, o incesto é cometido entre aparelhos psíquicos e não entre sexos. A eficácia da dominação recíproca solapa até a possibilidade de viver, é bem mais devastadora que os jogos da sedução. Então, a cena primitiva adquire às vezes valor paradigmático de luta pelo poder, sem jamais se metabolizar num roteiro sexual diferenciado, já que cada cena sexual que poderia evocá-la dá uma "volta de parafuso" suplementar no trauma originário. Dor: *acoplamento* do fora e do dentro, da realidade e da fantasia, do passado e do presente. É difícil desmanchar esse corpo a corpo.

Uma pergunta para concluir: qual a parte do analista na experiência da dor psíquica? A meu ver, sua função é decisiva nos três tempos: na defesa mantida contra essa experiência, por recusa ou supressão, em seu advento e em sua ultrapassagem. Ela implica um modo de participação e de intervenção, um tipo de contratransferência específica, cuja orientação, com o que ela supõe de ilusão de nossa parte, tentei esboçar acima: "Fazer o outro nascer para si mesmo". Digamos que um analista que ignore sua própria dor psíquica não tem nenhuma chance de ser analista, assim como aquele que ignora o prazer – psíquico *e* físico – não tem nenhuma chance de continuar sendo analista.

Referências

Entre Freud e Charcot: de uma cena à outra, comunicação apresentada, com o título "A estada de Freud em Paris" na sessão inaugural do 28º Congresso Internacional de Psicanálise realizado em Paris em julho de 1973.

A penetração do sonho, publicado no n. 5 da *Nouvelle revue de psychanalyse* (1972), com o título "L'espace du rêve".

Fazedores de sonhos: inédito. Teve como ponto de partida uma reunião organizada pelo Groupe lyonnais de psychanalyse (1973).

O sonho, entre Freud e Breton, prefácio a um livro de Sarane Alexandrian, *Le Surréalisme et le rêve*, Gallimard, 1974.

Presença, entre os signos, ausência, publicado no número de *L'Arc* dedicado a Maurice Merleau-Ponty, 1972.

O entre-visto, "Apresentação" do n. 2 da *Nouvelle revue de psychanalyse* (1970), com o título "Objets du fétichisme".

A ilusão mantida, publicado no n. 4 da *Nouvelle revue de psychanalyse* (1971), "Effets et formes de l'illusion".

O inapreensível entre-dois, publicado no n. 7 da *Nouvelle revue de psychanalyse* (1973), "Bisexualité et différence des sexes".

A criança-pergunta teve como ponto de partida um artigo publicado com o mesmo título num número dedicado pela revista *Critique* a Melanie Klein (n. 249, 1968).

Introdução a uma reflexão sobre a função da teoria em psicanálise, inédito. Texto escrito de uma comunicação apresentado numa mesa-redonda entre psicanalistas organizada pelo *Institut français do Royaume-Uni* em Londres em abril de 1970.

Lugares e separação, prefácio às *Confessions* de Jean-Jacques Rousseau (Gallimard, "Folio", 1973).

Nascimento e reconhecimento do self retoma os temas de um relatório apresentado no *Simpósio da Association de psychologie cientifique de langue française* (Paris, 1973) e publicado nas Atas desse Simpósio, PUF, 1975.

Encontrar, acolher, reconhecer o ausente, prefácio a *Jeu et realité* de D. W. Winnicott, Gallimard, 1975.

Bordas ou confins?, publicado no n. 9 da *Nouvelle revue de psychanalyse* (1974), "Aux limites de l'analysable".

O psiquismo como dupla metáfora do corpo, publicado no mesmo número da *Nouvelle revue de psychanalyse.*

A partir da contratransferência: o morto e o vivo entrelaçados, publicado no n. 12 (1975) da *Nouvelle revue de psychanalyse,* "La psyché".

Sobre o trabalho da morte, versão ampliada de uma comunicação apresentada no Colóquio sobre Freud organizado pelo *Goethe-Institut* na Salpêtrière em março de 1976. Publicado em *Être psychanalyste,* obra coletiva, Dunod, 1976.

Sobre a dor (psíquica), inédito. Versão escrita de uma exposição apresentada na *Conference of English-speaking members of European Societies* realizada em Londres em outubro de 1976.

Todos os textos já publicados foram reformulados em maior ou menor medida a partir de sua publicação original.

Esta obra foi composta em sistema CTcP
Capa: Supremo 250 g – Miolo: Pólen Soft 80 g
Impressão e acabamento
Gráfica e Editora Santuário